한국어로 내려온
New Bible

새로운
성 경

제119권

8부 | 총10부

하얀마음

하나님 말씀 중에서

1. 사랑의 하나님

- 세상을 창조하신 하나님은 모두를 사랑하신다. 인간만 특별히 더 사랑하지 않고, 우주 만물을 다 똑같이 사랑하신다. 그러니 하나님이 창조하신 천지 만물과 화친하고, 미물까지도 소중히 대하라.

- 하나님은 특정 종파나 민족만을 더 사랑하지 않으신다. 자기 자신만 구원받겠다는 욕심을 버리고, 자기 종파만 구원받는다는 편협한 교리에서 벗어나야 한다. 종파를 초월해서, 모두를 사랑하라.

- 원수까지 사랑하라 했으니, 이 세상에 사랑하지 못할 자가 누가 있겠는가? 종파가 다르다고 해서 부모 형제와 원수처럼 지내는 자는 인간의 근본을 모르는 자다. 가장 가까운 가족부터 사랑할 때 남도 진심으로 사랑할 수 있다.

- 한 사람을 원수같이 생각하던 마음에서 사랑하는 마음으로 돌리면, 자기 자신의 마음이 가장 기쁘고 행복하다. 하나님께서는 인간의 마음속에 무거움이 없이 기쁘고 행복한 삶을 살기를 바라신다.

- 이웃을 "내 몸처럼" 사랑하라 했으니, 마지막 한 장 남은 천국의 티켓도 이웃에게 양보하라. 자기 중심적인 신앙에서 벗어나서 남을 위해 살아야 한다.

- 독초도, 약초도, 이단도 사탄도 천사도 다 필요하기에 존재한다. 독초일지라도 극소량을 사용해서 생명을 살릴 수 있고, 약초라 하더라도 남용하면 생명을 잃을 수 있다.

- 세상 모든 것을 명약으로 활용하는 것은 인간의 지혜에 달렸다. 어떤 것이든 어떤 사람이든 적재적소에 꼭 필요한 명약으로 승화시키라.

- 사탄도 이단도 천사도 모두 하나님의 주관하에 존재한다. 진정한 하나님의 백성은 사탄과 마귀까지도 감화시켜서 천사로 거듭나게 한다.

2. 기도

- 하나님은 인간의 생각까지 모두를 다 알고 계신다. 우리의 소원도 이미 알고 계시기에, 소원의 기도를 할 필요가 없다. 우리가 받을 자격이 되면 내려 주신다.

- 죄를 짓고 아무리 회개를 해도 용서받지 못한다. 도둑질한 자는 용서해 달라고 기도하고, 도둑맞은 자는 도둑을 잡게 해 달라고 기도하면, 공의의 하나님은 누구의 편에 서시겠는가?

- 자기가 잘못한 것은 그 사람에게 직접 갚고 용서를 구하라. 그가 용서하면 하나님도 용서하신다. 땅에서 매면 하늘에서도 매이고, 땅에서 풀리면 하늘에서도 풀리는 이치다.

- "회당에서 기도하지 말고 골방에서 기도하라" 했다. 눈에 보이는 골방이 아니라, 골방과 같이 고요한 마음이다. 잡념을 버리고 하나님을 향해 마음을 집중하며, 사랑하고 용서하는 아름다운 생각만 나오도록 하라.

- "두드리면 열릴 것이다." 하는 것은 육의 소원을 위해 두드리라는 것이 아니라, 진리의 깨달음을 얻기 위해 두드리라는 것이다.

- 기도하는 방법: 생활 속에서 수시로 기도하는 삶을 살아야 한다.

- "저의 죄를 용서하여 주옵소서." 하는 회개의 기도를 하라.
- 범사에 "하나님! 감사합니다." 하라. 현재 가진 것에 감사하며, 과욕하지 말라. 자기 노력 이상의 것을 더 갖고자 기도하는 것은 도둑놈심보다. 공의의 하나님은 각자 노력한 만큼 주신다.
- "하나님 뜻대로 살아가겠나이다." 하며 마음의 각오를 다지라.

- 기도는 하나님의 말씀을 받아서 "행하는 것"이다. 하나님이 계심을 굳건히 믿고, 하늘을 향하여 한 점 부끄럼 없이 사는 삶 자체가 가장 위대한 기도이며, 삶이 곧 예배다.

3. 지도자

- 똑같이 사랑한다는 말을 해도, 순수하게 하는 말은 천사의 말이지만, 사기 쳐서 재산을 가로채려고 하는 말은 사탄의 말이다.

- 종교 지도자가 아무리 훌륭한 설교를 해도, 신도의 재물을 거둬서 더 큰 교회를 짓고 자기의 부귀영화를 바라며 설교하면 사탄의 가르침이 된다.

- "저희 교회는 만원사례요, 믿음은 다 같으니 이웃의 개척 교회에 가서 예배를 드리시오." 하며, 이웃 교회의 부흥을 먼저 생각하여 제 신도를 보내는 종교 지도자가 있다면 그를 따르라. 그가 하나님의 사랑을 실천하는 자다.

- "부자가 천국에 들어가는 것은 낙타가 바늘구멍을 통과하는 것보다 더 힘들다" 하였거늘, 지금의 교회에서는 부자가 되기만을 기도하고 소원하니, 이는 곧 천국을 포기하고 지옥 행 열차의 티켓을 사는 것과 같다.

- 예수는 빈손이었다. 종교 지도자가 예수보다 더 호화롭고 편안하게 살아간다면 잘못된 것이다. 부귀영화와 명예를 바라는 자는 절대로 갈 수 없는 좁고 협착한 길이 종교 지도자의 길이다.

- 종교 지도자는 유리로 비춰 봐 한 점의 부끄러움이 없이 살아야 한다. 의식주도 직접 일해서 해결하고, 예수의 가르침과 행함을 그대로 따라야 한다.

- 종말은 없다. 지금의 잘못 가는 종교 집단에게만 종말이 있다. 보이지 않는 하나님은 보이는 육의 종말은 관여하지 않으신다. 환경 파괴로 인간이 스스로 멸망을 자초하는 것이다. 종파끼리 싸우기 전에, 무너진 인성을 바로잡고 지구의 몸살을 해결하는 데 뜻을 모으는 게 급선무다.

4. 성전이란

- 이 세상 자체가 하나님께서 만드신 성전이다. 자연보다 더 아름다운 성전이 있는가? 보이는 건물이 성전이 아니라, 성스러운 마음가짐이 성전이다.

- 반석 위에 교회를 지으라 했다. 지상의 단단한 돌은 인간이 쪼갤 수 있으나, 마음속의 굳은 결의는 세상 무엇으로도 쪼갤 수 없다. 바르고 굳건한 믿음으로 성경의 가르침을 실천하는 것이 마음의 반석 위에 교회를 짓는 것이다.

- 손으로 지은 건물의 교회에 모여서 복음을 전하는 것이 아니라, 교회를 개인과 가정에 심어 주어야 한다. 무너지고 부서지는 건물을 짓지 말고, 마음속에 영원히 불변하는 참진리의 교회를 지으라.

5. 십계명

- 십계명은 인간이 죽어서 반드시 통과해야만 하는 열 개의 관문이다.
  - 부모를 공경하지 아니한 자는 "네 부모를 공경하라." 하는 제5계명의 관문이 열리지 않으니 구원받을 수 없다.
  - 살인, 간음, 거짓, 우상 등의 나머지 계명도 마찬가지다.

- 십계명은 하나님의 친필이다. 모기소리만 한 하나님의 음성이라도 들어 보겠다고 여기저기 찾아 헤매지 말고, 십계명부터 암송하고 지키라.

- 십계명은 영혼을 구원하는 양식이며, 십계명을 지키는 것이 구원을 받는 길이다. 인간이기에 지키고자 노력하고 또 노력한다면 지킬 수 있다.

- 십계명을 지키고 천사처럼 아름답게 살아가는 그 마음 하나면 세상에 이루어지지 않는 것이 없다.

6. 보물

- 하나님은 재물이 아니라 우리의 마음을 받으신다. 사랑을 실천하며 천사처럼 변하는 마음이 하나님께 바치는 보물이다.

- 보이지 않는 하나님께 재물을 바치려 하지 말고, 너희를 길러 준 부모에게 용돈 드리고, 찾아뵙고, 효성을 다하라. 그것이 하나님께 효도하는 것이다.

- 하늘에는 선과 악의 창고가 있다. 자기 창고에 선이 많으면 천국으로 구원을 받고, 악이 많으면 심판받아 지옥으로 간다. 그것이 바로 "선한 일을 행한 자는 생명의 부활로, 악한 일을 행한 자는 심판의 부활로" 나오는 것이다.

- "선악과를 따먹지 말라"는 것은 양심을 지키라는 것이다. 선과 악을 구분할 수 있는 양심을 최초에 인간에게 주셨다. 선한 열매는 취하고, 악한 열매는 버리며, 양심에 비추어 부끄럼 없는 삶을 살아가라.

- 가장 작은 거짓말을 하지 않고, 가장 작은 죄를 짓지 않으며, 가장 작은 선행을 하고, 가장 작은 악행을 멀리하는 것이 율법의 일점 일획도 빠뜨리지 말고 다 지키는 삶을 사는 것이다.

7. 우상

- 박물관에 있는 불상은 하나의 예술품이다. 그 조각품에 대고 제 소원을 빌 때 우상숭배가 된다. 십자가라 하여도 그 앞에서 소원을 빈다면 우상숭배하는 것이며, 하나님께 소원을 빈다면 하나님을 우상으로 전락시키는 것이다.

- 지금 기복신앙에 젖어 있는 모든 사람이 우상 앞에 절을 하고 있다. 조각품을 우상이라며 파괴하지 말고, 네 마음속에 있는 욕심의 우상을 무너트리라.

- 생수를 약초가 먹으면 약을 만들고 독사가 먹으면 독을 만든다. 같은 성경을 봐도 선한 지도자는 신도를 천사로 만드는 네 활용한다. 그러나 욕심이 가득한 지도자는 재물을 거두어들여 제가 부귀영화를 누리는 데 악용한다. 그가 바로 성경을 우상숭배의 도구로 전락시키는 거짓 선지자다.

- 성경을 한 획도 빼거나 더하지 말라는 것은, 그 가르침을 빠트리지 말고 온전히 지키라는 것이다. 성경 속에서 자기에게 유리한 구절만 보는 것은, 자기에게 불리한 구절들을 빼 버리는 것이다. 믿음이 제일이요, 행함은 구원과는 관계없다는 것은 자신에게 유리한 쪽으로 성경을 악용하는 것이다.

- 진정한 종교 지도자는 종파에 관계없이 어떤 종파든 어떤 책이든 접하고 보고 깨우쳐 견문을 넓히도록 인도한다. 참진리를 모르고 자신이 없는 자가 남을 이단이라며 배척하고, 신도들의 눈과 귀를 가린다.

8. 예수

- 예수의 재림은 없다. 예수가 다시 온다 해도, 과연 누가 그를 예수라고 믿겠는가? 예수와 같은 삶의 행함이 곧 예수의 재림이다. 각자 모두가 "재림 예수"가 되는, 차원 높은 믿음으로 가야 한다.

- 예수는 "주여 주여 하지 말고, 아버지의 뜻대로 행하라"고 했다. 예수가 전한 하나님의 뜻이 곧 "길이요, 진리요, 생명"이며, 그 가르침이 예수의 보혈처럼 소중한 것이다. 예수를 믿는 것은, 예수의 가르침을 믿고 따르는 것이다.

- 예수는 낮은 자로서 만백성을 섬기고자 했다. 만나는 모든 사람을 다 하나님이라 생각하라. 돈을 벌수록 겸손하고, 높은 지위를 얻을수록 낮아지라.

- 예수는 종파를 만들지 않았다. 인간이 만든 종교와 인간의 교리를 따르지 말고, 예수를 통해 전한 하나님의 참진리를 연구하고 따르라.

- 예수가 2천 년 전에 만백성을 위해 죽었으니, 지금 이 땅에는 예수의 가르침대로 사는 천사만 존재해야 한다. 예수가 죽어 가면서 바란 것은 만백성이 천사가 되어 예수의 자리를 채워 주는 것이지, 지금과 같이 재물을 바치면서 중언부언 제 소원만을 비는 백성들을 바란 것이 아니다.

9. 구원

- 천사가 사는 천국에는 천사만 갈 수 있으니, 천사 같은 마음을 길러야 한다.

\- "천국 열쇠를 네게 주리니 땅에서 무엇이든지 매면 하늘에서도 매일 것이라" 했다. 땅에서 천사같이 사는 자가 하늘에서도 천사가 되어 천국에 들어간다. 모든 사람에게 천사같다는 말을 듣는 삶을 살아야 한다.

- 천사의 곱고 아름다운 마음은 부모를 공경하고 어른을 어른으로 대접하는 데에서 출발한다. 효도하는 자는 형제와 화목하게 지내기에 가정이 화목해지고, 이웃과 화목해지고, 국가가 화목해지고, 온 인류가 화목해진다.

\- 그러므로 지상의 아름다운 소왕국은 가정에서부터 이루어야 한다.

- 선택된 14만 명만 구원받는 것이 아니라, 천사처럼 변하고자 하는 14만 명을 기초로 온 인류가 천사처럼 거듭나는 영적인 개혁이 시작되는 것이다.

- 천 년에 걸쳐서 하늘에서 이루어진 것같이 이 세상을 낙원으로 만들어, 만백성이 지상의 천국에서 살다가 죽어서 그대로 하늘의 천국으로 들어가는, 영원한 지상 낙원을 건설하는 것이 하나님의 계획이다.

\- 이것이 구약과 신약에 이어 "새로운 성경"으로 역사하시는 하나님의 창조의 완성이다.

- 지금의 믿음으로 구원받을 수 있다면 그 길을 가라. 그러나 자신이 없다면 하나님께서 직접 내리신 160권의 "새로운 성경"을 읽고 구원의 길을 보라!

하나님 머리말씀

이 새로운 성경을 읽는 너희 모두는
이 율법에 따라 행하면 영원히 구원받을 것이니라.

너희 인간이 수년, 수십 년, 평생
성서를 공부하고 기도하는 것은
하늘나라 나의 곁으로 오고 싶은 소망일진대,

몇천 년 전의 너희 인성과 생각이
지금의 너희와는 판이하게 다르니,

꺾여 가고 병들어 가는 너희를 고칠 수 있는 길은,
오늘 내가 선지자에게 내리는 새로운 성경과 같이
너희가 변화되는 것뿐이니라.

나의 예수가 태어난 것처럼
내가 아들 선지자를 선택하여
나의 새로운 성경을 온 세계에 전하고자 하니,

묵은 것은 버리고 새로운 것은 취하여,
너희 모두는
'여호와 하나님! 저의 죄를 용서하여 주옵소서.'
하는 기도문으로 기도하고, 죄를 뉘우치라.

이 새로운 성경은
수천 년간 내려온 성서를 요약한 것이니,
너희는 이 책을 정독하여 쉽게 깨달음을 얻고,
이대로 실천하여 하늘에 오르라.

대역자 머리말

■ 하나님의 율법을 지키는 선지자로 선택을 받도다.

저는 남들처럼 그저 열심히 살아온 평범한 사람이었습니다. 그러나 50대 중반에 사업에 실패하여 많은 부채에 시달렸으며, 건강도 악화되어 눈이 잘 안 보이고, 걷기도 어렵고, 두통이 심해서 잠을 이룰 수 없는 고통의 나날을 보냈습니다. 그때 제가 선택할 수 있는 것은 육의 삶을 끝내는 길뿐이었습니다.

죽기 직전에 그동안에 죄를 지은 이들에게 용서를 빌고 인생을 끝내기로 작정하였습니다. 어려서부터 지은 죄를 빌고 빌다 보니 끝이 없었고, 죽음으로도 그 많은 죄를 용서받을 길이 없다는 생각에 하염없이 눈물이 흘렀습니다. 그 순간 '재래식 화장실의 구더기는 죄를 짓지 않는데, 나는 인간으로서 구더기만도 못한 삶을 살았구나.' 하는 생각이 들면서 괴로움에 몸부림칠 때, 갑자기 하나님의 음성이 들렸습니다.

"나는 여호와 하나님이니라. 너는 십계명을 암송하고 내가 내려 주는 메시지를 받아 책으로 만들어 만백성을 구하라." 하시며, 제 눈을 손으로 문지르게 하시고, 아픈 머리와 다리를 손으로 두드리게 하셨습니다. 그러고 나니 눈도 잘 보이고 걸을 수 있었으며 머리의 통증도 말끔히 낫게 되었습니다. 그때부터 십계명을 암송하고 나면 들려주시는 말씀을 기록하였고, 1999년 8월부터 2004년 7월까지 권당 288쪽, 총 160권을 받아서 "새로운 성경"이라는 책으로 펴내게 되었습니다.

그러한 저에게 죽기보다도 힘든 길이 시작되었습니다. 모든 교인들이 저에게 사탄이요, 이단이요, 악마요, 마지막 시대에 온 거짓 선지자라 하면서 공격하였고, 저를 짐승을 보듯이 대하는가 하면, 편협한 종교 지도자들의 선동으로 신도들이 이 책을 직접 읽어 보고 평가할 기회마저 막아 버렸습니다. 그래서 하나님의 말씀을 세상에 내는 데 많은 어려움을 겪으며, 피를 토하는 심정으로 책을 전하고 있습니다.

그러나 아무리 인간의 힘으로 막으려 해도, 하나님의 뜻이 세상에 전해지는 위대한 역사는 계속될 것입니다. 책으로 전해지는 "하나님의 말씀"은 세상 끝날까지 항상 우리와 함께하실 것입니다. 사람은 죽어도, 책에 기록된 말씀은 영원히 남으니까요.

■ 따뜻한 실천

하나님께서는 어려운 사람들에게 삶의 터전을 마련해 주고, 미래를 열어 주는 것을 기뻐하십니다. 어려운 이웃이 스스로 자립할 수 있도록 이끌어 주는 것이 진정으로 이웃을 돕는 것이라고 말씀하셨습니다. 그래서 일자리가 없는 제자들에게 작은 사업장을 만들어 주는 "달란트 사업"을 하고 있습니다. 식당, 반찬 가게 등을 차려 주고, 기존의 어려운 사업장이 자립할 수 있도록 돕고 있습니다(커피숍, 미용실, 의상실 등).

하나님께서는 교회에 나와서 모든 시간과 재물을 쏟기를 원하지 않으시고, 그 시간과 재물을 교육에 투자하여 스스로 미래를 열어 가기를 원하십니다. 그래서 제때 공부하지 못한 제자들에게 학업을 이어 가도록 하였습니다. 중화요리 주방장을 하며 초등학교 검정고시부터 공부하여 2012년에 방통대를 졸업한 36세 남성, 만학도들의 2년제 중학교에 입학해서 2007년에 명지대학을 졸업한 38세 여성, 중학교 검정고시를 시작으로 숭의여자대학을 졸업한 47세 여성 등이 있습니다. 그밖에도 많은 제자들에게 나이를 초월하여 배우고 깨우쳐서 사회 속의 당당한 일원이 되도록 인도하고 있습니다.

학자금 대출로 힘겨워하는 젊은이들을 위해 "따뜻한 바람 장학회"를 발족하여(2016년 12월) 대출받은 학자금 전액을 매월 갚아 주고 있습니다. 또한, 다문화 가정을 위해 "다문화 가족 랜드"를 조성하여, 각종 시설을 무료로 활용하도록 하고 있습니다.

이러한 따뜻한 실천이 아직은 미약합니다. 그러나 책의 수입이 늘고, 저와 뜻을 같이하는 분들이 늘어나면 계속 확대할 것입니다. 지도자로서 신도의 재물을 헌금으로 거둬들여 착복하는 것이 아니라, 하나님께서 기뻐하시는 일에 사용하도록 중매 역할만 하며 살아가고자 합니다. 이런 제가 과연 사탄이고 이단인가요? 하나님께서 기뻐하시는 일이라면, 저에게 사탄이라 하든 거짓 선지자라 하든 굽히지 않고 실천해 나갈 것입니다.

끝으로, 일상의 삶 속에서 "지금 내가 하는 행동이 과연 하나님께서 기뻐하실까, 슬퍼하실까?" 생각하고, 매사에 하나님께서 기뻐하시는 길을 택하기 바랍니다. 교회에 모여서 집단적으로 예배 드리는 것이 아니라, 개인이나 가정 단위로 새로운 성경을 읽어 스스로 깨우치고 그대로 행하면 충분합니다. 그것이 마음속에 성전을 짓고, 신령과 진정으로 예배 드리는 길입니다. 그러면 천국의 문에 들어서게 됩니다.

2017.2.1.

하나님 말씀 대역자 김용철

차 례

십 계 명

이 책은 십계명을 암송하고 나면 내려 주시는 "하나님의 음성"을 듣고 그대로 받아쓴 기록입니다. 하나님께서 십계명을 모세에게 내려 주셨지만, 그것은 만백성에게 내려 주신 것입니다. 마찬가지로 이 책의 모든 말씀도 저에게 내려 주셨지만, 만백성 각자에게 들려주시는 말씀입니다. 여러분도 이 책을 접할 때마다 십계명을 암송하고 나서 정독해 주시기 바랍니다.

제일은, 너는 나 외에는 다른 신들을 네게 있게 말지니라.
제이는, 너를 위하여 새긴 우상을 만들지 말고, 또 위로 하늘에 있는 것이나, 아래로 땅에 있는 것이나, 땅 아래 물 속에 있는 것의 아무 형상이든지 만들지 말며, 그것들에게 절하지 말며, 그것들을 섬기지 말라.
제삼은, 너는 너의 하나님 여호와의 이름을 망령되이 일컫지 말라.
제사는, 안식일을 기억하여 거룩히 지키라.
제오는, 네 부모를 공경하라.
제육은, 살인하지 말지니라.
제칠은, 간음하지 말지니라.
제팔은, 도적질하지 말지니라.
제구는, 네 이웃에 대하여 거짓 증거하지 말지니라.
제십은, 네 이웃의 집을 탐내지 말지니라.

나 여호와가 존재함을 믿는 그 자체가 구원의 길에 들어서는 기본이요, 근본이며, 나의 새로운 성경을 가슴에 안고 정독하는 자, 반석 위에 서서 하늘에 오르는 찬란한 빛을 보게 되는 영광을 얻게 됨이니라. 진정 나를 따르고 믿는 자는 감히 사탄이나 마귀도 근접하지 못하느니라.

〈하나님 말씀〉

2003년 12월

8,751 번째 하나님 말씀

2003년 12월 14일 23시 01분

1 사랑하는 나의 아들아!
2 "네, 아버님! 말씀하옵소서."
3 너희들이 어릴 적에 성장하는 그 과정에서 어떠한 생각을 하더냐?
4 '우리 부모요, 내 부모가 이 세상에 최고요, 만능이요, 모든 것을 이루지 못할 게 없으며 들어주지 않는 게 없으며 모두를 다 역사할 수 있다.' 하니,
5 그 부모의 위대함을 보는 그 속에 있는 자녀는 미래요, 앞으로 살아갈 것을 걱정하지 아니해도 된다 그리 믿고 의지하고 성장하는 것이 너희들의 살아감이 아니더냐?
6 '우리 부모가 최고며, 그리고 우리 부모는 만능이요, 모든 걸 이루지 못할 게 없으니, 그 부모 밑에 있는 나 자신이 얼마나 행복한가!' 그렇게 생각하며 살아가는 것이 너희들의 어린 시절의 삶이 아니더냐?
7 그러나 너희들이 서서히 성장하면서 세상사의 이치를 알며 세상사의 삶에 부닥치며 가는 그 생활 속에서, 과연 그때도 너희들은 너희 부모가 세상에서 제일이며 최고라고 그리 생각하는가?
8 그와 같이 생각하고 그 속에서 고립되어 헤어나지 못하는 자, 결코 그는 자립할 수 없으며 제가 성장할 수 없는 것이 아니더냐?
9 그러니 스스로 제 부모가 최고가 아니라는 것을 깨닫고, 제 부모보다도 더 유능하고 훌륭한 부모가 있으며, 세상에는 부모도 천태만상이라는 것,
10 그리고 제 부모의 장점이 있는 것이며, 다른 부모 또한 장점이 있는 것이며, 이와 같은 이치를 깨우쳐 가면서 성장하는 것이 너희들이요,
11 그를 알고 가는 자가 세상에 적응하며 바로 설 수 있지 않겠느냐?
12 그러나 지금의 종교 집단의 지도자와 그 광신도들이 어찌하는가?
13 어릴 적에 제 부모가 최고라 생각하는 그 틀을 벗어나지 못하는 아이와 같이, 지금 그와 같은 틀을 벗어나지 못하고 있는 것이 오늘의 종교 집단에서 가고 있는 자들이니라.
14 어릴 적에 저희 부모가 최고라는 그 생각을 버리지 못하며 그를 지우지 못하며, 그를 의지하고 살고자 하며 그 테두리를 벗어나서 지탱할 수 없는 자가 과연 험악한 이 세상사에 살아갈 수 있겠느냐?
15 성장한 만큼, 세상을 보는 것만큼 깨달아 저 자신이 바로 서고 변화되어야만 역사함이니라.
16 성장한 만큼 변하며, 자란 만큼 변하며, 세상에서 듣고 깨달은 만큼 변화되는 그와 같은 삶을 사는 것이니라.
17 그러나 그 모두가 변함이 없으며 변하는 역사가 없으며, 오로지 갇혀 있으며 단절된 것이 무엇인 줄 알겠느냐?

18 오늘의 종교 집단의 지도자들이니라.
19 제 부모가 최고라는 그 세 살 먹은 아
이만도 못한 생각을 하고 있는 것이
오늘의 종교 집단이요, 지도자 너희들
이니라.
20 그러니 그와 같은 자들이 어찌 나를
볼 수 있으며, 내가 역사하는 것을 알
수 있으며, 나의 사랑하는 백성을 인
도하는 그와 같은 역사를 이룰 수 있
다 하느냐?
21 절대 너희들은 그와 같은 역사를 이룰
수 없다는 것을 알아야 될 것이니라.
22 정녕 어려서 제 부모가 최고라는 생각
을 가진 자녀가 성장하여 어른이 되어
서도 그 생각을 버리지 못하고 세상을
등지고 산다면, 외면하고 사는 그 앞
에 무엇이 있느냐?
23 그는 어리석고 실패하며 쓰러짐만이
있을 것이니라.
24 모든 종교 집단이 이와 같이 어린 시
절에 생각했던 것을 벗어나지 못하는
오늘의 믿음에서 헤어나지 못하고 있
느니라.
25 그리하여 죽기 아니면 살기로 저희 종
교 집단의 지도자들이 배우고 따라온
지금까지 흘러온 그 관습에서 벗어나
지 못하며,
26 그 관습을 벗어나서 나의 피조물 만백
성을 깨우치고자 하는 자, 성인이 되
어 세상을 보며 제가 느끼고 깨달은
삶을 살라 하는 자, 그와 같은 자를 사
탄이요, 이단이라 너희들이 그리 몰아
붙이고 감이니라.
27 그러니 너희들은 알아야 될 것이니라.
28 지금까지 너희들이 역사한 모든 것은
알곡식을 거두는 역사가 아니요, 쭉정
이를 거둬들이는 일을 했으며, 그와
같은 삶에서 지금 허덕이고 사는 백성
이라는 것을 너희들은 알아야 될 것이
니라.
29 모든 종교 집단의 믿음이 어린아이가
부모가 최고요, 만능의 부모라 생각하
는 그 테두리를 아직도 벗어나지 못했
음이니,
30 깨달음이요, 만백성을 구한다는 종교
집단이요, 지도자요, 그리고 구원을
받았다 울고불고하는 광신도는 한 발
짝도 땅에서 떼지 못한 어리석고 불쌍
한 백성이라는 걸 잊지 말라.

8,752 번째 하나님 말씀

2003년 12월 14일 23시 08분

1 사랑하는 나의 아들아!
2 "네, 아버님! 말씀하옵소서."
3 너를 따르는 그 제자들이 이 모든 폐
허가 되고 썩어진 땅에 내가 다스려
뿌리는 씨앗과 같다 하였음이니, 그들
에게 전하라.
4 나의 아들 네가 처음에 열여섯 권의
법전을 접하고 쓰기 전까지 깨우친
것, 열여섯 권의 법전을 세상에 만들
어 놓고 네가 변해 온 것, 그리고 지금
백 권이 넘는 나의 성령을 받아 법전
을 만들어 내고 있는 지금 네가 변화
된 그 모습이 과연 어떠하던가?
5 네가 그리 접하고 접할수록 서서히 변
해 가는 그와 같은 삶을 살지 않느냐?
6 그 깨우침이요, 네가 행함이요, 실천
함의 그 행동들이 변해지는 것, 그것

이 바로 나 여호와의 뜻이요, 또한 역
사하는 그 단계이니라.
7 그러니 너의 제자들에게 전하라.
8 구약의 시대가 그와 같이 이루어진 것
은 그 구약시대가 존재할 가치가 있었
으며, 그들이 존재할 한계가 있으며,
존재해야 되기 때문에 존재한 것이며,
그 역사를 다했음이니라.
9 신약의 시대는 또한 어떠하던가?
10 신약시대가 그렇게 존재할 수밖에 없
었음이니, 바로 제3의 시대가 열리기
때문이니라.
11 구약과 신약의 시대는 한 맥으로써 가
나, 구약의 시대에 너희들이 깨닫고
역사한 것과 신약의 시대에 너희들이
깨닫고 역사하는 것이 다르며,
12 제3의 시대에 나의 법전을 읽고 깨우
치는 나로부터 선택된 백성 너희들은
이제 제3의 시대의 역사를 열어 가는
것에 동참하여 그 모두를 증거하는 백
성이니, 너희들이 그와 같으니라.
13 바로 나의 아들이 법전 한 권을 썼을
때, 열여섯 권을 썼을 때, 백 권을 썼
을 때, 160권을 세상에 냈을 때, 그 자
신이 그와 같이 변화되고 역사하는 그
흐름과 같이,
14 구약의 시대는 그리 구약이 존재했으
며, 신약의 시대는 또 중간으로서 그
와 같은 것이 존재했으며, 제3의 시대
또한 바로 너희들이 변화의 단계를 역
사한 것처럼, 그와 같은 높은 자리에
있으며 높이 변화된 백성들이 너희들
의 삶이라는 것을 알아야 될 것이니라.
15 제3의 시대가 열려야 되는 것, 그리하
여 제3의 시대에 너희들이 변하는 그
역사에 따라 나의 법전이요, 이 모두
를 증거하며 증명하는 성령을 내려보
냄이니,
16 이를 소화시켜 만백성을 구하고 못 구
하는 것은, 땅에서 발을 한 발짝도 떼
지 못한 종교 집단의 지도자들이요,
맹신도 그들이 역사하는 것이 아니라,
17 너희들이 깨달음의 이치를 알며 나의
아들이 법전을 많이 접하고 접함으로
써 변해 가는 것처럼,
18 시대의 변화는 너희가 160권을 역사
했을 때, 선택된 나의 아들이 변하듯
이 너희들이 지금 그와 같이 변하는
백성이요, 앞에 가는 백성이니,
19 그리하여 너희들이 만백성을 구하는
대명이요, 만백성을 구할 수 있는 높
은 위치요, 경지에 올라오고 있으며
올라가고 있다는 것, 매일매일 너희들
이 한 발짝씩 나에게 치달아 오고 있
다는 것을 알아야 될 것이니,
20 그와 같은 이치를 깨달아, 너희들의
변함에 주저하지 말라.
21 너희들이 때로는 두려워하며 너희 자
신이 바로 설까 못 설까 염려하니, 그
리하지 말라.
22 너희들은 바로 설 수 있으며 갈 수 있
는 자들이니라.
23 그러기에 너희들이 나로부터 선택된
자들이니라.
24 너희들이 아무리 능력이 있고 갖추어
진 자라 해도 내가 역사하는 그 한계
를 넘을 수 있겠는가?
25 그러니 인간 세상에서 보기에 부족하
고 모자라는 백성이라 해도, 나 여호
와가 성령으로써 너희와 더불어 함이

니,
26 너희들이 이 세상에서 가장 능력이 있
는 자요, 가장 위대한 자요, 가장 큰
역사를 할 수 있는 백성으로 변화될
수 있다는 것을 부정하지 말며, 이를
받아들이고 그를 믿고 그리 살아가라.
27 지금의 시대가 열리는 그 이치를 지금
모두가 다 부정하며 인정하려 하지 않
으니, 그러니 내 뜻을 따르며 이를 인
정하고 받아들이고 순종하며 가는 백
성 너희들과 그들과의 그 차이가 어떠
하더냐?
28 손바닥과 손등의 그와 같은 차이임이
니, 그 역사의 변화를 어찌 누가 하나
로 만들 수 있으며 다스려 나갈 수 있
으며, 너희들을 따라올 수 있는 것이
더냐?
29 손등이 손바닥이 될 수 없듯이, 지금
의 모든 종교 집단이요, 지도자들이
너희들을 따라와 변하는 그 길을 올
수 없음이니,
30 내가 내리는 크나큰 축복이요, 영광을
그들은 알지 못하며 받을 자격이 없는
자들이라는 것을 알라.
31 이제 너희들이 바로 서며, 나의 법전
을 가지고 만백성에게 전하며, 너희들
의 변화된 그 경지의 삶을 그들에게
보여 줌으로 인하여 나의 피조물 모든
백성이 구원을 받을 것이라는 것을 너
희들은 알라.
32 지금 변화되는 것을 모르며, 역사하는
것을 모르며, 내가 새로 이루고자 하
는 것에 동참하지 아니하며, 이를 인
정하지 아니하며, 이를 바라보지 않으
며, 사탄이라 이단이라 부르짖는 그
백성들이 정신적인 불구자들임을 너
희들은 알라.
33 지금의 모든 종교 집단이요, 지도자,
나의 법전을 보며 이것을 나의 성령이
라 생각하지 아니하며, 그 내용을 읽
어 보고 저희들의 부끄럽고 추함을 다
다스리라는 것을 느끼지 못하는 자,
34 무조건 이단이요, 사탄이라 거부하며
부르짖고, 마지막 시대에 온 거짓 선
지자라 말하는 그와 같은 너희들은 정
신적인 불구자요, 정신병자들이라는
것을 알아야 될 것이니 그리 알라.
35 정신이상자가 어떠한 행위를 할지 모
르며, 그 행위를 해도 책임을 지지 아
니하는 인간 세상의 이치처럼, 그들에
게 물리는 것은 너희들이 스스로 물리
지 않도록 그리하라.

8,753 번째 하나님 말씀

2003년 12월 14일 23시 15분

1 사랑하는 나의 아들아!
2 "네, 아버님! 말씀하옵소서."
3 나의 아들 예수의 죽음으로써 너희가
구원을 받았다 함은 잘못되었음을 너
희들은 알아야 될 것이니라.
4 이제 하늘의 뜻을 나의 아들을 통하여
너희들에게 전함이니, 이를 명심하여
너희 것으로 만들어 깨닫는 자 나에게
오를 것이며, 깨닫지 못하는 자 지옥
문 앞에 가 몸부림치는 자로 전락될
것이니라.
5 너희들은 이를 알라, 구원의 그 모두
도 단계가 있음이니라.
6 모세의 시대는 씨앗을 뿌린 그 자체의

구원의 시대요, 그러니 씨앗을 뿌리는
시대는 씨앗을 뿌린 만큼 그 씨앗에
대한 구원이 있으며,
7 신약의 시대는 그를 성장시키고 가꾸
는 그와 같은 역사를 하는 구원함이
거기 있으며 구원받음이 거기 있음을
너희들은 알라.
8 이제 지금의 시대는 무엇인 줄 알겠느
냐?
9 내가 모두를 가꾸어 그 열매가 열릴이
니, 열매를 맺은 그 한계에서 너희들
이 구원을 받으니,
10 그와 같은 역사함이 단계적으로 구분
되어 있는 것을 너희들은 알아야 될
것이니 그리 전하라.
11 이게 하늘의 법도며 나 여호와의 뜻임
이니라.
12 내가 너희들에게 씨앗을 뿌리는 것으
로써 말함이니, 젖을 먹고 어머니의
품 안에서 자라는 너희들이 그 자체에
서 젖을 먹고 사는 아이의 구원받음이
있음이니라.
13 그가 생각하고 행함이 다르지 않더냐?
14 성장한 사람과 다르니, 그가 그 어린
아이로서 구원받을 수 있는 구원함이
거기에 있으며,
15 성장하여 너희들이 가정을 이루며 성
인이 되기 시작하면 또한 거기에 대해
서 성장한 성인으로서의 받는 구원함
이 있음이니라.
16 그리고 너희들이 인생을 살다 그 모두
를 매듭짓고 죽음의 단계에 나에게 오
고자 함이니, 그때 죽음의 단계에 매
듭을 짓는 그와 같은 매듭 속에서 또
구원이 있음이니라.
17 씨앗을 뿌렸을 때 씨앗의 구원이 있으
며, 나무가 성장하는 과정에도 또 구
원이 있으며, 너희들이 마지막 열매를
맺어 열매를 거둬들이는 구원이 있음
이니, 그와 같이 분류되어 있음이니라.
18 그러니 지금의 모든 신약의 시대에 역
사하는 종교 집단이요, 지도자요, 그
백성 너희들이 잘못되었으며 나와 관
계없다는 뜻이 무엇인 줄 알겠느냐?
19 너희들은 무성히 자라는 그와 같은 시
대요, 무성히 자라는 구원을 받으며
그 구원의 역사함의 뜻이거늘,
20 어찌하여 너희들은 모두를 다 구원을
받았으며 하늘에 올라왔으며, 제3의
시대에 열매를 맺는 그 열매로서 구원
을 받는 그 시대를 너희들이 초월하며
거기에 선택된 자처럼 하느냐?
21 너희들은 오늘의 자세를 모르며, 그리
하여 내가 너희들에게 깨우치고 들어
야 할 비유요, 비사로 내린 나의 법전
을 너희들은 절대 알지 못하고 있는
자들이니라.
22 너희들이 지금 성장하는 나무의 그와
같은 위치에서 구원을 받고자 하여 너
희들 자신을 들여다본다면, 나의 성경
에 기록되어 있는 그대로 행하면 되느
니라.
23 이웃을 네 몸보다 사랑하며, 너희들이
높고자 하면 너희들이 남을 대우해 주
는 것, 그리고 너희가 모두를 지배하
기 위함이 아니요, 너희는 종이 되기
위해서 내려왔다는 것, 그것이 바로
무엇인 줄 알겠느냐?
24 중간 성년의 시대에 받을 수 있는 구
원이니, 바로 나무가 자라는 것이요,

무성하게 역사하는 거기에서 구원을
받는 것이니, 그걸 지키면 거기에서
구원을 받는 것이니라.
25 제3의 매듭을 짓는 시대는 내가 나의
아들을 통하여 내리는 것은 '예', '아니
요'의 정확한 대답이 있음이니,
26 열매를 맺는 자들이 구원을 받는 것이
며, 그들의 구원의 길이 또 구분되어
있음을 너희들은 알아야 될 것이니라.
27 이를 모르는 백성이 지금 질서가 없으
며 제자리를 벗어났음이니, 이를 어찌
한단 말이더냐?
28 너희들이 아무리 바빠도 바늘 허리에
실을 매어서는 아무것도 역사할 수 없
음이니라.
29 그러니 너희들이 힘들어도 노력하여
바늘귀에 제대로 꿰었을 때 그가 역사
를 할 수 있음이니라.
30 오늘의 모든 종교 집단이요, 지도자들
이 바늘에 실을 꿰어 차분히 역사해야
하거늘, 그저 급하다 하여 바늘 허리
에 매어 옷을 꿰매고자 하는 그와 같
은 형국이니라.
31 너희들은 바늘에 실을 꿰어 차분히 역
사할 때 받는 구원이 있으며, 모두 다
만들어 놓은 자에게 또한 예쁘게 가꾸
어 놓은 바늘이요, 실이 받는 구원의
길의 역사가 있는 것처럼 그 이치를
정말 알라.
32 지금의 모든 신약이요, 모든 종교 집
단이요, 지도자들이 무엇인 줄 알겠느
냐?
33 바늘에 실을 매어 그저 옷을 꿰맨다고
대들다 보니, 이것도 저것도 아니 되
어 아무것도 제자리를 지키는 게 없으
며 역사하는 것이 없음이니라.
34 그리하여 나의 자식이 아니요, 내 아
들딸이 아님이니, 내 옷을 꿰맬 수 없
는 실과 바늘과 같은 역할만을 하고
있는 것이 오늘의 형태이니라.
35 이제 이 시대는 곧 제3의 시대요, 내
가 마지막 심판을 역사함이니, 이것은
열매를 가지고 내가 옳고 그름을 구분
하여 구원의 길을 볼 수 있고, 구원을
받고 못 받는 그 시대가 열림을 알라.
36 몇천 년 동안 내가 뿌리고 가꾼 그와
같은 것이 아무렇게나 열매를 맺는 그
시간이 존재하는 것이 아니요,
37 저희들이 아직 오지도 못하며 꽃이 피
지도 않은 자들이 열매를 거두는 것처
럼 지금 하고 있음이니, 그를 바라다
보는 내 마음이 얼마나 아프며 가슴이
저려 오겠느냐?
38 그를 바로잡으라 하는 것이며, 저 자
신을 알며 제 능력을 알며 제가 설 자
리를 알라 함이니 그리 알라.
39 인간 세상에 너희들이 살아가면서 하
는 말이 있지 않더냐?
40 '누울 자리 보고 다리를 뻗으라.' 함이
니, 누울 자리를 보지 않고 그저 다리
를 뻗으니 모두가 불화하며 모두가 다
깨지며, 모두가 조용히 내려갈 것을
넘길 수 없는 이와 같은 형국이 지금
오늘의 종교 집단이요, 지도자들이 역
사하고 있음임을 알라, 사랑하는 나의
아들아!
41 세월만 흘러왔으며, 너희들이 제 뜻에
의하여 제자리를 알지 못하며 그 소중
한 세월만 흘러왔음이니라.
42 그리하여 그들이 나에게 오지 못하며

익지 못했으며 열매가 열지 못하여 그
들이 다 떨어지니, 지옥으로 간 것이
니라.
43 이와 같은 이치를 안다면, 너의 제자
들이 오늘에 어떠한 일을 해야 될 것
인가?
44 너희들은 오늘의 마지막 시대에 내가
역사한다는 걸 믿어야 될 것이며, 그
리고 심판의 시대라는 것을 믿어야 될
것이며,
45 나의 법전의 뚜껑을 열 때 내가 너희
들과 같이한다는 말을 반드시 명심하
고, 너희들은 오늘의 마지막 열매로
서, 열매가 구원을 받는 그 시대에 하
나도 손색이 없는 백성으로서 거듭나
도록 그리하라, 사랑하는 나의 아들딸
들아!

8,754 번째 하나님 말씀

2003년 12월 14일 23시 29분

1 사랑하는 나의 아들아!
2 "네, 아버님! 말씀하옵소서."
3 나를 믿고 경배하며 나에게 오르고자
하는 백성 너희들은 과연 어떠한 것으
로써 나에게 오를 수 있다 생각하는가?
4 너희 손으로 지은 죄의 온상의 그 교
회에 충성하는 것, 가정을 뒤로 하며
그와 같은 곳에 충성하고 재물을 바치
는 것, 교회에 많은 사람을 인도하여
복음을 전했다 하는 그와 같은 것, 너
희들이 그것으로 구원을 받고 나에게
오른다 생각하는가?
5 그와 같은 생각을 너희들은 지워 버려
야 될 것이며, 그 생각을 버리지 아니
하면 너희들은 진정 하늘에 오르는 그
길을 보지 못하는 자들이니라.
6 너희들이 복음을 많이 전파하고 헌신
했다 하여 구원을 받는다는 그 생각
또한 지워야 됨을 너희들은 알아야 될
것이니라.
7 병을 고치는 역사를 하며 그와 같은
은혜를 받아서 너희들이 만백성을 구
했다 해서 그것이 구원인 줄 알아서는
아니 될 것이니라.
8 말을 잘하는 종교 지도자요, 또한 설
교를 잘하는 자요, 복음을 전파하는
자들이요, 그와 같은 자라 하여 또한
나에게 구원을 받았다, 구원을 받는다
생각하지 말라.
9 재물을 많이 쌓아 놓으며 재물을 나에
게 많이 바쳐서 너희들이 구원받는다
그와 같은 생각하지 말라.
10 그와 같은 것으로써 구원을 받았다 가
르치는 자는 잘못된 자요, 사탄들의
장난이요, 사악한 자들의 장난임을 알
라.
11 너희들이 그와 같은 것으로써 나에게
구원을 받는 것이 아니요, 나에게 구
원을 받는 것은 너 자신의 생각이요,
네 마음을 다스려 너희들이 천사와 같
이 살아가는 그와 같은 백성이요,
12 하늘의 나에게 오르는 그 점수를 받을
수 있는 그와 같은 변화되는 삶을 사
는 자가 곧 나에게 구원을 받음을 알
라.
13 그리하여 지금 나의 아들을 통하여 내
가 내리는 것, 교회에 충성하는 것, 많
은 사람에게 복음을 전했다 하는 것,
말로 잘한다는 것, 너희들이 병 고치

는 일을 역사했다는 것, 너희들이 재
물을 많이 바쳤다는 것,
14 이러한 것으로써 너희들이 구원을 받
았다 말하는 자들이 진정한 열매를 맺
는 나무를 성장시키고 가꾼 것이 아니
요, 가라지만 가꾸고 길렀음을 알라.
15 그러니 너희들이 가라지만 육성해 놓
고 지금에 와서 나보고 그 곡식을 거
두라 하니, 내가 거둘 것이 하나도 없
음이니, 어찌한단 말이더냐?
16 그러니 그 가라지를 육성하며 가라지
속에서 같이 나온 너희들을 내가 모른
다 하는 그와 같은 의미를 알라.
17 아무리 너희들이 교회에 충성을 하며
복음을 전하며 나의 뜻에 의해 살아왔
다 해도, 너희들 스스로 변하는 그와
같은 삶을 살지 아니하는 자는 절대
구원을 받지 못함이니,
18 이를 너희들은 알아야 될 것이니, 그
리 전하도록 그리하라, 사랑하는 나의
아들딸들아!

8,755 번째 하나님 말씀

2003년 12월 14일 23시 38분

1 사랑하는 나의 아들아!
2 "네, 아버님! 말씀하옵소서."
3 누가 무어라 해도 나의 법전을 접하지
않는 자, 구원받지 못함이니,
4 또한 지금 나의 법전이 세상에 내려가
는 것은 제3의 시대요, 마지막 시대가
시작되었으며 역사한다는 것을 그들
에게 당당히 전해야 됨을 알라.
5 그러니 모든 종교 집단이요, 지도자
요, 믿음의 길을 가는 백성들, 나름대
로 극락 세계를 간다 하는 자, 천국에
간다는 그와 같은 백성 그 모두에게
전하라.
6 지금 모든 종교 집단이요, 그 속해 있
는 곳에서 제3의 시대가 열림을 두려
워하지 아니하는 자, 그리하여 내가
제3의 시대를 여는 것을 두렵고 무섭
게 생각하여 겸허히 받아들이는 마음
의 자세로 지금 변화되지 아니하면 절
대 나에게 올 수 없다는 것을 알라.
7 그와 같은 뜻을 이루지 아니한다면,
너희들이 지금 자신을 냉철하게 점검
하고 판단하고 분석하여 자신을 되돌
아보며 그와 같은 반성의 자세로써 너
희들의 믿음의 길을 정확히 보지 못한
다면, 그리 갈망하고 소원하던 그 구
원이라는 것은 너희들과는 절대 무관
하다는 것을 알아야 될 것이니라.
8 내가 왜 이와 같이 무서운 나의 뜻을
너희들에게 전하겠는가?
9 이 세상에 나의 피조물 만백성, 특히
구원의 길에 인도한다는 지도자들이
요, 그 백성이 변질될 대로 변질되어
있으며 썩을 대로 썩었기 때문이니,
이를 바로잡을 수 있는 길은 없음이니
라.
10 너희들 스스로 냉철하게 되돌아보며
너희들 자신을 분석하여, 내가 지금
제3의 시대의 역사함을 무서운 줄 알
며 두려움으로 받아들여, 나의 법전을
가슴에 안고 정독하는 그와 같은 변화
의 역사가 없이는 결코 이루어질 수
없다는 것을 알라.
11 나 여호와가 나의 아들 예수를 통하여
심고자 했던 것, 그 사랑의 씨앗이요,

그리고 실천하고 역사했던 그 모두를
너희들이 짓이기고 싹도 트지 못하도
록 한 것이니, 이 또한 누가 그와 같은
사악한 짓을 저질렀는가, 너희들은 스
스로 들여다보라.
12 오늘과 같이 믿음의 길을 가는 자들,
그리하여 저희들 것만 소중하며 남의
것은 인정하지 아니하며, 참진리가 내
려온다 해도 사탄이요, 이단이라 그리
밀어붙이며 그와 같이 그 모두를 뿌리
내리지 못하도록 하는 자, 그리고 만
백성이 귀를 기울이지 못하도록 그를
차단하고 막는 자, 어리석은 너희 조
상이요, 뿌리들이 그와 같은 행위를
했음을 알라.
13 이제 나의 법전으로 내가 모두를 역사
하며 마지막 시대에 역사하는 나의 법
전을 사탄이요, 이단이라 하며 너희들
이 이를 막고 태워 버리고 찢어 버린
다 해도 이는 결코 막을 수 없음이니
라.
14 손을 펴 하늘의 태양을 가리는 것보다
도 더 어리석은 짓을 하는 것이 나의
법전을 막고자 하는 자요,
15 이게 이단이요, 사탄이요, 마지막 시
대에 거짓 선지자가 세상을 혼미케 하
며 너희들을 지옥으로 이끌어 가는 사
악한 자요, 모두를 다 뒤흔들어 놓으
며 이 지상을 엎어 놓으려 하는 자라
하여,
16 그를 단죄한다 하여 너희들이 봉기하
는 그와 같은 역사를 이루는 것 또한
너희 조상이 지금까지 이루었던 그와
같은 형국이니라.
17 너희들이 그만큼 잘못된 자들이며, 내
가 너희들을 모른다 하는 그 이유가
어디 있는 줄 알겠느냐?
18 너희들은 지금 나의 피조물 만백성을
구원하는 길이요, 하늘에 오르는 길이
십일조를 잘 내며 너희들이 부르짖는
헌금을 잘 내며, 그저 예배에 꼬박꼬
박 참석하며, 작고 큰 너희들의 명령
에 따르는 것이 구원을 받는 길이라
그리 가르침이니,
19 과연 그것이 나의 역사가 이루고자 하
는 그 속에 얼마나 차지하는가?
20 너희들이 헌금이요, 십일조요, 모두를
다 거둬들이는 것, 그리고 너희들이
하고 있는 그와 같은 행위가 과연 내
가 역사하는 이 지상 모두의 그 비중
중에 얼마나 차지하는가?
21 작고 작은 것만도 못한 것을 가지고
구원을 받는다, 그리고 하늘에 오르는
길이라 그리 가르치고 있음이니라.
22 십일조를 잘 내는 것, 헌금을 잘 내는
것, 너희들이 짓는 교회라는 곳에 주
춧돌을 갖다 놓는 자, 그리고 너희들
이 말하는 예배요, 교육 시간에 적극
적으로 참석하는 자, 그는 작고 작은
것이니 아무것도 아니며,
23 백사장에 모래알만큼도 안 되는 그 작
은 걸 가지고 구원을 받으며 하늘에
오르는 길이라 너희들이 가르치고 있
으니,
24 얼마나 너희들이 어리석은 백성인가
한번 돌이켜 보도록 그리하라.
25 나 여호와가 이 세상에 너희들을 바로
세우고 역사하고자 하는 것이 정녕 크
고 방대하거늘,
26 너희들이 십일조요, 헌금이요, 그와

같은 작고 작은 것, 내 사전에 찾아볼
수 없는 것을 가지고 너희들이 구원을
받는 행위라 하는 그 작태를 부리고
있으니,
27 과연 그 행위가 구원의 길이요, 구원
의 역사에 비중을 얼마나 차지하겠는
가?
28 내가 수억 가지를 가지고 너희들에게
하늘에 오르는 길이요, 그 길을 지키
고 따르는 자가 하늘에 오르는 길이라
하였거늘,
29 너희들이 말하는 십일조요, 헌금이요,
그 모두는 내 기억 속에도 없으니,
30 백사장에 모래알만큼도 안 되는 그걸
가지고 세상을 다 통제하며 하늘을 뒤
덮는 것처럼 너희들이 지금 그와 같이
하고 있는 그 행위가 얼마나 어리석고
불쌍한 자들인 줄 알겠느냐?
31 그러니 너희들이 잘못됐으며 변질될
대로 변질되었으며 타락할 대로 타락
한 자들이라 하는 것이니 그리 알라.
32 너희들이 지금 그와 같이 하는 것이
죽음의 길이니라.
33 사는 길이 아니요, 하늘에 오르는 길
이 아니요, 죽음의 길을 가르치며 지
옥의 길을 가르친다는 것을 절대 잊지
말라.
34 지나가는 세월 속에 그 모두는 너희들
이 버리며 다 잊어버림이니 그를 알라.
35 너희들이 하고 있는 것이 얼마나 큰
비중이요, 내가 역사하는 것에 얼마나
비중을 차지하기에 그것으로써 하늘
에 오르는 길이라 하는가?
36 그것만 가지고 평생 동안 울고불고 가
르치고 역사하는 어리석은 그 소인배
의 장난이요, 사탄의 농간에 더 이상
놀아나지 말며,
37 그들이 중단하도록 너희들이 앞에서
그들을 단죄하는 것이 이제는 나를 볼
수 있는 길이라는 걸 절대 잊지 말라.

8,756 번째 하나님 말씀

2003년 12월 15일 06시 01분

1 사랑하는 나의 아들아!
2 "네, 아버님! 말씀하옵소서."
3 이 세상에 우주 공간에 존재하는 미생
물이요, 모든 동식물이요, 그리고 내
사랑하는 나의 아들딸 백성 너희들의
그 모습과 형태를 과연 너는 어찌 보
았느냐?
4 "네, 아버님! 저는 보았사옵나이다.
5 모든 미물은 아버님께서 창조하신 그
대로 그들이 존재하고 살며, 세상의
모든 동식물도 제 모습으로써 그리 살
아가고 있사옵나이다.
6 그리하여 동물들 또한 그 형태요, 식
물도 그 형태요, 그대로 창조주 아버
님께서 만들어 주신 그 형태를 유지하
며 그대로 살아가고 있으며 제 모습을
지키고 살아가고 있사옵나이다.
7 그러나 그중에서 유독 인간만이 아버
지께서 창조해 주신 그 모습을 그대로
지키지 못하며, 그리 살아가지 못하는
것을 보았사옵나이다."
8 네가 본 나의 백성들의 그 형태가 과
연 어떠하더냐?
9 "아버님께서 가장 아름답고 귀하게
만드신 저희 백성들이 하체는 사람의
형태를 가지고 있으나 상체는 사람의

형태를 가지고 있지 아니하며 짐승의
형태를 가지고 있는 것을 보았사옵나
이다.
10 사람이 반은 짐승이요, 반은 사람인
그와 같은 형국이니, 이것이 아버님께
서 아름답고 귀하게 만드시고 지혜를
높이 준 저희 백성들의 그 형태이며
모습이옵나이다.
11 형태만 인간이나, 저희들의 마음이요,
생각하는 것이 상체는 짐승이요, 하체
는 인간인 그와 같은 형국으로 지금
살아가고 존재하고 있사옵니다.
12 그래서 아버님께서 저에게 명하여
160권의 법전을 내려보내며, 저의 제
자들로 하여금 깨우치고 바로 가라 하
는 것은,
13 하체는 인간이요, 상체는 짐승인 그와
같은 저희들의 그 모형을 원모습으로
변하도록, 그리 원래의 형태로 바로
서게 하고자 하시는 것임을 알았사옵
나이다."
14 내가 보여 준 인간의 형태를 보면서
네 마음이 어떠하던가?
15 "네, 아버님! 피를 토할 것같이 가슴
이 아프며, 땅을 치고 싶을 만큼 통곡
하는 마음이옵나이다.
16 이를 보시는 아버님의 그 마음이 어떠
하실 것인가를 생각해 볼 때, 창조주
아버님의 그 아픈 마음을 어찌 생각할
길도 없사옵나이다.
17 그 예쁘고 귀하고 소중한 저희 백성들
이 스스로 인간의 형태를 지키지 못하
며, 하체만 사람이요, 상체는 짐승과
같은 형국으로 살고 있음이니, 그 짐
승의 생각이 과연 어떠한 것인지,
18 그러니 저희들이 만나 가정을 꾸리고
살며 서로 믿고 사는 사람 속에 저희
들의 지혜요, 생각이요, 그 아름다운
모습으로 살지 못하며, 더 흉악한 짐
승의 형태로 변해서 그와 같이 사는
것을 보여 주셨으며, 그리 살면 아니
된다 말씀하셨사옵나이다.
19 부부지간에 서로 신뢰하고 사랑하고
사는 것이 인간의 형태로 변하는 것이
거늘, 서로 속이고 불신하며 이혼하고
헤어지며 치고받고 싸움하며, 사랑이
라는 건 찾아볼 수 없으니,
20 저희의 그와 같이 하는 행위가 다 흉
악한 짐승이요, 사나운 짐승이요, 더
추한 모습의 짐승으로 저희들 상체가
변하며 그 하체마저도 변하는 그와 같
은 형국이거늘, 그걸 모르고 저희들이
살아가는 것을 알았사오며, 그 부끄러
움을 어찌할지 모르겠사옵나이다.
21 이웃을 속이고, 이웃을 사랑하지 않
고, 그리고 이웃을 기만하고 사는 것
이 얼마나 흉악한 짐승으로 변하는 그
모습인지,
22 그러니 저희들의 마음이 거짓 하고 남
을 속이며, 자기를 위하여 남을 핍박
하며 남을 시기하고 질투하며, 제가
취하기 위하여 남의 것을 탈취하는 모
습들이 인간이 짐승으로 변하는 그와
같은 삶의 모습이옵나이다.
23 저희가 하체는 사람이요, 상체는 짐승
으로서, 생각하는 머리가 있는 그 부
분이 모두 짐승만도 못한 생각이요,
그와 같은 마음을 가지고 삶이니,
24 이걸 바로 인간이 되라 하여 아버님
께서 가르치고 깨우쳐 주시는 것이며,

그 원형의 형태로 돌아오라 하는 것이
아버님의 말씀이라는 것을 깨달았나
이다.
25 이 세상에 아버님을 찾으며 예수님의
보혈로써 구원을 받았다 하는 백성,
그리고 만백성을 하늘로 인도한다는
그 백성 자체가 그와 같이 흉악한 모
습으로 되어 있으니,
26 마지막 인간 형체의 두 다리마저도 짐
승의 형태로 변하면 도저히 구원할 수
없으며, 아버님을 아버지라 부르지 못
하는 그와 같은 형국이 되니,
27 지금 두 다리는 사람이요, 나머지는
짐승의 형태를 원상 복구하여, 그것이
사람으로 변하게 하고자 하시는 것이
아버님께서 애쓰고 바라는 소원이요,
28 아버님이 그를 위하여 저같이 무지한
자식을 선택하여 아버님의 그 뜻을 전
하며 인간으로 되라 하시는 그 애절하
고 아픈 가슴을 저는 보았으며, 그를
깨달았사옵나이다, 아버님!"
29 너는 들으라.
30 "네, 아버님! 말씀하옵소서."
31 이와 같은 내 뜻을 만백성에게 전해야
될 것이며, 너의 제자들에게 전할 것
이며,
32 내가 예쁘고 아름답고 귀하게 만든 인
간의 형태가 그와 같이 반반이 되어
있음이니,
33 그를 인간의 형태로 바로잡는 것이 나
의 소원이라 하는 그 뜻을 만백성에게
전하며,
34 너희들이 생각하는 모습이 짐승과 같
음을 그들에게 깊이 깨우쳐 주라, 사
랑하는 나의 아들아!

8,757 번째 하나님 말씀

2003년 12월 15일 06시 07분

1 사랑하는 나의 아들아!
2 "네, 아버님! 말씀하옵소서."
3 네 마음자리가 어떠하더냐?
4 "네, 아버님! 감히 두렵고 두려워 밤
잠을 이루지 못하며, 그 고통스러운
마음이요, 아버님의 그 마음을 생각하
며, 저 자신이 반은 인간이요, 반은 짐
승인 형태를 어찌 사람으로 돌려야
될 것인가, 그 고통의 마음을 걷잡을
수 없으며,
5 제가 그와 같은 짐승의 형태로서 오늘
에 살면서, 세상사 사람들 앞에 무엇
인가 아는 체하며 무엇을 깨달은 자처
럼 말하며,
6 저 자신의 부끄럽고 추한 모습을 들
여다보지 못하고 사는 제가 얼마나 가
련하고 불쌍한 백성인가, 가슴이 미어
지옵나이다.
7 그와 같은 저희들을 바로 인간으로
만들기를 바라시는 아버님의 그 깊은
사랑의 마음을 들여다보는 저 역시
그 헤아릴 수 없는 그 고통을 감당할
수 없사옵나이다."
8 사랑하는 나의 아들아, 너는 과연 어
찌 가야 한다 생각하느냐?
9 "네, 아버님! 제가 결코 짐승으로서
존재할 수는 없으며, 인간으로서 존재
할 수 있는 그 노력을 다해야 될 것이
며,
10 저의 제자들 또한 그와 같이 가라, 제
가 그들에게 깨우치고 전함에 조금도
소홀히 하지 아니해야겠다는 생각을

깊이 하고 깨우치고 반성하고 있사옵나이다.
11 아버님, 제가 짐승이기에 짐승과 같은 행동을 하며, 짐승과 같은 사악한 마음이요, 감히 인간으로서 상상할 수 없는 그와 같은 추한 생각들을 하고 사는 것이 오늘의 저희들의 모습이요, 저희들의 삶이니,
12 그것이 인간의 생각에서 이루어진 것이 아니요, 거짓 하는 마음, 도둑질하는 마음, 남의 것을 시기하고 질투하는 마음, 더 높고자 더 갖고자 더 편하고자 하는 그 마음 모두가 인간의 생각이 아니요, 짐승의 생각에서 이루어지고 역사하는 것이니,
13 그와 같은 생각이요, 마음을 가지고 그리 행동하고 사는 것은 인간이기를 포기한 것이며, 짐승이고자 하는 것이며, 짐승이 되어 있음이니,
14 짐승만이 할 수 있는 그와 같은 것을 모두 다 버리고 이제는 다 지우라는 것을 저의 제자들에게 가르쳐 주며, 저 또한 그리 가겠사옵나이다.
15 사악한 생각, 한 점의 부끄럽이 있는 행동과 말로 그와 같은 삶을 사는 것은 인간의 삶이 아니요, 짐승의 삶이니,
16 짐승이기 때문에 그리 생각할 수 있으며 짐승이기 때문에 그와 같은 행동을 할 수 있사오니,
17 이제 저는 결코 짐승으로서는 존재하고 싶지 아니하며, 짐승의 형태에서 인간의 형태로 변하는 것이 아버님께 갈 수 있는 길이며 아버님께서 원하시는 것이니,
18 아버님께서는 큰 걸 원하는 것도 아니요, 어려운 것을 원하는 것도 아니요, 갈 수 없는 길을 원하지도 아니하시니,
19 그리하여 십계명은 인간은 지킬 수 있으며 지키고 가야 한다는 그 깊은 가르치심과 그 뜻을 이제야 좀 깨달은 것 같사옵나이다
20 아버님! 저의 죄를 용서하여 주옵소서."

8,758 번째 하나님 말씀

2003년 12월 15일 06시 14분

1 사랑하는 나의 아들아!
2 "네, 아버님! 말씀하옵소서."
3 내가 하늘나라의 내 품에 올 수 있는 자식은 어떠해야 한다 하였느냐?
4 "네, 아버님! 하늘나라는 천사와 같은 자식들이 있음이니, 저희들이 천사와 같은 사람이 되지 아니하면 천사가 존재하는 그 하늘나라에 갈 수 없는 것이 하늘의 법도이며, 그것이 지키고 넘을 수 없는 길이라는 것을 알고 있사옵나이다."
5 그러니 나의 아들아, 너희들이 인간의 형태도 되지 못하며, 내가 곱고 아름답게 만든 나의 아들딸의 그 형태가 무너져 짐승의 형태를 하고 있다면, 과연 너희들이 나에게 오를 수 있다 생각하느냐?
6 "절대 오를 수 없음을 알고 있사옵나이다.
7 그 형태로써는 절대 그 천국의 문을 찾지도 못하며, 짐승의 눈으로써는 천

국에 오는 길을 볼 수 없으며, 짐승으
로서는 그 아름답고 찬란한 빛을 볼
수 없사옵나이다.
8 그저 먹이를 찾아 따르며 그저 먹고살
기 위해 온갖 힘을 다 낭비하는 그와
같은 형국 외에는 하늘에 오르는 그
찬란한 빛을 짐승의 눈으로는 볼 수
없으며, 그 길을 짐승으로서는 절대
갈 수 없음을 저는 이제야 깨달았사
옵나이다."
9 그러니 나의 아들아, 과연 너희들이
어찌해야 되겠는가?
10 나는 짐승의 자식을 둔 적이 없음이
니라.
11 그러니 너희들이 나에게 오르고자 하
면 어떠한 길을 가야 되겠는가?
12 너희들이 인간의 형태요, 인간의 모습
으로 돌아오지 아니하면 아니 되니,
그와 같은 모습으로써 너희들이 변하
며 거듭날 수 있는 것은 사랑이니라.
13 사랑을 실천하고 사랑을 행하는 그 속
에서만 너희들의 그 모습을 찾음이니,
14 누가 무어라 해도 너와 너의 제자들은
오로지 사랑을 실천하는 마음, 유하고
부드러운 마음이요,
15 세상 것의 추하고 더러운 것에 눈을
감으며, 너희들이 추하고 더러운 생각
을 하며 악의 뿌리를 버리지 못하고
욕심을 버리지 못하거든 차라리 눈을
감고 잠을 자라 내가 명하는 것이 여
기 있음이니라. 사랑하는 나의 아들아!
16 오죽하면 나의 아들딸 너희들의 정해
진 그 생명을 사는 귀하고 귀중한 시
간을 눈을 감고 세상을 보지 말며 잠
을 자라 그리 내가 명하겠느냐?
17 너희들이 나의 뜻을 안다면, 오늘 이
후부터 너희들은 짐승으로서 인간이
되기 위한 그 어렵고 힘든 고통의 길
을 가야 될 것이니,
18 여기에서 주저해서도 아니 되며, 너희
들은 여유가 없으며 자유로운 시간이
없음을 알라, 사랑하는 나의 아들딸들
아!
19 이 세상의 아름다운 대자연이요, 모두
를 통제하고 살라 하여 너희들을 지혜
가 높게 만들었으며, 아름답고 보기
좋은 형체로 만들었거늘,
20 너희들이 상체는 짐승이요, 하체는 인
간인 형국으로 이 세상을 지배하고 살
아감이니, 그를 보는 나 여호와의 가
슴이 얼마나 아프겠는가?
21 너희들이 인간 세상에 자식을 낳음이
니, 손가락이 다섯이요, 발가락이 다
섯이니,
22 그것이 하나만 더 붙어서 나와도, 그
게 두 개만 붙어서 나와도, 그를 보는
너희들의 육의 부모의 마음이 얼마나
아프겠느냐?
23 입이 두 개인 상태요, 눈이 네 개인 형
태로만 나와도 그 흉물스러운 너희들
의 자식을, 남들은 흉물스러워 보지
못하는 그 자식의 모습을 너희들은 가
슴 아파 통곡하는 마음으로 보고, 그
리 만든 나 여호와를 원망하지 않겠느
냐?
24 내가 보는 너희들은 완벽한 짐승의 형
체로 되어 있으니, 내 마음이 얼마나
아프며 가슴이 찢어지겠는가?
25 그것도 스스로 너희들이 만든 형태요,
내가 너희들에게 만들어 준 형태가 아

님이니,
26 자연발생적으로 생긴 것도 아니요, 너
희들이 살아가면서 내 뜻을 거역하며
순종하지 아니하여 흉하고 흉한 모습
으로써 너희 스스로 만들었음이니,
27 내 자식들이 제 모습을 그리 흉하게
만들어 가는 것을 보는 내 가슴이 얼
마나 찢어지고 아픈가, 너희들은 이를
깨달으라 그리 전하라.

8,759 번째 하나님 말씀

2003년 12월 15일 06시 24분

1 사랑하는 나의 아들아!
2 "네, 아버님! 말씀하옵소서."
3 인간 세상의 너희들 속에서 말하기를,
'걷지도 못하는 자가 나는 짓을 하려
한다.' 하니, 걷지도 못하는 자가 나는
짓을 한다는 그 의미가 무엇이더냐?
4 기초가 다스려지지 아니한 자, 제 분
수를 모르는 자며, 제가 서 있는 위치
를 모르는 것이요, 제 능력을 모르는
자를 보고 너희들이 그와 같은 말을
하는 것이 아니더냐?
5 그러니 지금 나의 피조물 만백성 너희
들의 믿음이라는 것, 신앙이요, 그 종
교 속에 살아가는 자, 그리고 나로부
터 구원을 받았다 말하는 자, 하늘에
오를 수 있다 말하는 자, 그들의 어리
석음은 더 이상 말할 수도 없는 것이
며,
6 지금 나에게 기도하고 경배하며 구원
을 받아 하늘에 오르겠다 하는 자, 너
희가 바로 어떠한 백성들인 줄 알겠느
냐?
7 날개도 없는 자가 날려는 짓을 하는
그와 같은 행위임을 너희들은 알라.
8 내가 너희들에게 말함이니, 나의 아들
을 통하여 나의 새로운 성경이요, 나
의 법전에 기록한 대로 나에게 오르고
자 하는 기도를 하며 오를 수 있으려
면,
9 일단 너희들이 지금 반은 짐승의 형태
요, 반은 인간의 형태인 그 모습을 인
간으로서 돌아오는 그 일을 먼저 하며,
10 인간으로서 다스려진 다음에 너희들
이 나를 경배하며 하늘에 오르는 기도
를 하며 하늘에 오르는 길을 찾아도
늦지 아니할 것이니,
11 너희들은 지금 이와 같이 뒤집힌 순서
로써 나에게 오려 하지 말며, 천국의
나라에 오려 하지 말라.
12 너희들이 인간의 형태로 되는 것이 바
로 무엇이더냐?
13 사랑을 실천하며 사랑을 행함이라 그
리 말하였음이니,
14 그리 사랑을 행하며 실천하여 한 점의
부끄럽이 없는 삶을 살아 완벽한 인간
의 형태를 가져 나에게 오를 수 있는
기도를 할 것이며,
15 내 뜻에 따라 하늘나라에 올 수 있는
그와 같은 너희들의 기도요, 소원을
바라는 그 순서를 지켜 그리 가도록
하라.
16 사랑하는 나의 아들아!
17 "네, 아버님! 말씀하옵소서."
18 너는 이 세상에서 너희들이 인간으로
서 거듭나는 길을 갈 수 없다 생각하
는가, 갈 수 있다 생각하느냐?
19 나의 계명을 지키고 살 수 없다는 자

들의 그 말을 너는 어찌 생각하는가?
20 "아버님, 그는 아버님의 뜻을 거역하
는 자요, 그는 반드시 실행하고 실천
하고 갈 수 있사옵나이다.
21 어떠한 것이든지 못 지키고 못 이룰
것이 없사옵나이다.
22 아버님께서 저에게 말하시기를, '너는
죽은 자가 되며, 돌이 되라, 그리고 바
위가 되라.' 그리 말씀하셨사옵나이다.
23 제가 돌이 되고 바위가 되는 것보다
도, 제가 모든 세상을 그와 같이 돌과
바위로 본다면, 추하고 더러운 생각을
할 수 없으며, 음해하는 생각을 할 수
없사옵니다.
24 저희들이 말하기를, '계란으로 바위를
친다.' 하듯이, 반응이 없는 그 바위에
게 무슨 짓을 하며 무엇을 하겠사옵나
이까.
25 저보고 바위가 되라, 돌이 되라 함은
모두를 다 그리 보라 하시는 말씀의
뜻임을 이제야 깨달았사오니,
26 세상사 모두를 다 돌로 보고 바위로
본다면, 거기에 제가 어떤 욕심을 내
며, 그것을 갖고자 욕심을 내며, 그를
취하고자 욕심을 내며, 그를 보고 제
가 질투하고 시기하는 마음을 갖겠사
옵나이까?
27 이는 바위가 되는 그 하나만으로써도
저희들이 십계명을 지킬 수 있으며,
하늘을 향하여 한 점의 부끄럼이 없는
삶을 살 수 있다는 것을 이제야 깨달
았사옵나이다, 아버님."
28 그러니라, 나의 아들아!
29 내가 너에게 바위요, 돌이 되라 하였
음이니,
30 네가 바위요, 돌이 되었으며, 너만 된
것이 아니라 모든 세상사를 그리 보면
거기에서 네 마음이 다스려질 것이며,
네 모든 마음을 비울 수 있는 길이 열
리는 것을 네가 깨달았음이니,
31 그리하여 내가 너를 사랑함이니라, 사
랑하는 나의 아들아!
32 너의 제자들에게 또한 그와 같은 뜻과
이치를 깨우쳐, 그들이 바로 가고 바
로 설 수 있도록 그리하라.

8,760 번째 하나님 말씀

2003년 12월 15일 06시 30분

1 사랑하는 나의 아들아!
2 "네, 아버님! 말씀하옵소서."
3 너희들이 인간 세상에 살아가며 너희
들의 손과 발을 묶어 놓았을 때, 너희
들이 움직이지 못하도록 그 모두를 결
박해 놓았을 때, 너희들이 무슨 행동
을 할 수 있느냐?
4 너희들의 입을 봉해 놓았을 때, 과연
말을 할 수 있겠느냐?
5 너희들의 눈을 가렸음이니, 너희들이
세상사를 볼 수 있는가?
6 귀를 막으니 너희들이 세상 것을 들을
수 있더냐?
7 더욱이 너희들이 죽음이라는 그 순간
을 넘었을 때, 너희들은 아무런 기능
도 할 수 없지 않으냐?
8 나의 사랑하는 나의 아들딸이요, 나의
아들을 따르는 제자, 너희들이 십계명
을 지킬 수 없으며 천사와 같은 삶을
살 수 없다는 것은 다 부질없는 거짓
이며, 노력하지 아니하는 자들이니라.

9 내가 너희들에게 이제 말하느니라.
10 나의 아들을 따르는 선택된 제자 너희
들은 네 마음이요, 네 눈이요, 네 귀
요, 네 입이요, 너희 자신의 마음을 그
리 묶어 놓고 마음을 다스리면 되는
것임을 잊지 말라.
11 너희들의 손발을 속박해 놓고 너희들
을 동여매 놓을 때 너희 인간이 움직
일 수 없듯이, 너희들의 마음을 그리
동여매라.
12 추하고 더러운 것에 너희들이 접근할
수 없으며 추하고 더러운 것에 대응할
수 없도록 네 마음을 묶는 그와 같은
노력이 필요하며, 네 마음을 묶어 보
라.
13 그리고 입을 열지 않게 하고, 눈을 가
리고, 네 귀를 막은 것, 그와 같이 너
희들의 마음을 그리 다스리고 세상을
보고 간다면, 너희들이 어찌 실수하며
지키지 못할 것이 있다 말하느냐?
14 그러니 너희들의 육신이 묶여서 움직
이지 못하는 형국처럼, 너희 자신이
사악한 마음에서 견딜 수 있는 것은
네 마음을 아름다움을 향하여 행하는
그 길만 열어 놓으며,
15 사악하고 추한 생각을 너희들의 마음
에 동여매 놓는다면 그는 싹이 틀 수
없으며 그는 움직일 수 없으며 행동할
수 없음이니,
16 마음을 그리 다스리도록 그들에게 전
하라.
17 한 장의 그림으로 그들에게 보여 주
라, 사랑하는 나의 아들아!

8,761 번째 하나님 말씀

2003년 12월 15일 07시 44분

1 사랑하는 나의 아들아!
2 "네, 아버님! 말씀하옵소서."
3 인간 세상에 살아가면서 너희들이 서
로 얽히고 살아가는 것이 인간이 살아
가는 길이니라.
4 그러니 너희들도 인간 세상에 가까운
친구가 있으며 벗이 있으며 또한 이웃
이 있음이니라.
5 그러나 내가 말하기를, '네 이웃을 네
몸과 같이 사랑하라.' 하였으나, 너희
들은 너희 몸과 같이 사랑하기 전에
세 가지 방법으로써 인간관계를 가지
며 이웃과 더불어 살아가는 것이 아니
더냐?
6 그가 능력이 있고 남부럽지 않은 삶을
살 때 너희들은 그와 가까워지며,
7 그가 서서히 무너지기 시작할 때 그를
기억하지 않고, 그와 같이 무너지는
친구를 절대 돌아다보지 아니하며, 제
가 언제 알았더냐 하고 생각하는 사람
이 있느니라.
8 그런가 하면 만에 하나, 정녕 어렵고
힘든 그 친구와 변함없이 인간관계를
이루며 또한 그를 위하여 노력하고 그
를 도와주는 이와 같은 사람이 있음이
니라.
9 버리는 자요, 그리고 그를 돕는 자요,
그리고 제가 더 무엇인가를 이용하고
자 가까이하는 자요, 그리하여 이와
같이 분류되는 것이 인간이 세상에 살
아가는 마음이니라.
10 그러니 인간의 마음 또한 그러하니라.

11 하늘에 오르고자 나의 길을 달리는 백
성이 어렵고 힘들어도 붙잡는 자, 또
너희들이 놔 버리고 싶을 때 놔 버리
는 자, 이와 같은 마음이 있음이니라.
12 정녕 진정한 믿음이요, 하늘에 오르는
길이요, 나의 법전을 읽고 깨우친 백
성 너희들이라면, 어렵고 힘들 때 놓
는 자가 아니요, 어렵고 힘들 때 그 끈
을 단단히 잡음이니,
13 그를 헤치고 나가는 그와 같은 마음의
자세가 정녕 너희들이 나에게 오를 수
있는 백성이요, 나의 법전을 읽고 정
도의 길을 가는 백성이라 그리할 수
있음이니라.
14 또한 나의 아들과 더불어 가는 자가
그러하니라.
15 나의 아들이 어렵고 힘들 때 그와 더
불어 가는 자, 힘들고 어려울 때 등을
돌리는 자, 그리고 정녕 그를 무너트
리고자 그에게 화살을 쏘는 자, 이와
같은 것이 인간 너희들의 마음이니라.
16 그러나 나의 법전을 읽고 정녕 너희들
이 깨달음을 얻었으며 나의 법전이 하
늘에 오르는 길이라 생각한다면,
17 가장 어렵고 힘들 때 나의 아들과 더
불어 갈 수 있는 자, 그리고 그에게 용
기를 주며 힘을 주는 자, 그와 같은 자
가 정녕 나를 사랑하는 자요, 나의 법
전을 믿는 자요, 나에게 오를 수 있는
자요, 나의 법전을 읽고 깨우친 백성
이라는 것을 너희들은 알아야 될 것이
니라.
18 너희들이 하나의 목적지를 가기 위해
서는 험난하고 험난한 길이 수없이 있
음이니라.
19 그때마다 등을 돌리며 그때마다 떠나
는 백성 너희들은 과연 어떠한 백성이
던가?
20 세상에서 가장 소중하고 귀한 진주를
잡았다가 그걸 벌레라 생각하여 집어
던지는 자보다도 더 어리석고 불쌍한
자이니,
21 이제 나의 아들을 따르는 너희들은 마
음가짐을 다시 해야 될 것이니라.
22 어렵고 힘들 때 너희가 옆에 있어야
할 사람이요, 어렵고 고난을 당할 때
너희가 같이해야 되는 사람이라 그리
너희들은 생각하며, 나의 아들과 더불
어 묵묵히 역사할 때,
23 너희들은 좁고도 어려운 하늘에 오르
는 그 길을 올 수 있다는 하늘의 뜻을
이리 가르쳐 줌이니,
24 이를 너희들 것으로 만들어 역사하고
역사하지 아니함은 너희들에게 달렸
음이니라.
25 너희들은 왜 존재하는가?
26 그가 어렵고 힘들 때 그와 더불어 있
는 그와 같은 마음이라 생각하는 것,
그것이 제자 너희들이 가져야 할 마음
임을 잊어서는 아니 되느니라.
27 나의 아들 예수를 따르던 그 제자들
또한 그와 같은 마음이었더라면 그와
같이 슬프고 고통스러운 일은 없었을
것이니라.
28 나의 아들 예수는 죽음의 고통보다도,
그 제자들이 등 돌리고 떠나는 것을
바라보는 마음이 더 아팠다 내가 나
의 법전의 어딘가에 기록하여 너희들
에게 전한 것을 알 것이니라.
29 그러니 바로 너희들은 그와 같은 제자

들이 되어서는 아니 될 것이니,
30 너희가 그의 옆에 와 있으며 너희들
이 내 법전을 읽으며 나의 강론을 들
으며 너희들이 선택된 것은, 나의 아
들이 가는 길에 어렵고 힘들 때 그 옆
에서 지켜 주는 것이 너희들이요,
31 그것이 너희들이 선택된 제자요, 백성
이라는 그 마음 하나를 굳게 갖도록
그리하라.

8,762 번째 하나님 말씀

2003년 12월 16일 11시 19분

1 사랑하는 나의 아들아!
2 "네, 아버님! 말씀하옵소서."
3 지금 나의 법전이 세상에 전해지며 이
는 살아서 움직인다 그리하였음이니
라.
4 살아서 움직이는 동물이요, 사람이 가
지 아니하는 곳이 없으며 흘러가지 아
니하는 곳이 없으며 오르지 못할 곳이
없듯이,
5 지금 나의 법전이 살아서 움직이니,
그가 세상 방방곡곡에 흘러가며 지금
지나가고 있음을 너희들은 알아야 될
것이니라.
6 그러니 이를 보고 깨우치며 깨닫는 백
성, 이를 보고 시시비비하는 백성, 이
를 사탄이라 말하는 백성, 그 많은 백
성들이 너에게 시비를 가르고자 하며,
7 너를 칭송하는 자, 또는 네 가슴에 비
수를 꽂으려는 자, 이와 같은 수많은
백성의 형태로 구분될 것이니라.
8 또한 너희들에게 와 갑론을박하며 사
탄이요, 이단이라 말할 것이니,
9 이는 정녕 구약이요, 신약이요, 그 역
사가 모두 다 하나로 더불어 새로운
시대를 열어 가는 것이기에,
10 구약이 새로운 시대가 열리며 또한 신
약이 새로운 것이 열리며, 그 모두가
다 더불어 하나의 끈이기에, 제3의 시
대가 역사하는 것이 모두 다 새로 역
사하는 것이며, 새로 거듭나는 그와
같은 역사가 이루어진다고 너희들은
생각하면 될 것이니라.
11 그러나 그와 같이 생각하지 못하는 백
성들은 그리 말하느니라.
12 구약의 성서가 잘못될까 봐 저희들이
심히 염려되며, 이 법전이 세상에 나
옴으로써 이로 인하여 저희들의 신약
의 성경이요, 그 모두가 잘못되는 것
이 심히 염려되고 두려워, 이를 그대
로 볼 수 없다 말하는 자가 있을 것이
며,
13 저희들의 뜻대로 저희들의 생각대로
너희들을 공격하는 자가 많이 있을 것
이니라.
14 그러나 여기서 너를 따르는 제자들과
나의 법전을 읽고 깨우친 만백성 너희
들은 알라.
15 나의 새로운 성령이요, 새로이 법전이
내려짐이니, 새로운 구약의 시대가 역
사하는 것이며 새로운 예수의 시대가
역사하는 것이니라.
16 이는 다 똑같이 하나의 끈으로 연결되
었음이니, 이가 바로 쓰이고자 하는
그 길을 간다면 그 모두가 하나가 이
루어지기 때문에 새로운 시대가 열리
는 그와 같은 역사이니라.
17 정녕 이를 보고 깨우치는 자, 하늘의

뜻을 아는 자, 믿음이 무엇이며 하늘
에 오르는 것이 무엇인가를 알아, 감
히 두려워 말 못 하는 그와 같은 백성
은 너에게 와 시시비비하지 아니하며
말을 하지 아니할 것이니라.
18 너에게 와 갑론을박을 하며 시시비비
하는 그 백성은 아무 깨달음도 없으며
깨우침을 모르며, 진리가 무엇이며 하
늘에 오르는 길이 무엇인지 구분하지
못하는 어리석고 불쌍한 백성이니,
19 그들과 시시비비를 하지 말라 함이 거
기에 있음이니라.
20 정녕 깨달음의 길을 알며 참진리가 무
엇이며 하늘에 오르는 길이 무엇인지
아는 백성은 나의 법전을 접했을 때,
그 의미가 무엇이며 그 뜻이 무엇인지
알아 그들은 입을 다물 것이며, 감히
부끄러워 말하지 못하는 자들이니라.
21 그들이 세월이 지남으로써 이제 입을
열 것이며, 그들이 시시비비를 심판하
는 그와 같은 자들로 될 것이니라.
22 지금에 와서 너희들을 공격하는 자,
네 가슴에 비수를 꽂으려 하는 자, 나
의 법전이 잘못된 것이요, 사탄의 짓
이라 말하는 자는 아무것도 모르는 자
들이니라.
23 믿음이 무엇이며 하늘에 오르는 길이
무엇이며 내가 역사하는 것이 무엇이
며, 제가 가고 있는 길이 지옥으로 가
는 길인지 천국으로 가는 길인지 그걸
모르는 자이니,
24 너희들이 아무것도 모르기 때문에 용
감한 자라는 말이 있지 않더냐?
25 모르는 자가 용감하다 하듯이, 아무것
도 모르기에 그들이 감히 그리 말할
수 있는 것이니,
26 그들과 너희들은 시시비비할 만한 시
간이 없음을 이제는 알라.
27 그렇다고 해서 나의 법전이 중단되는
것이요, 나의 법전이 역사하지 아니하
는 것은 아니니라.
28 지나가는 모든 백성에게 너희들이 물
어보라. 160권이라는 법전이요, 그 책
이 288쪽으로 세상에 나오니, 과연 그
역사가 인간으로서 이루어질 수 있으
며 사람으로 이루어질 수 있느냐 그리
물어보라.
29 너희들은 나에게서 무한한 은혜요, 지
혜요, 영광을 받아 가지고 나갔으나,
너희들이 글을 쓰며 책을 쓰며 상식을
추려 내며 그리고 그림을 창작해 내는
그와 같은 것에 한계가 있으며, 넘을
수 없는 선이 있으며, 너희들이 갈 수
있는 그 선이 있음이니라.
30 무한정 끝없이 지금 160권의 법전이
세상에 나오듯이, 인간 너희들의 머리
요, 너희들의 생각으로는 그리 창작할
수가 없는 것이니라.
31 그와 같은 상식이요, 그와 같은 지식
을 아는 백성이라면, 감히 이를 사탄
이요, 이단이라 하며 시시비비를 하지
아니할 것이니,
32 어리석고 무식한 자, 그리고 알지 못
하는 자, 너희들이 말하기를 모르기
때문에 용감하며 무식하기에 용감하
다는 것처럼,
33 그리하여 그들이 제가 나에게 오르는
길이요, 믿음의 길이요, 그것이 저희
들만 가는 길이요, 저만이 축복을 받
은 것이요, 그리고 이를 짓밟는 것이

구원을 받는다는 어리석고 불쌍한 백
성이니,
34 그들과 너희들은 시시비비하지 말며
대좌하지 말도록 그리하라.
35 이제 너희들은 그와 같은 시간이 없으
며 그와 같은 한계를 벗어난 자들이
며, 너희들이 가야 할 길이 그리 여유
롭지 아니하며 그리 한가롭지 않은 자
들이니 그리 알라.
36 절대 시시비비하지 말라.
37 미련한 자가 용감하며 무식한 자가 용
감하듯이, 알지 못하며 진리를 모르며
믿음이 무엇인지 그 믿음의 '믿' 자도
모르는 어리석고 불쌍한 백성이니 그
리 알라.

8,763 번째 하나님 말씀

2003년 12월 16일 11시 24분

1 사랑하는 나의 아들아!
2 **"네, 아버님! 말씀하옵소서."**
3 내가 너희들에게 무어라 말하였느냐?
4 너희들이 정녕 바로 서지 못할 때, 네
가 나의 뜻을 지키지 못할 때,
5 인간의 육신을 꽁꽁 동여매 놓으면 너
희들이 움직이지 못한다 하지 아니하
였더냐?
6 그러니 너희들의 마음을 그와 같이 꼭
묶어 놓으라 하였음이니라.
7 그리 묶어 놓고, 움직이지 못할 정도
로 너희들의 육이 묶여 있는 것처럼
네 마음을 묶어 놓고 한 길을 가고자
역사한다면, 더럽고 추한 것을 보지
아니하며 듣지 아니하며 체험하지 아
니하고 갈 수 있다 내가 너희들에게
말하지 아니하였느냐?
8 그러니 네 마음을 묶으라 함이니라.
9 지금 마음을 묶지 못하는 자, 저 자신
을 다스리지 못하는 백성이 무어라 말
하느냐?
10 너희들은 나 여호와가 내린 모든 계명
이요, 율법이요, 내가 너희에게 지키
라는 것을 어떻게 인간이 다 지킬 수
있으며 그 뜻을 따라 지키고 살아갈
수 있느냐, 그 끝도 없고 한도 없는 그
와 같은 가르침을 어찌 지키겠느냐,
그리 말하느니라.
11 그러니 너희들이 인간적으로 그를 생
각할 때, 수천수만 가지, 수억 가지를
아름다운 정도의 길로 지키고 갈 수
없으며 다스리고 갈 수 없다는 두려운
마음이니,
12 그것은 인간의 생각이요, 인간의 생각
에서 나오기 때문에 그리할 수 있음이
니라.
13 그리하여 너희들은 내가 지킬 수 없는
법을 내렸으며 지키지 못할 명을 내렸
다 그리하느니라.
14 그러니 나 여호와는 이미 지킬 수 없
는 것을 내린 자이기에, 너희들이 지
킬 수 없는 것을 명한 나는 제쳐 놓고,
15 그서 나를 믿고 따르면 된다 그리 가
르쳤다는 나의 아들 예수를 믿기만 하
며 그를 찾기만 하면 너희들이 구원을
받는다 그리 말하고 가지 않느냐?
16 너희는 알아야 될 것이니라.
17 내가 너희들에게 지키라 명한 그 수억
가지 중에, 그리고 내가 내린 율법이
요, 나의 십계명이요, 그리고 내가 새
로운 성경에 기록하여 내리는 그 내용

이요, 그 많은 것 중에 너희들이 하나
를 지키지 못함으로 모두가 무너지며
다 못 지키는 자라 그리할 것이니라.
18 그러나 너희들은 알아야 될 것이니라.
창조주 나 여호와가 어찌하여 너희들
에게 지키지 못할 것을 내려보냈겠느
냐?
19 너희들이 인간이기에 지킬 수 없는 것
을 나는 결코 내려보내지 아니하였으
니, 너희들은 알라.
20 너희들이 지키고 나에게 오를 수 있는
것은 간단함을 알라.
21 내가 이제 나의 아들을 통하여 전함이
니, 너희들이 수천 수억 가지를 지키
지 아니해도, 그를 의식하지 아니해도
나에게 올 수 있으며 구원을 받을 수
있는 그것은 무엇인 줄 알겠느냐?
22 너희들이 사랑을 행하고 실천하면 모
두 다 이루어짐이니라.
23 이제 사랑하는 나의 아들을 따르는 제
자들이요, 그리고 나의 법전을 읽고
깨우친 만백성 너희들에게 전함이니,
24 내 뜻이요, 내 계명이요, 내 명령은 수
억 가지이니, 그를 다 지키고 살아온
다는 것, 하나하나 너희들이 다스려
나가는 것이 힘들고 어려우며, 인간이
기 때문에 너희들 마음대로 인간의 생
각대로 할 수 없다 말할 것이니라.
25 그러나 너희들은 알라, 너희들이 사랑
이라는 것을 실천하며 사랑을 행하고
살면, 내가 내린 그 사랑을 지키고 나
간다면, 모두 다 거기에 덮이며 거기
에 모두 다 녹는 것이니,
26 사랑을 뚫고 이기고 거부할 것이 없음
이니라.
27 이 세상에 어떠한 것도 내가 내리는
나의 법전을 능가할 수 없으며, 이를
이길 수 없으며, 나를 능가할 수 없는
것이라 하지 아니하였더냐?
28 너희들이 수십억 가지를 하나하나 생
각하며 지키려 한다면 결코 너희들은
그를 지킬 수 없으나,
29 너희들이 사랑으로 뭉쳐지며 사랑을
지키며 사랑을 행하는 그와 같은 삶으
로 살아갔을 때, 그 사랑을 능가할 것
이 없으며, 사랑을 능가하는 악함을
너희들은 행할 수가 없음이니라.
30 사랑이라는 것 하나를 지키고 갈 때,
나의 계명을 너희들이 지킬 수 있으며
모두를 역사할 수 있는 것이니,
31 그저 너희들은 사랑을 실천하며 행하
고 살아가도록 그리하라.
32 사랑 하나에 매달리며 사랑 하나에 너
희 모두를 다 바치고 행하고 실천한다
면 그 수억 가지는 거기에 다 용해되
며 녹아 버림이니, 감히 그를 뚫고 거
역할 자가 없음이니라.
33 그러니 그것으로써 너희들이 나의 법
전을, 나의 성령이요, 나의 계명이요,
나의 율법이요, 그 모두를 지킬 수 있
는 길은 거기에 있으니, 간단하지 않
더냐?
34 하나를 지키지 아니함으로 너희들이
백 가지 만 가지 지킨 것이 무너지듯
이,
35 사랑을 하나 실천하고 너희들이 다스
림으로 인하여 모두가 다 거기에 녹아
버리며 무너짐이니 그리 알라.
36 봄에 녹는 눈처럼, 사랑을 실천함에
있어서 너희들이 수억 가지를 지키고

못 지킴을 생각할 것이 없으며 그걸
두려워할 것이 없음이니라.
37 모두를 사랑 하나로써 이루고 다룰 수
있는 것이기에 내가 내린 것이니, 다
역사할 수 있다 함을 알라, 사랑하는
나의 아들딸들아!
38 그리고 나의 아들을 따르는 제자 너희
들은 그 의미를 깨우쳐 그리 가도록
하라.

8,764 번째 하나님 말씀

2003년 12월 16일 11시 28분

1 사랑하는 나의 아들아!
2 "네, 아버님! 말씀하옵소서."
3 나 여호와가 너희들에게 '사랑'의 노
래를 부르게 함이니, 그것이 얼마나
귀하고 소중한 것인지 이제 알겠느냐?
4 너희들이 나의 아들을 통하여 내리는
나의 강론을 들으며 나의 성전에 와
나의 법전을 가지고 공부하고 깨우칠
때, 내가 너희들의 입을 처음에 열어
주는 것이 무엇이더냐?
5 '사랑'의 노래를 부르라 하지 않았더
냐?
6 너희들은 알아야 될 것이니라.
7 너희들이 아무리 나에게 울고불고한
다 해도, 내가 너희들의 입을 열어 주
는 자가 나를 찾을 수 있으며 그때부
터 너희들은 깨달음을 알 것이니,
8 내가 나 여호와를 부를 수 있는 그 입
을 열어 주는 영광을 얻으라 하지 아
니하였더냐?
9 나는 너희들의 입을 열어 줌이니라.
10 '사랑'의 노래요, 사랑으로써 내가 너
희들의 입을 열어 줌이니, 그 사랑이
얼마나 소중하고 귀한 것인 줄 알겠느
냐?
11 그러니 내가 너희들에게 '사랑'의 노
래를 부르라 하며 그를 부르도록 하는
것은, 너희들은 사랑을 실천하고 살아
가는 것이 나에게 오르는 길이라 함이
니라.
12 너희들이 이 세상에 살아가면서 수천
수만 가지를 지키고 살 수 없다 하였
음이니라.
13 그러나 나 여호와가 내린 그 많은 명
을 지키고 이룰 수 있는 것은 사랑으
로써 이루어지기 때문이니, 그리하여
'사랑'의 노래를 부르라 함이니라, 사
랑하는 나의 아들딸들아!
14 그 귀함과 소중함을 알겠느냐?
15 사랑을 실천하는 자는 나의 뜻의 모두
를 실천하는 자며, 내가 이루는 그 모
두를 따라 역사하는 나의 백성임을 알
라.
16 사랑하는 나의 아들아, 그리고 나의
아들을 따르는 제자 너희들은 들으라.
17 모세 시대의 역사함이 무엇인 줄 알겠
느냐, 사랑의 씨앗을 심고자 함이었음
이니라.
18 예수를 통하여 이루는 그 시대는 또
무엇이더냐, 그 또한 사랑의 씨앗을
심고자 하였음이니라,
19 제3의 시대를 열어 너희들을 통하여
모두를 역사하는 것은 곧 사랑의 씨앗
을 지금 심고 실천하고 있음이니 그리
알라.
20 사랑의 씨앗을 너희들이 실천하고 심
으며 가꾸어 나가며, 그리고 그 사랑

의 열매를 맺어 그 결실을 거두도록
하는 것, 이것이 너희들이 나에게 오
르는 길이요,
21 수만 가지의 그 모두를 다 너희들이
다스리고 나가며, 악을 이길 수 있으
며, 악을 뿌리칠 수 있는 길이요, 사탄
의 유혹에 넘어지지 않는 것이 사랑의
실천함이 몸에 뱀이니라.
22 내가 너희들에게 무어라 가르쳐 주었
느냐?
23 네 이웃을 네 몸과 같이 사랑하는 것
이 곧 나에게 오를 수 있는 길이라 하
지 아니하였더냐?
24 그것이 나의 명의 모두를 실천하며 지
키는 그 가르침이니라.
25 그러니 너희들은 살아가는 삶 속에서,
지상의 육에서 살아가며 너희들이 알
고 짓는 죄, 모르고 짓는 죄, 그 삶에
얽히고설킨 그 모든 죄가,
26 너희들이 나에게 와 심판을 받을 때,
너희들이 사랑의 실천이요, 사랑의 행
함을 얼마나 역사했느냐에 따라서 그
때 그 모든 죄가 소멸되며 떨어진다는
것을 알라.
27 사랑으로써 모두를 다 덮음이니, 사랑
으로 행하다 보면 수천수만 가지 너희
들이 싸워서 이겨야 할 것, 너희 악습
을 버려야 될 것, 너희가 버리지 못하
는 단점을 버릴 것, 그 모두가 다 사랑
하나로써 모두 녹는다는 것을 알라.
28 이제 내가 하늘의 뜻을 가르침이니,
너희들이 하늘에 오르는 길이 쉬울 것
이니라.

8,765 번째 하나님 말씀

2003년 12월 16일 11시 31분

1 사랑하는 나의 아들아!
2 "네, 아버님! 말씀하옵소서."
3 나의 법전이 세상에 전해지며, 나의
법전이 살아서 움직이며 만백성을 깨
우쳐 줌이니,
4 이 세상에 존재하는 그 백성 또한 저
희들의 작고 큰 뜻을 이루기 위하여
저희들이 모아 만들어 놓은 그 단체라
는 것이요, 그 집단이 수없이 있음이
니라.
5 인간관계에서 무엇인가 이루고 역사
하고자, 그리고 나로부터 명을 받아서
그 대명을 이룬다 하는 자, 그 많은 자
들과 단체들이 수없이 너를 찾아올 것
이며, 너를 받들어 더불어 역사하고자
하는 자들이 수없이 몰려들 것이니,
6 때로는 네가 거부하기 힘들며 네가 뿌
리치기 힘든 그와 같은 역사가 있을
것이니라.
7 그러나 그러한 단체는 스스로 네가 참
여해서는 아니 됨이니, 그 마음을 알
라, 사랑하는 나의 아들아!
8 많은 단체가 너를 따르고자 할 것이
며, 너와 더불어 역사하고자 하여 너
를 초대하며 너를 모셔 가고자 하는
자들이 수없이 많이 있을 것이며, 네
이름 앞에 모든 것을 역사하고자 하는
것이 수없이 있을 것이니,
9 그와 같은 것에 네가 더불어 참여해서
는 절대 아니 됨을 알라, 사랑하는 나
의 아들아!
10 너는 너를 따르는 지금의 그 제자들과

나의 법전을 만들어 세상에 전하며,
11 세상에 전하는 그 역사보다 더 소중하
고 더 귀하고 큰 단체요, 그리고 그보
다 더 위대한 것이 없음이니,
12 너는 어떠한 자가 유혹을 하며 어떠한
방법으로 너를 협박한다 해도, 네가
스스로 거기에 네 이름을 걸어서는 아
니 될 것이니라, 사랑하는 나의 아들
아!
13 모두를 스스로 다 버리라.
14 그리고 너를 따르는 제자들이요, 나의
법전을 만드는 백성이요, 이를 보고
깨우치는 그 백성들과 나의 법전을 세
상에 덮는 것, 그것보다 더 위대하고
큰 역사가 없으며 그보다 더 큰 위대
한 단체요, 소중한 것이 없음이니,
15 어떠한 명분이든 너희들의 마음에 와
닿는 것이요, 너의 제자들이 그를 추
천하며 너의 제자들이 너와 더불어 가
고자 해도,
16 스스로 모든 집단이요, 단체에 참여하
는 것을 금하도록 하라, 사랑하는 나
의 아들아!
17 다만 내가 명한 것, 네가 가야 할 것,
나의 법전에 기록되어 전해진 그 역사
외에는 들여다봐서는 아니 될 것이니,
18 그들이 다 너를 무너지게 할 것이며,
너를 소멸시킬 것이며, 네가 역사함을
이루지 못하게 함이니라.
19 그리하여 내가 종파를 갖지 말라 했으
며 종파에 결합하지 말라 하였음이니
라.
20 네가 나의 법전을 전하고 역사하는 것
에 네가 종파에 네 이름을 걸어 그들
과 더불어 가면 하루아침에 이 세상을
덮을 것이나,
21 그들은 제 뜻을 주장할 것이며 언젠가
는 저희들이 가는 길을 역사하고자 할
것이니,
22 다만 너희들을 이용하고자 할 것이니
그리 알라, 사랑하는 나의 아들딸들아!
23 너희들은 그를 잘 깨우치라, 그리고
나의 아들을 잘 따라갈 것이며,
24 너희들 스스로 나서는 자가 있어서도
아니 될 것이며, 너희들이 먼저 그와
같은 것을 추천하는 자가 있어도 아니
됨이니,
25 그리고 또한 너희들이 어찌 가야 될
것인가 스스로 잘 처신하고 정리하여
행하도록 그리하라.

8,766 번째 하나님 말씀

2003년 12월 16일 11시 38분

1 사랑하는 나의 아들아!
2 **"네, 아버님! 말씀하옵소서."**
3 모든 종교 집단이요, 지도자들이 가르
치고 가는 길이 무엇이냐?
4 사랑하며 실천하는 것도 육의 사랑과
영적인 사랑이 구분되어 있는 것이라
너희들은 그리 가르침이니라.
5 그러니 너희들이 더불어 사는 세상이
요, 더불어 이끌어 가고 형성되는 이
세상의 삶에서는 육적인 사랑일 뿐이
요,
6 육으로써 이루어진 모든 그 사랑은 영
적인 사랑의 한계에 도달할 수 없으며
영적인 사랑과는 관계없음이니,
7 그리하여 너희들이 육적인 사랑으로
써는 어떠한 방법이라도 구원을 받을

수 없으며, 나에게 오를 수 있는 사랑
의 근본이요, 기본이 아니라 그리 가
르치느니라.
8 그러나 너희들은 여기서 알아야 될 것
이니라.
9 아무리 너희들이 영적인 사랑을 승화
시키며 영적인 사랑으로써 너 자신을
불태우며, 너 자신의 모두를 다 바쳐
하늘에 오르는 그 길을 찾도록 하라
가르치며, 영적인 사랑의 승화를 위하
여 너 자신을 태우고 또 태우라 그리
가르쳐도,
10 그들이 다 잘못된 자들임을 너희들은
알아야 될 것이니라.
11 육적인 사랑이 영적인 사랑의 싹을 틔
우는 뿌리요, 근본이라는 것을 너희들
은 알라.
12 오늘의 종교 지도자들이 그리 가르치
는 것을 보기도 내가 두려우며, 나의
마음이 떨리는 흉악한 한계로써 그들
이 지금 지도하고 가르침이니라.
13 세상사에 너희들의 육적인 사랑과 영
적인 사랑은 구분되어 있음이니, 육적
인 사랑은 아무리 베풀고 나누고 행한
다 해도 너희들이 구원을 받는 그 사
랑과는 관계없으며, 영적인 사랑을 위
해 다 태워 버리라 그리 가르침이니라.
14 나는 그와 같은 것을 너희들에게 명한
적이 없으며, 나는 너희들에게 그리
바란 적이 없음이니라.
15 나는 너희들이 사랑하며 나누고 베풀
고 사는 것, 세상사에 사는 그 한계의
사랑이 곧 너희들이 구원을 받는 길이
요, 나에게 오를 수 있는 근본의 사랑
이라 했으니,
16 영적인 사랑으로써만 너희들이 모두
를 이루고 사랑하는 것이 아니거늘,
과연 너희들이 영적인 사랑을 어찌 베
풀며 어찌 이루겠는가?
17 육을 가진 세상에 사는 백성 너희들이
어찌 영적인 세상이요, 영적인 사랑을
베풀고 나누는 것으로 구원을 받는다
그리 말하느냐?
18 과연 너희들의 영적인 사랑이 어디 있
으며, 영적인 사랑이 무엇이며, 영적
인 사랑을 베푸는 한계가 무엇이더냐?
19 너희들의 눈으로 보고 만질 수 있으며
역사할 수 있는 것은 오늘 육을 가지
고 있는 세상이요, 육적인 사랑이요,
육적인 나눔이요, 베풂이니,
20 그것 외에는 너희들이 넘을 수 없으며
한계를 알 수 없는 것이 아니더냐?
21 너희들은 육의 사랑으로써, 육으로 베
푼 것으로써, 육에서 나누는 것으로써
는 영적인 사랑이요, 구원을 받는 영
적인 선을 넘지 못하며 거기에 도달하
지 못한다 가르침이니,
22 영적인 사랑이요, 영적인 그 한계는
무엇이며, 어찌 행하는 것이 영적인
구원이라 말하느냐?
23 너희들은 그리 말하면서, 그저 믿는
것만이 영적인 사랑이요, 영적인 구원
이라 그리 말함이니라.
24 내가 너희들에게 다시 말함이니, 내가
다시 나의 법전에 기록하여 나의 아들
의 몸을 통하여 이 내용을 부르짖고
부르짖는 나 여호와의 가슴 아픔을 너
희들은 과연 들여다볼 줄 아느냐?
25 너희들은 알라, '네 이웃을 네 몸처럼
사랑하라.' 가르치라 전한 그 뜻을 과

연 어찌 변명하며, 너희들이 이를 어디다 갖다 붙이겠는가?
26 이 뜻을 알며 너희들이 이대로 행하면 되는 것이거늘, 이것을 너희들이 말하고 가르치면서 이대로 행함이 없으며, 거기에 한술 더 떠서 무엇이라 말하느냐?
27 '육적인 행함은 영적인 사랑이 아니요, 영적인 사랑이 구원할 수 있으니, 영적인 사랑으로 모두 태우고 바치라, 성도여, 신도여!' 그리 단상에서 가르치는 너희들이 아니더냐?
28 그리 가르치는 자, 사탄이요, 사악한 자들이니,
29 근본인 육의 사랑을 무너트리고 이 세상을 황폐하게 만드는 자이니라.
30 이 세상이 훈훈하고 아름다울 때, 천사와 같은 백성이 이 세상에 존재함이니,
31 그러면 너희들은 영적인 사랑이요, 영적인 세계를 운운할 자격도 없으며 할 필요도 없이, 그저 너희들이 나에게 오를 수 있는 것이 아니더냐?
32 너희들이 그와 같은 이치를 알면서도, 나의 피조물 만백성을 속박하여 끌고 가기 위하여 너희들이 그와 같이 구분된 행위를 하고 가르침이니,
33 너희들이 보이지도 아니하며 알지도 못하며 이룰 수도 없는 영적인 사랑이요, 영적인 믿음의 실천을 과연 어디에 기준을 두어서 어찌 가란 말이더냐?
34 너희들이 지금 믿기만 하는 것은 무엇이더냐?
35 믿는 것도 육의 행함이요, 너희들이 믿고 울고불고하는 것, 재물을 바치는 것도 육의 세상에서 이루어지거늘,
36 그것이 어찌하여 영적인 세계의 행동이요, 영적인 세상에서 이루어지는 영적인 사랑이라 말하느냐?
37 내가 너희들에게 묻나니, 과연 영적인 사랑이 어디 있으며, 영적인 사랑이 무엇이며, 영적인 사랑은 어찌 이루어지며, 영적인 사랑이 이루어지는 세상은 어디며, 그 한계는 어디인가?
38 그러니 너희들이 사랑을 나누는 것, 그것만이 영적인 사랑이요, 영원히 사는 세상에 너희들이 와 나로부터 사랑을 받는 것이며, 너희들이 사랑을 베풂이라는 것을 알라.
39 내가 다시 한 번 말함이니라.
40 너희들이 베풀고 사랑하는 것, 육의 세상에서 너희들이 상대방의 마음을 아프게 하지 아니하며, 그의 마음을 따뜻하게 하며, 어렵고 힘든 자를 보살피는 것,
41 그것이 곧 영적인 사랑의 시작이요, 그것이 영적인 사랑에 연계된다는 것을 잊지 말라 전하라.

8,767 번째 하나님 말씀

2003년 12월 16일 11시 46분

1 사랑하는 나의 아들아!
2 "네, 아버님! 말씀하옵소서."
3 너희들이 이 세상을 얼마나 무너트렸으며, 얼마나 사악하고 흉악한 자들이 오늘의 종교 집단이요, 지도자라 하여 그 자리를 지키고 있으며 설교하고 가르치고 있는지 아느냐?
4 그들은 감히 그 두려움을 모르고 말하

며 가르치니,
5 그래도 그들의 그 말을 믿고 따르는
자는 너희 자신의 거듭남을 잃는다는
것을 알라.
6 그들은 그리 말하느니라, 가난하고 불
쌍한 네 이웃을 구제하고 도와주는 것
으로써 너희는 천국에 갈 수 있다는
생각을 하지 말라, 그와 같은 행위로
는 구원받을 수 없는 것이라, 인간을
도와주고 사랑을 실천하는 것으로는
절대 구원받지 못한다 그리 가르치느
니라.
7 그것이 바로 그들의 가르침이니, 얼마
나 두렵고 무서운 말이더냐?
8 인간은 너희 이웃을 돕고 나누고 구제
하는 것으로 절대 구원을 받을 수 없
으며 하늘에 오를 수 없다 그리 말하
니, 그것이 얼마나 사악한 자들의 행
동인 줄 알겠느냐?
9 저희들에게 나누는 사랑이 분산되며
쪼개지는 것이 두려워,
10 오로지 다른 사람들이요, 다른 길의
참진리를 보고 변하며 백성들이 가는
것이 두려워,
11 그 모두를 다 저희들이 챙기고 역사하
고 제 앞에 쌓아 놓고자, 나의 백성을
저를 향하여 따라오는 백성으로 만들
고자 함이니,
12 저희들 것이 분산되면 제 앞의 밥그릇
이 줄며 제 앞에 떨어지는 밥이 적음
이니, 그걸 막기 위하여 저희들이 그
리 말하느니라.
13 인간의 사랑이요, 인간이 불쌍한 사람
을 구제해 주면 제 밥이 떨어져 나가
며 저에게 올 금화와 은화가 떨어지고
분산됨이니, 제 앞에 받아들이고 제가
거둬들이는 것을 뺏기는 것이 두려워,
그와 같은 사악한 소리를 하는 것이니
라.
14 이웃을 구제하고 가난하고 불쌍한 사
람을 도와주는 것으로써 나에게 오를
수 없다 하며, 더욱이 너희들이 무어
라 말하느냐?
15 인간의 이웃을 돕고 나누는 그것으로
써 구원받는다고 생각하는 자는 사탄
의 자식이라 그리 말하느니라.
16 그는 바로 무엇이더냐?
17 그와 같이 인간이 돕고 사랑하는 것으
로써 구원받을 수 있다 말하는 자에게
뒤집어씌우기를, 예수를 믿지 아니하
며 나를 믿지 아니해도 천국에 갈 수
있다 가르치는 자들이니 그것이 사탄
이요, 사악한 악마라 너희들은 그리
말하고 있지 않으냐?
18 그러니 지금 나의 아들이 나의 법전에
기록하여 만백성을 구하기를 무어라
가르치느냐?
19 네 이웃을 먼저 사랑하며 가난한 사람
을 불쌍히 여기며 그를 구제하고 그리
살라 가르치니, 나의 아들을 보고 너
희들은 무어라 말하느냐?
20 그는 사탄이요, 악마라 하느니라.
21 인간 세상에서 사랑을 베풀며 나누고
불쌍한 자를 구제하고 사는 그 행위로
써 구원을 받을 수 있다 말하는 자는
나의 아들 예수를 믿지 아니하며 나를
믿지 아니하며 나를 찾지 아니해도 구
원을 받을 수 있다는 자니, 그것이 사
탄이요, 악마라 그리 뒤집어씌우니,
22 너희들이 언뜻 듣기에는 그 말이 맞는

것 같으며 진리인 것 같으나, 너희들
은 알라.
23 내가 또한 너희들에게 말하였느니라.
24 아무리 너희들이 가난한 사람을 돕고
이웃을 돕는다 하여도 그것이 구원의
길이요, 구원을 받는 것은 아니라 내
가 그리 말하였느니라.
25 그보다 더 소중하고 귀한 것은 무엇이
라 말하였느냐?
26 아름답게 천사로 변하는 마음이요, 천
사와 같이 변하는 삶을 행함이 중요하
다 하지 않았느냐?
27 그러나 너희는 여기서 알아야 될 것이
니라.
28 육의 세상에서 가난한 자를 돕고 가난
한 자를 구제하는 것, 이웃을 돕는 것
은 나 여호와의 뜻이며,
29 너희가 육에서 할 수 있는 최대의 사
랑이요, 너희가 가장 크게 받을 축복
이니라.
30 그 사랑 속에서 너희들이 영혼의 사랑
을 받을 수 있으며 나에게 구원받을
수 있는 길이 있으니, 그것이 너희들
이 나에게 서서히 올라올 수 있는 그
길을 보는 것이니라.
31 너희 자신도 모르게 아름답게 변화되
며, 네 영혼이 정화되며, 니 자신이 씻
어지는 그 변화는 네 이웃을 돕고 가
난하고 불쌍한 사람을 구제하고 도와
주는 것, 그것만이 너희가 하늘에 오
를 수 있는 기초요, 길이며,
32 거기에서 천사와 같은 마음의 싹이 틈
이니, 너희들도 모르게 나에게 다가와
있다 그리 가르쳤느니라.
33 그러나 모든 종교 집단의 지도자들이
무어라 말하느냐?
34 인간 세상에서 불쌍한 자를 구원하고
구제하는 것, 돕는 것, 이웃을 사랑하
는 것으로써는 절대로 구원을 받지 못
한다 그리 말하느니라.
35 그러니 너희들이 무엇을 말하느냐?
36 나의 아들 예수를 믿으며 저희들이 지
은 성전에 와 저희들에게 재물을 바치
며, 그 사랑을 분산시키지 말고 제 마
음 앞에 제 몸 앞에 그리고 제 집 앞에
쌓아 놓는 것만으로 구원을 받는 것이
라 하여 그리 행하고 실천하도록 사악
한 짓을 하고 있으니, 그들이 바로 사
탄이요, 사악한 자들이라는 걸 너희들
은 알라.
37 그러니 그것을 모르는 백성, 그들을
보는 내 가슴이 얼마나 아프고 저리겠
는가?
38 나의 아들을 통하여 법전에 상세히 기
록하며 누구든지 읽으면 깨달을 수 있
는 이 내용을 전하거늘, 이를 역으로
생각하고 거꾸로 가르침이니라.
39 너희들의 그 무서운 말이, 그것이 진
리요, 타당한 것 같으니라.
40 그러니 인간의 행함이요, 사랑으로 제
목숨을 던져 남을 구하는 그와 같은
행위로써 절대 구원을 받지 못하니,
41 그와 같은 행위로써 구원을 받는다 가
르치는 자는 나의 아들 예수와 나를
믿지 아니하고도 천국에 온다고 가르
치는 사탄이요, 사악한 자라 너희들이
뒤집어씌움이니,
42 불쌍하고 어리석은 백성이 들을 때 그
와 같은 말이 진실한 것이요, 맞는 것
같으나, 이는 사탄이 제 앞에 밥그릇

을 쌓아 놓기 위한 방법이니라.
43 이웃을 돕고 네 몸과 같이 사랑하라,
그리고 그들을 구제하라, 그리고 그들
을 도우라, 그리고 그들을 항상 잊지
말고 살라.
44 그리 사는 자들은 천사와 같은 마음으
로 변화되는 길에 들어서며 나에게 와
있음을 너희들은 알게 될 것이니라.
45 그러니 사랑을 베풀고 너희 마음이 천
사가 되어 가고 있는 것, 그것만이 너
희들이 나에게 오를 수 있는 길이라는
것을 잊지 말라.
46 이와 같은 오늘의 종교 집단이 세상에
존재하기에 험악하고 황폐하게 세상
을 만들었으며,
47 육적인 사랑이요, 육적인 실천의 행함
이 귀하고 소중하거늘, 그들이 그를
다 버림이니라.
48 그리하여 너희들이 사랑의 열매를 맺
어 내가 거둘 수 있는 그 기회를 그들
이 다 빼어 가며, 그들이 무너트리며,
그들이 망가트리는 사탄들이라는 것
을 알라, 사랑하는 나의 아들딸들아!

8,768 번째 하나님 말씀

2003년 12월 16일 11시 52분

1 사랑하는 나의 아들아!
2 "네, 아버님! 말씀하옵소서."
3 어찌하여 네 마음을 다스리지 못하며
너를 다스리지 못하는가?
4 네 마음이 그리해서는 아니 되거늘,
네가 이 방을 뛰쳐나가고 싶으며 네가
견딜 수 없는 그 고통의 마음이 나는
무엇인지 알고 있느니라.
5 네 그 마음을 다스려야 될 것이니라.
6 "네, 아버님! 저 자신이 그 마음을 다
스리고 다스리고자 하옵나이다.
7 그러나 지금의 모든 세상이 흘러감이
아버님 마음을 너무 아프게 하며, 아
버님 마음을 너무 저리게 하며, 아버
님 가슴에 대못을 박는다는 것을 이제
야 그 뜻을 알고 있사오니,
8 제가 그를 감내하기 어려우며, 그 대
못을 뽑기에 제가 너무 부족하여 이와
같이 가슴이 아프며, 이 방을 뛰쳐나
가고 싶은 이 불같은 마음을 다스리지
못하고 있사옵나이다.
9 아버님, 어찌하여 모든 종교 집단이
요, 그 사랑하는 백성이요, 아버님의
백성이라는 자요, 그들이 어찌하여 그
와 같이 한 입을 가지고 두 말을 할 수
있사옵나이까.
10 인간이 행하는 것이요, 육의 세상에서
돕고 사랑을 실천하는 것으로는 절대
구원받을 수 없는 것이라 그리 말하며,
11 저희들이 구원을 받고 하늘에 오르는
길은 그 죄의 온상인 교회요, 종교 집
단에 와서 재물을 바치며 봉사하고 충
성하는 것, 그리고 거기에 모두를 다
바치는 것, 가정을 버리면서까지도 거
기에 바치는 것이 천국에 오르는 길이
요, 하늘에 오르는 길이라 저희들이
그리 가르침이니,
12 이를 어찌 제가 감내하며, 어찌 그들
을 깨우치며, 이를 어찌 만백성에게
전할 수 있사옵나이까?
13 이와 같은 것을 깨닫고 알 때마다 제
가슴에 불이 붙으며, 제 가슴을 진정
할 수 없으며, 이를 만백성에게 전하

는 것이 너무 더디고 어려워 저 자신
이 이와 같이 그 마음을 다스리지 못
하고 있사옵나이다.
14 저의 죄를 용서하여 주옵소서, 아버
님!"
15 그 모두가 죄의 온상이요, 죄의 일을
역사하는 죄의 씨앗을 키우는 것이라
하였거늘, 그들이 한 입 가지고 두 말
하고 세 말한다 하여 네가 그 마음을
다스리지 못해서는 아니 됨이니라.
16 그 모두를 다스릴 수 있는 역사의 시
대가 열림이니, 너는 그리 생각하지
말라.
17 수천 년 동안 역사하면서 그 악의 씨
가 뿌려졌음이니, 그를 하루아침에 뽑
아내기가 그리 힘들고 어려운 것이니,
18 그리하여 너를 통하여 이 법전으로써
그 모두를 자르고 베고자 하는 것이
내 뜻이니라.
19 그들은 그리 말하고 있음을 나도 알고
있음이니라.
20 그러니 내 아픈 마음을 네가 헤아려,
네가 오늘의 마음을 진정하지 못한다
면 아니 됨을 알라, 사랑하는 나의 아
들아!
21 그들은 그리 말하느니라. 인간의 구제
요, 인간의 자선이요, 인간의 사랑은
절대 구원을 받는 기초가 아니라 하면
서,
22 저희들의 교회요, 저희들이 지은 죄의
온상에 와서 재물을 바치며 금화와 은
화를 바치고 봉사하고 희생하는 것,
충성하는 것, 그것은 천상에 오르는
길이요, 하늘에 오르는 기초라 그리
말하며, 하늘에 오르는 길을 거기서부
터 역사한다 그리 가르치니,
23 그와 같은 자들의 말에 현혹되어서는
아니 됨이니라.
24 어리석고 모르는 자들이 너에게 와 갑
론을박한다 했으며, 네 제자들의 멱살
을 잡으며 너를 사탄이요, 이단이라
말한다 하지 않았느냐?
25 그는 무지하고 무식한 자들이니라.
26 무지하고 무식한 자가 한 입 가지고
두 말하고 한 입 가지고 세 말한다 하
여, 그를 가지고 네가 광분하며 네 마
음을 다스리지 못해서는 아니 됨이니
라, 사랑하는 나의 아들아!
27 그러니 너희들이 천사와 같이 변화되
는 모습이요, 사랑을 실천하는 것으로
만 너희들은 가도록 그리하며, 그 모
두의 마음을 여기에 집중하라.
28 너희들이 천사와 같이 변화되고 사랑
으로 가는 길이 그 불쌍한 백성을 구
원하며, 거기에서 구원의 길이라 몸부
림치고 발버둥치는 그들을 구할 수 있
는 것이 아니더냐?
29 그들의 마음속엔 두마음을 가지고 있
는 자들이요, 그들의 마음속은 두마음
으로 거래하는 마음이니라.
30 그리하여 사악한 씨앗을 저희들이 뽑
지 못하며 비리지 못하고 있음이니 어
찌하겠느냐?
31 나 여호와는 네 마음보다 더 아프고
저려 오니, 그들이 죄 속에서 죄를 행
하며, 그 사악한 자들의 사악한 것이
썩고도 썩은 그 악취를 너는 맡지 못
할 것이니라.
32 그러나 나 여호와는 그들의 입에서 나
오는 것, 그들의 몸에서 나오는 것, 죄

에 의하여 썩고 썩은 그 악취를 다 맡
고 있음이니라.
33 그를 맡기가 힘이 들며, 그를 맡지 아
니할 수 없어 견딜 수 없는 오늘의 내
마음을 너는 알겠느냐?
34 너는 그 악취를 모를 것이니라.
35 그 썩은 냄새를 너는 모르지 않느냐,
너는 맡지 못하고 있지 않으냐, 나의
아들아!
36 너 자신이 조용히 사랑을 실천하며,
너의 제자들이 사랑을 실천하며 천사
와 같은 마음으로 가는 것에 모두를
다 바치라.
37 그것만이 그곳에서 벗어날 수 있으며
그들을 구원할 수 있음이니라.
38 악취를 맡지 않는 너보다 악취를 맡는
나 여호와의 마음이 더 고통스러움을
네가 안다면, 조용히 기도함에 최선을
다하라, 그리고 묵상하라.
39 그리고 나의 법전을 만들어 세상에 전
하는 데 너의 제자들과 하나가 되라,
하나가 되어 모두를 이루라.
40 네가 입에 밥을 넣을 때 그 제자들이
밥을 넣으며, 네가 그 맛을 느낄 때 그
제자들이 똑같은 맛을 느끼는 그와 같
은 길이 이루어지며 그와 같은 역사가
이루어질 것이니 그리 알라, 사랑하는
나의 아들딸들아!

8,769 번째 하나님 말씀

2003년 12월 16일 11시 58분

1 사랑하는 나의 아들아!
2 "네, 아버님! 말씀하옵소서."
3 성경에 기록된 가르침이요, 믿음의 길
을 가는 모든 백성이 그 의미요, 뜻을
모르니, 지금 이와 같은 형국이 되었
음이니라.
4 하나를 가지고 그 모두의 뜻을 내가
두 가지로써 말을 함이니, 한쪽의 성
서에는 내가 이를 행하라 하였으며 또
한쪽에서는 이를 행하지 말라 그리 명
했을 때,
5 너희들은 어찌하여 불리한 것은 너희
것으로 만들어 가지 아니하며, 유리한
쪽을 지니고 그것으로 나의 사랑하는
백성의 고혈을 빨아먹는 그와 같은 행
위를 하고 있느냐?
6 내가 너희들에게 일찍이 깨우쳐 전하
지 않았느냐?
7 내가 나의 아들에게 술을 마시지 말라
하였음이니라.
8 그러나 내가 또한 어느 한 순간에 내
가 나의 아들에게 술을 마시라 하였음
이니, 나의 아들이 그 술을 마심으로
써 병을 고칠 수 있으며 그가 바로 설
수 있기에 내가 그를 명하는 것이니,
9 너희들은 이를 가지고 선택할 때 그
상황이요, 그 시대에 역사하는 것을
알지 못하고 있음이니, 그와 같은 상
황일 때 너희들은 유리한 쪽으로 모두
를 끌고 감이니라.
10 내가 돼지고기라는 것을 먹지 말라 성
서에 기록했다 하자.
11 그러나 내가 어느 날 그를 먹으라 하
면, 그를 먹어야 그를 구제하고 살릴
수 있기 때문에 약으로써 먹으라 하였
음이니,
12 그를 가지고 너희들이 먹으라 했다 먹
지 말라 했다며 또 물고 늘어지며 그

리 행하는 이것이 오늘의 십일조요, 헌금이요, 받아들이고 거둬들이는 그와 같은 행위이니,

13 그 시대에 이루어 놓았던 작고 큰 역사의 상황에 의해서 변화되고 역사하는 것을 모르고 그리함니라.

14 그러니 내가 너에게 무어라 하였느냐, 나의 법전에 기록되어 상반된 이야기들이 나오고 있음이니, 그것 또한 내가 무이라 하였느냐?

15 마지막 내가 너희들에게 내리는 것, 그것을 귀하게 생각하며, 그것이 나의 참뜻이니 그대로 행하라 하지 아니하였더냐?

16 그러니 나의 성서에도 기록하여 너희들에게 행하지 말라 하며 또 행하라 하는 것이 있으니, 이를 가지고 너희들이 항상 시시비비하며 물고 늘어지려 하지 말라.

17 너희들이 구약과 신약에 기록된 모든 내용을 그 사건이요, 그 장소요, 그 역사에 이루어졌던 것을 모름이니,

18 너희들에게 그저 유리한 쪽으로만 너희 것으로 만들어 이끌어 가는 그와 같은 형국으로 지금 가고 있음이니, 그 근본이요, 기초를 모르기 때문이니라.

19 그러니 내가 너희에게 정답을 깨우쳐 주지 아니하였더냐?

20 마지막에 내가 내리는 그와 같은 것이 내 뜻이며 너희들이 지키고 가야 할 길이라 했으니, 이를 명심하고 명심하여 행하도록 그리하라.

21 그러니 작은 뜻을 위해 그 상황에 의해서 그 시대를 넘기 위해서 내가 지시하고 명한 것, 꼭 필요해서 명한 것, 그것을 가지고도 너희들이 필요한 쪽으로만 너희 것으로 만들어 나의 피조물 만백성에게서 고혈을 갈취하는 그와 같은 행위를 수천 년 동안 하고 왔음이니,

22 이제 마지막 내리는 것, 마지막 가르침이 소중하고 귀함을 알아 그대로 따르고 행하는 것이 현명함을 잊지 말라, 나의 아들을 따르는 제자 너희들은!

8,770 번째 하나님 말씀

2003년 12월 16일 12시 03분

1 사랑하는 나의 아들아!

2 "네, 아버님! 말씀하옵소서."

3 모든 종교 집단의 지도자들이 지금 살아가며 나를 위하여 나의 복음을 전하기 위하여 너희들이 교회라는 것을 짓는다 그리 말함이니라.

4 그리고 너희들이 죄의 온상인 그 건축물을 모든 종교 집단들은 나를 위하여 나의 복음을 위하여 짓는다 그리 말하느니라.

5 그러나 내가 나의 아들을 통하여 너희들에게 전한 것이 무엇이더냐?

6 예수는 성전을 헐라 그리 말했으며, 그가 헐어 3일 만에 여기에 다시 역사한다 하였음이니, 이는 무엇이더냐?

7 건축물을 짓는 것이 아니요, 나의 참뜻이요, 나의 진리를 전하는 장소로써 다시 역사하도록 나의 아들은 그와 같이 만들며, 내가 그와 같이 역사하도록 그들에게 깨우치고 전하라 하였음

이니라.
8 그러나 지금의 종교 집단이요, 지도자
너희들은 무어라 하느냐?
9 나를 위한다는 명분하에 내가 짓지 말
라는 인간의 건축물의 그 교회를 지어
놓고 나의 피조물 백성에게서 얼마나
고혈을 착취하느냐?
10 종교 집단의 지도자들이 그리 말하느
니라, 너희들은 내가 짓지 말라 명한
그 교회라는 건물을 짓고, 나의 아들
예수가 헐어 버리라 했던 그 건물을
지어 놓고, '이 건물의 주인은 누구
냐?' 그 신도들에게 물으니, 그 신도들
의 아우성이 그러하니라.
11 '이는 창조주 아버님이요, 하나님의
것입니다.' 하니,
12 그 주인은 하나님의 것이라 너희들이
그리 나의 백성에게 유도하느니라.
13 그리고 나 여호와요, 하나님이 이 시
대에 여기서 역사하기 위해서, 나를
위하여 너희들이 건축물을 지었으며
교회를 지었다 그리 말하느니라.
14 그러면서 또 말함이니라, 하나님이 주
인이시다, 하나님이 주인이시다, 그
주인을 기쁘게 하기 위하여 너희들이
역사해야 된다 그리 말하느니라.
15 그리고 저희가 오늘의 교회라는 그 사
악한 죄의 온상의 건물을 지은 것은
누가 지었느냐, 이는 나 여호와가 세
웠다 그리 말하느니라.
16 '하나님께서 세우신 것이요, 우리가
세운 것이 아니라 창조주 하나님께서
세운 것이니, 그 주인은 그분이니 그
분을 위하여 우리는 여기서 봉사하고
병들어 죽을 때까지 모두를 다 바쳐야
된다.' 그리 말하느니라.
17 그러니 '주인은 누구냐? 우리 창조주
아버님이라' 그리 말하며 나의 백성에
게서 그 모두를 갈취하고 거둬들이는
그와 같은 행위를 하고 있음이니라.
18 과연 그것이 나 여호와의 뜻이냐, 아
니면 너희들이 내 뜻을 거역하는 것이
냐?
19 이것을 너희들이 이제 구분하고 행할
때가 왔으며 너희들이 깨달을 때가 왔
음을 알라.
20 어찌하여 내가 짓지 말라는 그 교회를
지어 놓고, 그 건물의 주인은 나 여호
와요, 그리고 그 건물을 다스리는 자
는 나 여호와요, 거기에 안주하는 것
이 나 여호와요, 그리고 그 모두를 내
가 안주하기에 내가 세웠으며,
21 창조주가 여기서 너희들에게 하늘에
오르는 그 축복을 내리기 위하여 짓고
역사한 것이니, 주인은 나라며 너희들
이 나의 피조물 만백성에게서 금화와
은화요, 재물을 갈취하여 과연 어떠한
사악한 짓을 하고 있느냐?
22 내가 이를 용서치 아니할 것이니 그리
알라 전하라.

8,771 번째 하나님 말씀

2003년 12월 16일 12시 07분

1 사랑하는 나의 아들아!
2 "네, 아버님! 말씀하옵소서."
3 너를 따르는 너의 제자 '김윤수' 그에
게 들으라 그리 전하라. 내가 그에게
직접 묻노라 그리 전하라.
4 너는 들판에서 농부가 소와 더불어 밭

이랑을 갈고 있음이니, 그 밭이랑을
멍에를 끌고 가는 그 소가 지치고 힘
듦이니, 또한 그를 부리고 가는 그 주
인도 힘듦이니,
5 길고도 긴 밭이랑을 갈고 갈 때 소도
힘이 들고 그를 끌고 가는 자도 힘이
드나, 힘들어도 그 길을 가는 이유가
무엇이더냐?
6 그러니 밭이랑을 가는 그 소가 뛰쳐나
가 제 직분을 다하지 못했을 때, 어떠
한 결과가 나오겠느냐?
7 그러니 네가 오늘의 가는 그 길이 무
엇이더냐?
8 말없이 밭이랑을 갈며, 주인을 따라서
그 힘든 길을 넘고 넘어 묵묵히 지키
고 가는 그 소와 같은 것이 지금 네가
가야 할 길이며 네가 행하고 있음임을
너는 알라.
9 네가 그 길고도 긴 밭이랑을 주인과
같이 갈고 역사하는 것은 무엇이더냐?
10 그 밭이랑을 네가 힘들게 갈고 역사했
을 때 그 터전을 닦을 것이며, 그는 옥
토가 되어 만백성의 양식을 심을 수
있는 것이 아니더냐?
11 그 밭이랑을 일궈 다듬지 아니하면 거
기에 만백성의 양식이 되는 그 씨앗을
뿌리고 다스릴 수 없음이니, 이것이
네가 가야 할 운명이며 네가 가야 할
길임을 알라.
12 이 길을 네가 지금 가고 있음을 알라.
13 그러니 너는 그를 알라, 그 밭이랑을
일궈 가는 그 소가 죽어 갈 때까지 그
모두를 다 바치면서 그가 원하고 거둬
지는 것은 무엇이 있더냐?
14 그는 또한 만백성을 위하여 저 자신의
뼈와 살과 가죽까지 던져 주고 가는
것이 소라 하지 아니하였더냐?
15 그 어렵고 힘든 밭이랑을 갈고 또 갈
면서도 죽어 갈 때 그 모두를 다 던지
고 가는 것이 너이니라.
16 너는 그 길을 가야 될 것이며, 그 길을
마다하지 말라.
17 네가 밭이랑을 버리고 나왔을 때, 나
의 아들은 그 밭을 일굴 수 없으며,
18 그 밭을 일구지 못함이니, 씨앗을 뿌
리는 백성들이 거기에 올 수 없으며,
거기에서 이루어지는 씨앗으로써 만
백성이 생명을 얻는 길이 없음이니라.
19 내가 너를 사랑하여 나의 아들의 입을
열어 말함이니,
20 네가 지금 밭이랑을 갈고 있는 소와
같음이니, 너는 나의 아들과 그 소와
같이 하나가 되어 네가 어렵고 힘든
길을 묵묵히 갈 때, 나의 아들은 그 밭
이랑을 일굴 것이며 만백성의 양식을
낼 것이니라.
21 그리고 그리 살던 소가 바라는 것이
있으며 면류관을 쓰며 영광을 얻으며
그가 죽어 가는데 비석 하나 세워 주
는 것이 있더냐?
22 그 가죽과 살과 뼈를 모두 다 주인을
위하여 바치고 감이니, 네가 바로 그
와 같이 갈 자라는 것을 알라, 윤수야!
23 내가 너를 사랑하노라.

8,772 번째 하나님 말씀

2003년 12월 16일 12시 19분

1 사랑하는 나의 아들아!
2 "네, 아버님! 말씀하옵소서."

3 나 여호와가 너희들에게 잘못 가는
것, 그리고 잘못 역사하는 것, 그 모두
를 바로잡으며 바로 깨우쳐 주고자 내
가 너희들에게 전할 때, 과연 내 마음
이 어떠할 것인가 너희들이 생각해 보
았느냐?
4 육의 세상에서도 부모가 자식이 잘못
가서 매를 대는 부모의 마음이 과연
어떠할 것인가,
5 아플 것인가, 그리고 그 아픔은 얼마
나 진할 것인가, 그와 같은 것을 너희
들은 정녕 생각해 보는 백성이 이제는
되어야 될 것이니라.
6 내가 너희들이 잘못 가는 것을 바로잡
기 위하여 오늘에 160권의 법전을 세
상에 내려보냄이니, 그리고 나의 아들
을 통하여 내리는 수많은 강론이요,
그를 가지고 너희들이 전하고 전할
때, 그를 받아들이지 아니하는 자를
보는 내 마음은 과연 어떠하며, 너희
들을 사탄이요, 이단이라 핍박하는 자
를 볼 때 내 마음이 어떠하겠느냐?
7 그러니 나를 따르는 백성이요, 그리고
나의 아들을 따르는 그 제자들이요,
내 뜻에 의해 역사하고자 하는 백성,
너희들은 내가 법전에 기록한 그 내용
을 한 구절 한 구절 읽으면서 내 마음
을 읽어야 될 것이며,
8 내 마음이 과연 이와 같은 글을 내려
보낼 때 어떠한 마음으로써 내려보냈
는가, 그것부터 생각하는 나의 백성들
의 마음의 자세가 되어야 됨을 잊지
말라 그리 전하라.
9 내가 너희들을 사랑함이니라.
10 너의 제자들은 내가 무어라 말하였느
냐?
11 짓지 말라는 교회를 짓는 그들을 보며
그들을 거룩한 자라 생각하지 말라 그
리 전하라.
12 그곳에서 그것이 위대하고 거룩한 것
이라 생각했던 그들이, 지금 그를 깨
닫고 나에게 와서도 그 마음을 아직도
버리지 못하며 미련을 가지고 있다 하
면, 너희들은 바로 설 수 없으며 바로
깨우칠 수 없는 것임을 알라.
13 그들이 무어라 말하느냐?
14 내가 나의 아들 예수를 통하여 짓지
말라 했던 그 교회를 그들이 지어 놓
으면서 그들은 무어라 말하는지 알고
있느냐?
15 예수의 죽음의 대가로써 그것이 이루
어진 교회요, 예수가 흘린 그 피로써,
그 고귀한 피의 대가로써 이루어지고
존재하는 산물이라 그리 말하느니라.
16 예수가 짓지 말라, 헐어 버리라는 그
교회를 지은 것을 그와 같이 전하고
그와 같이 가르치는 집단이요, 그 종
교 지도자들이 과연 어떠한 자들인가
너희들은 알겠느냐?
17 그러니 그들은 그것을 지탱하고 유지
하기 위해서 무얼 하느냐?
18 내가 가장 소중한 것은 너희들 개인이
요, 또 그 가정의 평화요, 가정의 안식
이라 하지 아니하였더냐?
19 그곳에서 모두가 이루어지며 모두가
역사한다 하였거늘,
20 그들은 너희 자신을 버리며 그 모두를
다 지워 버리고 태워서라도 저희들이
지은 그것을 위하여 충성하며 모두를
다 바치는 것이 구원의 길이요, 하늘

에 오르는 길이라 그리 가르치니,
21 그들은 그리 목매고 가르치지 아니하
면 아니 됨이니라.
22 그 죄의 온상을 유지하고 관리하는 그
와 같은 길고도 긴 세월 속에 저희들
은 거기에 지쳐 고꾸라지는 자가 된다
는 것을 알고 있기에, 그를 벗어나기
위해 온갖 수단과 방법을 다 부리지
아니하면 아니 되는 것이니라.
23 그러니 거기에서 편안한 것이 없으며,
거기서 이룩하는 것이 없으며, 나에게
오르는 길을 볼 수 없는 것을 너희들
은 알아야 될 것이니라.
24 그 교회라는 것이 무엇이라 내가 말하
였느냐?
25 죄로써 모여든 죄의 덩어리요, 죄로써
뭉쳐진 덩어리가 그 교회라는 곳이라
그리 내가 가르쳤음이니라.
26 그러나 너희들은 무어라 말하느냐?
27 저희들이 그 죄의 온상인 것을 모르
며, 그곳에서는 나 여호와를 만날 수
있는 것이요, 하늘에 저희들이 역사할
수 있는 것이요, 저희들이 천국의 열
쇠를 받을 수 있는 것이라 그리 말하
지 않느냐?
28 그러나 손으로 지은 저희들의 교회요,
그 죄의 온상에 내가 같이 있지 아니
하는 것을 같이 있다 말하는 것은 나
의 피조물 만백성을 속이는 것이요,
거짓된 자요, 사탄의 자식만이 할 수
있는 것이라는 것을 알아야 될 것이니
라.
29 너희들은 알라, 성경에 기록된 그 율
법의 내용이요, 그리고 내가 지금 제3
의 시대에 내리는 나의 법전을 그대로
믿고 따르며 그대로 행하는 길을 가라.
30 그것만이 너희들이 구원받을 수 있는
길이니라.
31 죄의 온상에 와서 축복을 받는 것이
요, 은혜를 받는 것이라, 교회가 그러
한 곳이라 얘기하니, 그 죄의 온상에
가서 어찌하여 저희들이 나에게 축복
을 받으며 은혜를 받을 수 있다 말할
수 있느냐?
32 이제 허황되고 허망한 자들, 망상 속
에서 깨어나지 못한 몽유병 환자 같은
그들의 말에 현혹되어 거듭나지 못하
고 버림을 받는 그 많은 백성을 너희
들이 구원하고 인도하도록 하라, 사랑
하는 나의 아들딸들아!
33 그 대명이 너희들 것이니, 쉴 시간이
어디 있으며, 잠을 잘 시간이 어디 있
으며, 너희들이 나의 법전을 만드는
데 그 연필을 놓을 시간이 어디 있단
말이더냐?
34 내가 너희들을 사랑함이니라.
35 다만 너희들이 나로부터 받을 은혜요,
상이라는 걸 생각하지 말며 묵묵히 이
길을 갈 때 너희 자신이 변화될 것이
니,
36 변화되는 그것이 너희들이 곧 나로부
터 받은 사랑이요, 은혜를 이미 받아
감이니 그리 알라.

8,773 번째 하나님 말씀

2003년 12월 16일 12시 21분

1 사랑하는 나의 아들아!
2 "네, 아버님! 말씀하옵소서."
3 모든 종교 집단의 지도자들이 그 교회

라는 곳이 영혼의 양식을 공급해 주는
곳이며 너희들의 생명수를 공급해 주
는 곳이라 그리 가르치고 전하지 않느
냐?
4 그러나 나는 나 여호와가 나의 성령이
요, 나의 법전에 기록하여 무어라 하
였느냐?
5 십계명을 지키고 사는 것이 영혼의 양
식이요, 영혼을 살리는 근본이라 하였
으며, 나의 법전을 지키고 사는 것이
너희들이 영혼의 구원의 양식을 공급
하는 길이라 하지 않았느냐?
6 그러나 그들은 그리 말하지 않느냐,
저희들의 손으로 지은 곳에 와 재물을
바치며 헌금을 바치며 울고불고 기도
하고 경배하는 것, 그리고 이 모두는
나 여호와가 역사한 것이요, 내가 주
관한 집이요, 내가 세운 집이요, 내가
같이 있는 집이니 그리 믿고 따르는
것이 구원의 길이라 하지 않느냐?
7 성령이 역사하는 곳이 구원을 하는 곳
이며, 저희들의 교회만이 그와 같은
곳이라 하며,
8 천국과 지옥의 갈림길에서 천국에 이
르는 길이 저희들의 교회라 말함이니
라.
9 저희가 심판관처럼 제 말을 따르고 순
종하는 자는 하늘에 오르는 자요, 제
말을 따르지 아니하며 십일조요, 헌금
을 내지 않는 자는 지옥으로 간다 하
며,
10 제가 이리 가라, 저리 가라 하며 지옥
과 천국의 명패를 거는 것처럼 말하고
있음이니, 이것이 지상에서 이루어지
고 있는 사악한 행위니라.
11 이를 바로잡고자 하며 이를 말하는 나
여호와의 아픈 마음을 너희들은 알겠
느냐?
12 너희가 그리 가르치고 있으며 또 그리
배우고 있는 것이니라.
13 그러니 그곳이 천국의 분기점이 아니
요, 죄악의 사탄의 씨앗을 심는 것이
며, 그 악의 씨가 무럭무럭 자라게 하
는 근본이며,
14 그로 하여금 이 세상을 오염시켜 나
여호와가 그 악취를 맡을 수 없는 사
악한 곳이 되어 있으며 타락된 곳이라
는 것을 내가 다시 한 번 전함이니 그
리 알라.

8,774 번째 하나님 말씀

2003년 12월 16일 12시 24분

1 사랑하는 나의 아들아!
2 "네, 아버님! 말씀하옵소서."
3 너를 따르는 그 제자들에게만이라도
네가 굳게 심어 주어야 될 것이며, 그
들이 깊이 뿌리를 내리도록 하라.
4 너희들이 말로써 시시비비하며 말로
써 모두를 다하는 것, 그리고 말로써
믿음이 일등인 것처럼, 말로써 우등생
인 것처럼 그와 같이 행하지 말라 그
리하라.
5 내가 나의 법전을 가지고 시시비비하
는 자는 무식하며 깨달음이 없는 자가
그와 같은 행위를 한다 하지 아니하였
더냐, 깨달은 자는 말이 없다 하지 아
니하였더냐?
6 너희들은 어찌하여 말로써 우등생이
요, 말로써 일등인 것처럼 그리하는가?

7 나의 백성이요, 그리고 나의 아들을
따르는 그 제자들이 지금 역사하며 힘
든 그들의 고통을 들여다보지 아니하
며, 말로만 너희들이 나의 성전에 와
세상을 다 읽으며 세상의 이치를 다
깨달은 것처럼 그와 같은 행위를 하지
말라 전하라.
8 작든 크든 너희들이 모두를 다하여 공
을 세울 것이며 역사하는 그와 같은
믿음으로 가라 그리 말하라.
9 너희들이 배고픈 자 앞에서 쌀자루를
들고, '내가 이걸 펴 주고자 하나 네가
받을 그릇이 없는 자이니, 이 쌀을 가
지고 밥도 해 먹고 떡을 해 먹으며 이
걸 가지고 이웃과 나누며, 김이 무럭
무럭 나는 떡을 먹으면 얼마나 맛이
있으며 꿀을 발라 먹으면 얼마나 맛있
겠느냐?' 하며 장황하게 떠들고 설명
만 한다면 그가 얼마나 배고프며, 그
에게 더 고통을 주는 사악한 자가 아
니더냐?
10 말없이 그 쌀자루를 풀어 펴 주는 자
가 나의 뜻을 행하는 자가 아니더냐?
11 너의 제자들처럼 그 쌀자루는 풀지도
아니하며 풀지도 못하면서, 말로써
'이것으로 밥을 해 먹으면 얼마나 맛
이 있으며, 이것으로 떡을 해 먹으면
얼마나 맛이 있으며, 더군다나 떡에
꿀을 발라 먹으면 얼마나 맛이 있는
것이냐?' 하는 그와 같은 행위를 나의
성전에서 하지 말라 하라.
12 그들이 바로 가고자 하는 나의 선택된
백성이요, 바로 살아가는 그들까지 마
음의 상처를 줌이니,
13 그와 같은 자들이 있어서는 아니 되
니, 그들에게 이와 같은 뜻을 전하여,
저 스스로 그와 같은 제자가 아닌가,
그리고 나를 따르는 백성인가 깨우쳐
자세를 바르게 하도록 그리 전하라,
사랑하는 나의 아들아!

8,775 번째 하나님 말씀

2003년 12월 16일 15시 36분

1 사랑하는 나의 아들아!
2 "네, 아버님! 말씀하옵소서."
3 지금의 모든 종파에 속해 있는 백성이
네 가슴에 비수를 꽂으려 하는 자들이
있는가 하면, 또 이는 사탄이요, 사악
한 자라 말하는 자가 있으며,
4 이는 정녕 창조주 하나님의 말씀인가
아닌가, 이는 성경을 혼동케 하는 것
은 아닌가 하며,
5 또는 이는 정녕 나 여호와의 뜻이라
말하는 백성이 있을 것이니라.
6 그리하여 그와 같이 수천수만 가지의
형태로써 그들이 접근할 것이니, 너는
다만 그들에게 말하라.
7 너에게 비수를 꽂고자 하는 자, 그리
고 이것이 맞다고 하는 자, 그리고 성
경을 왜곡되게 하는 것이라고 걱정하
는 그 백성들에게,
8 너희들은 네 갈 길을 가며 네 믿음의
길을 가면 될 것이지, 이를 시시비비
하지 말라 그리 전하라.
9 너희들이 나를 믿으며, 나 여호와가
존재한다면 이 세상에 존재하는 모든
것은 나의 주관이요, 나의 뜻이라 하
였음이니, 이 새로운 성경이요, 새로
운 법전이 세상에 나오는 것 또한 나

의 뜻이니,
10 너희들이 정녕 믿음의 길을 가는 백성
이요, 참진리의 길을 가는 백성이라면
너희들은 두려워하지 말며 시시비비
하지 말며 겁먹지 말라.
11 그리고 네 갈 길을 갈 것이며, 나의 법
전은 나의 법전대로 역사할 것이며,
그러니 네가 가는 길과 그들이 가는
길을 서로 무슨 적이 되는 것처럼, 원
수나 적과 같이 생각하는 너희들은 그
와 같은 생각을 갖지 말라.
12 나의 새로운 성경이요, 법전이 잘못되
었으면 네 귀를 막고 듣지 아니하면
될 것이며, 남들이 듣고 깨우치는 것
까지 너희들이 주관하려 하지 말라.
13 너희들이 무슨 권리요, 무슨 권한으로
써 나의 법전을 읽고 깨우치려는 백성
들과 이를 보고 구원의 길을 가는 백
성들, 그리고 깨달음을 얻는 선택된
백성들까지도 옳고 그름의 시시비비
를 너희들이 함부로 하는가?
14 그와 같은 자격이 너희들에게는 없으
며 그와 같은 것을 할 수 없는 것이 너
희들이니, 제 자격 이상을, 제 한계 이
상을, 제 권한 이상을 넘는 자, 오만하
고 교만한 자이니라.
15 그 두려움과 무서움을 알거든, 너희들
은 조용히 모두는 나 여호와의 뜻이며
내가 역사하는 것이며, 내가 나의 아
들을 다스리며 나의 법전이 세상을 덮
지 못하며 태워 버리고 찢어 버리는
것 그 모두도 다 나의 뜻이요, 내가 주
관할 것이니, 너희들은 관계치 말라.
16 너희들은 똑같이 동등한 자격으로서
나에게 생명을 받아 나간 나의 아들딸
이요, 인간으로서 태어난 것은 누구나
똑같은 권리와 자격이 있음이니, 감히
똑같은 자가 똑같은 자를 평가하고 욕
하지 말라 그리 전하라.
17 네 자신을 지키며 너 자신만 잘 다스
려 가면 될 것이라, 그와 같은 깨달음
으로써 그들을 깨우치도록 그리하라.

8,776 번째 하나님 말씀

2003년 12월 16일 15시 42분

1 사랑하는 나의 아들아!
2 "네, 아버님! 말씀하옵소서."
3 오늘의 종교 집단이요, 그들이 가는
길이 무엇이더냐?
4 너희들은 종교 지도자나 믿음의 길을
가는 사람을 보지 말라, 그리고 단상
에 서서 가르치는 목자나 또한 너희들
이 말하는 믿음이 깊은 자요, 선생의
자리에 서 있는 자를 보지 말며, 너희
들은 그저 믿음만 믿고 가라 그리하느
니라.
5 인간은 누구나 죄의 냄새가 나며, 죄
의 냄새가 나지 아니한 자 없으니, 너
희들은 인간을 보지 말며 나의 성서
요, 성경만 보고 말하라 그리함이니라.
6 그러니 여기에서 가르치는 자를 보지
말며 가르치는 자와 관계없음이니, 그
리고 가르치는 자라도 그가 썩은 냄새
가 나는 자요, 냄새가 나는 인간이라
그리함이니,
7 아무리 곱고 아름다운 나의 성서라 해
도 썩은 자의 입을 통해서 나오는 것
이 냄새나지 아니하며 썩은 내가 나지
않겠느냐?

8 어찌 그와 같은 이치 하나도 모르면
서, 너희들이 함부로 종교 지도자가
썩었든 냄새나든 인간은 썩은 내가 나
며 죄의 냄새가 나니, 그에게서 나는
것을 보지 말며, 그를 통하여 내리는
나의 성경이요, 가르침만 보라 하는가?
9 이것이 과연 있을 수 있는 것이며 현
실적인 일이더냐?
10 그러니 내가 종교 지도자는 썩은 냄새
가 나지 않도록 거울을 비추어 보고
유리로 비춰 봐서 한 점의 부끄럼이
없는 그와 같은 삶을 살아가야 된다
하느니라.
11 그러나 너희들은 모두 알고 있느니라,
아무리 좋은 교과서요, 아무리 좋은
서적을 가지고 너희들이 제자를 가르
친다 해도, 선생이 그 의미를 잘 모르
며 그 뜻을 모르면 그가 제대로 가르
치지 못하는 것은 당연한 것이요,
12 또한 가르치는 선생이 모범이 되지 아
니하며 바로 서지 못하며 바로 가르치
지 못할 때, 바른 교육이 될 수 없다는
것을 너희들은 잘 알고 있을 것이니라.
13 그러니 바른 교육을 하지 않는 자 밑
에 바른 학생이 나오기 힘들며, 그와
같은 일은 역사할 수 없는 것이라 말
하지 않느냐?
14 사실 너희들은 그와 같은 현실이요,
가르침의 이치를 잘 알고 있음이니라.
15 그러면서 너희들의 종교 집단이요, 지
도자들이 인간은 썩은 내가 나니 그들
을 보지 말고 성서만 보라 함이니, 과
연 그들이 무엇을 가르치겠는가?
16 썩은 냄새가 나는 소리밖에 더하겠느
냐?
17 그러니 그와 같은 말을 해서는 아니
됨이니라.
18 너희들은 너무나 잘 알고 있느니라,
지금의 목사요, 장로요, 권사요, 집사
라 하는 사람들의 행동에서 보고 배우
는 그 깨우침이, 평신도들이 성서의
가르침을 배우고 성서를 공부하여 얻
는 것보다도 더 위대하며 그들이 깊이
깨닫는다는 것을 내가 나의 법전에 기
록하여 전하지 아니하였더냐?
19 그러니 종교 집단의 권사요, 장로요,
명예를 갖고 있는 자들이 산 교육의
근본이 되며 자세가 되어, 그것을 나
의 백성들이 보고 변화되는 것이 더
위대함이며,
20 성서를 가르치고 설교하는 그 말을 듣
는 것보다도 지도하는 자의 자세를 보
고 따르는 것이 그들의 가슴에 와 닿
으며 그들의 변함이 무서움을 너희들
은 알아야 될 것이니 그리 알라.
21 나의 아들 예수를 믿기만 하면 된다
하며, 성서를 가르치는 것을 듣고 배
우기만 하면 되는 것이지, 가르치는
자가 도둑질을 하든 강도짓을 하든 살
인을 하든 그걸 관계치 말라 그리 말
하니, 이것이 얼마나 왜곡된 것이더냐?
22 그러니 내가 너희들에게 전하는 것은
나의 아들 예수가 행하고자 했던 것,
너희들에게 전하고자 했던 것, 그것이
더 소중하고 귀한 것이니, 그를 보고
그대로 행하는 종교 지도자가 되어야
될 것이며,
23 그와 같은 지도자 밑에서 바른 백성이
구원의 길을 얻을 수 있다는 이 간단
한 이치를 어찌 모르느냐?

24 그러니 아무것도 모르는 종교 집단이
요, 지도자들이 저희들을 평가하지도
말며 저희들을 간섭하지도 말며 저희
들이 아무리 죄를 짓는다 해도 탓하지
말라 그와 같이 가르치는 어리석은 자
들이니, 거기에서 얻을 것이 없음을
알라.
25 이제 내가 나의 법전을 통하여 나의
아들을 통하여 너희들에게 말함이니,
너희는 가르치는 자가 썩었든 인간 냄
새가 나든 그것은 상관없으며, 그를
통해서 내리는 나의 성령만 듣고 깨우
치라 그리 말함이니, 이것이 너희들이
잘못되었음을 알라.
26 그 썩은 자 앞에서 진동하는 썩은 냄
새를 맡고 거기서 제대로 배울 자가
어디 있으며 제대로 깨우칠 자가 어디
있단 말이더냐?
27 그러니 지도자는 유리로 거울로 비춰
봐서 한 점의 부끄럼이 없는 자세로
서야 된다는 것이 나의 뜻이요, 그리
가야만 됨이니라.
28 그러니 너 자신도 그리 서야 될 것이
며, 너를 따라 지도자로 나갈 그 백성
들도, 너의 제자들도 그리되어야 된다
는 것을 잊지 말라.
29 그러니 그를 가르치고 다스리는 것이
너희들이 어렵고 힘들다 하여 내가 너
희들에게 오늘 상을 주지 아니하였더
냐?
30 너희들이 천 가지 만 가지를 지키고
바로 살기에는 너무 힘이 드니, 사랑
한 가지로써 네 몸이 똘똘 뭉쳐졌으며
사랑의 성령이 그득히 차 있을 때 사
랑으로써 모두를 다 다스리고 행하니,
31 천 가지 만 가지가 그 사랑 앞에 모두
가 고개 들지 못하고 수그러지며 용해
된다 했음을 알라, 나의 아들딸들아!

8,777 번째 하나님 말씀

2003년 12월 16일 15시 48분

1 사랑하는 나의 아들아!
2 "네, 아버님! 말씀하옵소서."
3 지금의 종교 집단이요, 그 길을 가는
백성 너희들이야말로 예배를 드리는
방법이 간단하니,
4 그저 내 앞에 너희들의 죄를 용서해
달라 기도하며, 너희들이 지은 죄를
용서받는 길은 네가 용서할 수 있는
자를 용서하는 것이며, 그것이 너희들
의 예배요, 기도의 방법이라 하였음이
니라.
5 그러나 지금의 종교 집단이 무엇이더
냐?
6 저희들이 지은 죄의 온상에 와 새벽
기도라는 것을 울고불고 드리며, 주일
낮 예배라 하여 또 드리며, 주일에 밤
예배라 하여 또 나의 백성을 너희들이
불러들임이니라.
7 그러면서 중간에 수요 기도요, 또 금
요 기도요, 그리고 각종 명칭을 붙여
그 기도의 예배를 드리며,
8 40일 기도요, 백일 기도요, 무엇인가
를 역사하기 위한 기도요, 남북 통일
을 위한 기도요, 만백성의 건강을 위
한 기도요, 그와 같은 온갖 명칭을 붙
여서 너희들은 기도하며,
9 또한 특별 예배의 기도요, 감사하는
예배요, 또 기도원에서 드리는 눈물의

기도라 하여 너희들이 정성을 다해 드
린다는 기도를 하니,
10 그러면서 너희들은 나의 참진리를 그
속에서 얼마나 가르치며 얼마나 전하
며 얼마나 깨닫고 배우는가?
11 나는 그를 너희들에게 물어보고 싶음
이니라.
12 모든 예배의 결론은 사랑을 실천하는
것이 너희들이 해야 할 길이며,
13 하늘에 나 여호와가 있음을 두려워하
며, 너희들이 나에게 심판을 받는 것
을 알며,
14 그리하여 너희들이 정녕 하늘에 오르
고자 한다면, 천사와 같은 삶을 살지
아니하면 절대로 나에게 올 수 없다
하여 너희들이 모든 가르침을 한 다음
에 그와 같이 결론을 지으며 모두를
마친다면 얼마나 아름다우며 얼마나
깨달음이 있으며 얼마나 살아 있는 교
육이며 산 증거의 변화되는 교육이 되
겠느냐?
15 그러나 모든 종교 집단이요, 지도자
들, 예배 드리는 자들의 그 입에서 나
오는 결론의 말이 무엇이더냐?
16 너희들은 오늘의 예배를 드리며 축복
과 은혜를 받을 수 있으며, 그 축복과
은혜의 영광을 받기 위해서는 어떻게
해야 되느냐?
17 너희들의 몸과 마음과 정성을 다하고
삶을 다하는 믿음의 표시를 해야 되는
것이 너희들이 축복이요, 은혜를 받는
것이라,
18 너희들의 삶에 대한 것이요, 정성에
대한 몸과 마음을 다 바치는 그 믿음
의 표시를 나에게 하지 아니하면 너희
들은 축복이요, 은혜를 받을 수 없다
그리 결론지으며 무어라 말하느냐?
19 종교 집단들이 그리하느니라, 주일 예
배라는 것을 드리며 주일 헌금을 받으
며, 수요 예배를 드리며 또한 너희들
이 헌금을 받으며, 기도를 드리며 감
사 헌금을 받으며, 특별 헌금이라 하
여 또 거둬들이는 그와 같은 것이 각
종 지도자요, 종교 집단이 하고 있는
행위가 아니더냐?
20 너희들이 자다가 듣기만 해도 좋아서
깨어나 벌떡 일어나는, 너희들이 그리
도 좋아하는 십일조를 받아 낸다는
것, 그걸 받아 내기 위해서, 그걸 거두
기 위해서 온갖 짓을 다하며, 그를 거
둬들이는 결론으로써 너희들이 끝을
맺는 것이 가르침이요, 믿음이니,
21 참진리가 아니요, 모든 헌금을 받아들
이고자 하는 것이 너희들이 아니더냐?
22 내가 너희들에게 이와 같은 말을 전하
는 것을 너희들은 가슴 아파하지 말
며, 그들에게 너희들은 시시비비를 하
지 말라.
23 다만 이와 같은 말을 내리는 나 여호
와의 가슴 아픔만을 들여다보며, 그와
같은 가슴 아픈 나를 울리지 않을 일
을 하는 것이 나의 아들을 따르는 제
사들이요, 나의 법전을 읽은 백성이
해야 할 일이니라.
24 모든 종교 집단들이요, 종교 지도자가
자다가도 벌떡 일어나는, 십일조의 봉
투 소리만 들어도 일어나는 그 십일조
를 만들어 내고 거둬들이기 위해서 저
희들이 수단과 방법을 가리지 아니하
고 모든 가르침을 그것으로써 결론을

짓는 것이 그들의 가르침이니, 그 더
럽고 추한 것이 하늘을 오염시키고 있
음을 알라.

8,778 번째 하나님 말씀

2003년 12월 16일 15시 54분

1 사랑하는 나의 아들아!
2 모든 믿음의 길을 가는 그 백성들에게
너희들이 믿는 그 교회요, 성당에서
성전에서 그리고 법당이요, 회당에서
하는 일이 무엇이냐 그를 너희들에게
묻는다면, 너희들은 그리 말할 것이니
라.
3 그 속에서 너희들은 무엇인가 배우고
또 깨우치는 길을 가며, 천사와 같은
삶을 살아가기 위한 그와 같은 길의
역사요, 공부를 하고 있다, 그리고 너
희들은 성서대로 살며, 성경의 말씀대
로 살며, 그리고 성경의 말씀대로 순
종하며 하늘의 뜻에 따라 착하게 살아
가는 그와 같은 삶을 사는 것이라,
4 또한 모든 집회요, 모든 가르침에 열
심히 참석하며, 모든 예배요, 기도에
참석하며, 그리고 각종 헌금이요, 감
사 헌금 그 모두를 모범 되게 내는 것,
그와 같은 삶을 살아가기 위한 것을
거기서 배우며 너희들이 살아간다 그
리 말하느니라.
5 그러니라, 너희들이 그와 같은 것을
역사하고 그와 같이만 간다 하면 누가
말하며, 더 이상 너희들에게 무어라
탓하겠느냐?
6 그러나 여기서 다음의 가르침이 더욱
더 너희들을 죄악의 길로 인도하는 것
이며, 너희들이 구제 불능이요, 거듭
나는 삶을 살지 못하도록 하는 것이
그들이라 함이 여기 있음이니라.
7 그들은 말하느니라, 몸과 마음 그리고
금화와 은화의 모든 재물을 다 바쳐
헌신하는 생활을 하는 것이 너희들이
하늘에 오르는 길이요,
8 특히 십일조를 철저히 바치며, 그와
같은 행동이요, 그와 같은 삶이요, 특
별 헌금을 많이 내야 한다 하니, 이것
이 오늘의 너희들이 가고 있는 믿음의
실체가 아니더냐?
9 십일조요, 헌금과 각종 헌금이 신도들
의 표준이 되는 것이며, 너희들이 나
에게 구원을 받고 못 받는 근본이요,
기준이라 그리 가르치니, 이것이 얼마
나 한심한 길이며 얼마나 잘못된 것이
더냐?
10 더욱이 너희들은 십일조라는 것을 거
둬들이는 그 방법을 얼마나 강조하고
강요하는가?
11 강요하고 강조를 하다가 강탈하는 그
와 같은 것이 오늘의 형국이니라.
12 그리하여 너희들이 십일조라는 재물
을 강탈하고 갈취하기 위하여, 나 여
호와의 재물을 도둑질하며 나의 재물
을 훔치는 것이 십일조를 내지 않는
것이라며 그들을 위협하고 질타하고
있는 자들이 아니더냐?
13 그러면서 십일조를 내지 않는 자를 범
죄자와 같이 몰고 가며, 그와 같이 하
지 않는 자는 절대로 구원받을 수 없
다 말함이니라.
14 오죽하면 내가 너희들에게 십일조라
는 말만 듣기만 해도 자다가도 일어나

는 것이 종교 집단의 지도자요, 죽은
제 부모가 살아오는 것보다도 더 위대
한 것이 십일조라는 그 이름이라 하겠
느냐?
15 종교 집단의 지도자 너희들이 죽었다
가도 살아날 수 있는 것이 십일조이니
라.
16 종교 지도자가 죽었을 때 십일조라는
소리만 들어도 벌떡 일어날 정도로 그
리 좋아하며 그것을 위해서 살아감이
니, 얼마나 너희들이 강요하고 강탈하
는 행위를 한단 말이더냐?
17 그러면서 너희들은 십일조를 내지 않
는 자 축복받을 수 없다 그리 말하느
니라.
18 그리하여 십일조를 철저히 내는 것이
축복받는 최상의 방법이요, 길이요,
그것밖에는 없다 그리 말함이니,
19 지도자 너희들을 위하여 십일조를 거
둬들이라 내가 명한 것이 아니니라.
20 그러면서 너희들은 나의 사랑하는 백
성 앞에서 무어라 말하느냐?
21 자기는 정녕 십일조를 받고 싶지 아니
하고 십일조를 거둬들이고 싶지 아니
하나, 신도들이 축복받으며 구원받으
며 하늘에 오르는 것이 십일조를 철저
히 내고 지키는 것이기에, 어쩔 수 없
이 제가 그들에게 가르치며 십일조를
강조하고 또 강조하는 것이라 그리 말
하면서 모든 기도요, 예배요, 경배함
을 끝맺는 것이 오늘의 사악한 행위라
하였음이니,
22 이것이 아니거든 너희들은 나의 법전
을 태워 버리라, 그리고 나는 이 법전
이 세상에 나가 하얀 눈이 세상을 덮
듯이 그 역사를 하지 아니할 것이니라.
23 그러나 너희들이 이와 같은 행위를 하
고 있으며 거기를 벗어나지 못한 자라
면 나의 법전은 세상을 덮을 것이니
그리 알라.

8,779 번째 하나님 말씀

2003년 12월 16일 16시

1 사랑하는 나의 아들아!
2 "네, 아버님! 말씀하옵소서."
3 종교 집단에 속해 있는 자, 가르치는
자, 그들이 수천 년 동안 얼마나 사악
하고 잘못된 길을 왔으며, 나의 피조
물 만백성을 지옥으로 이끌어 갔는가?
4 그들은 나의 피조물 만백성을 지옥으
로 이끌어 가는 방법과 수단이 가히
나도 생각할 수 없는 그와 같은 사악
한 방법으로써 끌어가느니라.
5 각종 헌금을 내는 자가 구원을 받으며
하늘에 오른다 하며, 저희들이 죽었다
가도 그저 소리만 들으면 깨는 그 십
일조를 강요하고 가르치면서, 그것도
모자라 무어라 말하느냐?
6 나를 만나기 위하여 저희 손으로 지은
교회요, 성당이요, 그와 같은 곳에 올
때, 너희들은 절대로 빈손으로 오지
말라, 빈손으로 오는 자는 나 여호와
가 만나지 아니하며 빈손으로 오는 자
는 그 마음이 없으니 나와 관계없다
그리 가르치고 강요하는 것이 오늘의
종교 집단 너희들이 아니더냐?
7 그러니 빈손으로 오는 자는 나를 찾을
수 없으며 나에게 오지 말라 너희가
그리 가르치며, 너희들이 일주일 동안

살며 거둬들인 것을 싸 들고 와서 바치라 함이니,

8 정녕 재물이 없는 자는 나에게 올 수가 없으며 구원을 받을 수 없는 것이며 내 백성이 아니라는 말이 아니더냐?

9 그러니 바로 그들을 버리고, 그들이 쓰러져 가며 그들이 타락하는 죄를 만드는 근본이요, 온상이라 함이니라.

10 어찌하여 사랑하는 나의 아들딸들이 나를 만나러 오는데 너희들이 빈손으로 오면 안 된다 그리 가르치고 그리 말하는가?

11 인간 세상에 살아가는 너희 부모와 자식 사이도 그러지는 아니할 것이니라.

12 머나먼 타향에 가 있는 자식이 저희 부모를 찾아올 때, 빈손이거든 오지 말라고 편지 보내는 자 없을 것이며 그리 연락하는 자 없을 것이니라.

13 더욱이 소식이 없어 몇십 년 만에 돌아오는 자식이라면 그 자식에게 빈손으로 돌아오지 말라고 대문 앞에 높이 써 놓는 자 없을 것이니라.

14 인간 세상의 육을 가진 부모도 그 자식이 부모를 찾아오면 너희들이 빈손으로 들어오면 내 집에 들어오지 말라 써 놓고 광고하는 자 없을 것이니라.

15 하물며 모두를 다 내려 주고 베푸는 창조주 나 여호와가 어찌하여 너희들이 빈손으로 오려면 나를 만나러 오지 말며 나를 찾지 말라 그리 가르쳤단 말이더냐?

16 그와 같이 나를 빙자하는 것이 얼마나 사악하고 간악한 자들인가, 너희들의 그 간악함은 이루 말할 수 없음이니라.

17 고달프고 힘든 자는 나에게 오지 말라 하며, 갖다 바칠 것이 없는 자 오지 말라 하니, 나는 그와 같은 짓을 한 적이 없느니라.

18 너희들이 내 앞에서 나의 피조물 만백성을 지금 지옥으로 이끌어 가는 행위를 하는 자들이니, 그 죄가 얼마나 무섭고 두려운지 너희들이 알 것이니라.

19 나의 아들 예수는 어찌 가르쳤느냐?

20 나는 나의 아들 예수를 통하여 내가 그리 가르쳤느니라.

21 '고달프고 어려운 자, 그리고 빈곤한 자, 짐이 무거운 자, 그 모두는 나에게 오라.' 나의 아들 예수는 그리 나의 뜻을 가르쳤으며, 그것이 나 여호와의 뜻임을 알라.

22 사랑하는 나의 아들아, 그리고 나의 아들을 따르는 제자들이요, 나의 법전을 읽고 깨우친 만백성은 들으라.

23 나의 아들 예수는 '어려운 자, 무거운 짐진 자, 빈곤한 자, 가련하고 불쌍한 자, 나를 찾아오라.', 그것이 나 여호와의 뜻이요, 보낸 아버지의 뜻이라 그리 전했거늘,

24 오늘의 종교 집단이요, 지도자들은 나를 만나러 올 때 빈손으로 오지 말라 하느니라.

25 나의 아들 예수는 '고달프고 어려운 자, 빈곤한 자, 나에게 오라.' 목메게 그리 부르짖었거늘,

26 지금의 종교 집단의 지도자요, 그 피로써 모두의 죄를 씻었으며 표백되었다는 종교 지도자들이 나 여호와가 빈손으로 나를 만나러 오지 말라 하여 저희들의 교회요, 성당이요, 회당에

빈손으로 오는 자는 오지 말라 그리
가르치니,
27 이를 보는 나 여호와의 슬픔이요, 찢
어지는 가슴 아픔을 너희들이 어찌 알
겠느냐?
28 그러니 너희들이 이를 바로잡고 바로
역사하라 함이니라.
29 그래서 구원받으려 하는 자들이 그
사악한 간교에 넘어가, 저는 굶주려서
라도 그 금화와 은화를 갖다 바쳐 구
원을 받고자 하는 것이니,
30 나의 피조물 만백성을 그리 만들었음
이니, 그 악독하고 잔인한 그들의 수
법이 얼마나 무서운 것이냐?
31 그게 과연 나의 아들이요, 나의 백성
이 그리할 수 있느냐?
32 사탄이요, 악마의 자식만이 나의 피조
물 만백성에게 나를 만나러 오려는
자, 빈손으로 오지 말라 그리 말할 것
이니라.
33 다시 한 번 강조하니, 나의 아들 예수
는 힘든 자요, 무거운 짐 진 자, 고달
픈 자, 어려운 자, 빈곤한 자, 갈 곳 없
는 자, 그와 같은 불쌍하고 가련한 백
성들을 예수 제 앞으로 오라 그리 부
르짖었으니,
34 그것이 보낸 이인 아버지의 뜻이요,
아버지 앞으로 나 모이라 그리 가르친
것이거늘, 너희들은 어찌하여 빈손으
로 오는 자 나를 만나러 오지 말라 그
리하며, 만날 자격이 없다 내가 그리
말하고 전했다 가르치는가?
35 이 사악함을 너희들이 나에게 와 어찌
다 치르려 하느냐?

8,780 번째 하나님 말씀

2003년 12월 16일 16시 06분

1 사랑하는 나의 아들아!
2 "네, 아버님! 말씀하옵소서."
3 수천 년 동안 흘러오며 오늘까지 종교
집단 그들이 한 것이 무엇이더냐?
4 그저 감사 헌금을 바치라, 모든 헌금
을 바치라 그리고 저희들이 죽었다가
도 깨어날 수 있는 십일조를 바치라
그와 같이 아우성치는 그 뒷면에 그들
이 내거는 것은 무엇이더냐?
5 그들은 나 여호와요, 나의 아들 예수
의 이름을 팔며, 그 모두는 내가 역사
한 것이라 하며,
6 저희들은 내 뜻을 역사하기 위하여 가
난한 자를 구제하고자 하니, 재물을
바치며 금화와 은화의 헌금을 내라,
그리고 많이 내는 자 축복이 있다 그
리 말하느니라.
7 가난하고 헐벗은 자들을 돌보기 위하
여 그들을 구원하기 위한 헌금을 내
라, 그리고 각종 감사 헌금을 내라 그
리 말하여 너희들이 수없이 나의 피조
물 만백성들에게 거둬들임이니,
8 너희들이 사랑을 위하여 그 뜻에 의하
여 그 목적에 의해 쓰여지는 것이 과
연 얼마나 되느냐?
9 내가 보기에 그와 같이 쓰여지는 것은
백사장에 모래알 한 알만큼도 찾아볼
수 없는 그와 같은 행위를 너희들이
하고 있는 것이니라.
10 너희들은 그러면서 전도를 하며 나의
복음을 위하여 그 모두를 역사하기 위
해서, 그 경비요, 그 모두를 충당하기

위해서는 너희들이 헌금을 내지 아니
하면 아니 되며 십일조를 바치지 아니
하면 아니 됨이니,
11 그 일을 위해서 바치는 감사 헌금, 그
마음이 너희들이 나를 따르고 존경하
는 마음의 표시요, 나에게 오르고 못
오르는, 하늘에 상을 쌓고 못 쌓는 것
이라 하며,
12 너희들은 각종 헌금을 바치는 데만 그
마음을 따르도록 하며 그 마음을 돌리
게 그리하느니라.
13 그리하여 너희들이 각종 헌금을 받아
들이려는 것이 그들이 나를 따르며 나
를 경배하며 하늘에 올 수 있는 그 한
계요, 그리고 너희들이 받을 수 있는
상의 한계를 지금 이루는 것이며 그
대가를 지금 지불하고 역사하는 것이
니,
14 하늘에 와서 받을 날이 머지않았다,
그러니 많이 내라, 많이 바치라 함이
니라.
15 그러나 너희들은 알아야 될 것이니라,
또한 나의 아들을 따르는 제자 너희들
은 알 것이니라.
16 나 여호와가 역사하고자 하며 내가 무
엇을 이루고자 한다면, 인간인 너희들
이 헌금이요, 십일조요, 재물을 바치
도록 해서 내가 그걸 가지고 역사하는
것이 아니라,
17 그저 굴러가는 돌멩이를 가지고 역사
할 수 있을 것이며, 죽은 풀뿌리를 가
지고도 내가 역사할 수 있다는 걸 나
의 아들을 따르는 제자 너희들은 알
것이니라.
18 그러니 이들이 하고 있는 것이 무엇이
더냐, 사탄의 자식으로서 나의 사랑하
는 백성들에게서 재물이요, 모든 시
간을 갈취하는 사악한 자들이니, 이들
이 곧 사탄이요, 마귀라 함이니라.
19 그리고 그들이 갈취하는 방법이요, 거
둬들이는 방법이 이제 도를 지나, 하
늘에 있는 법도도 감히 그를 잡을 수
없으며 다스릴 수 없을 만큼 이 나의
백성 앞에 악법으로써 그를 활용하며,
20 그 악법을 가지고 나의 피조물 백성을
구속하고 죄인처럼 끌고 가 그들의 피
를 빠는 자들이라는 것을 잊지 말며,
21 그들로부터 해방시키며 그들을 단죄
하며 그 고통 속에서 나의 백성을 구
하여 하늘에 오르는 길을 볼 수 있도
록 그리 가라.

8,781 번째 하나님 말씀

2003년 12월 17일 07시 27분

1 사랑하는 나의 아들아!
2 "네, 아버님! 말씀하옵소서."
3 이 세상에 살아가는 모든 백성들은 저
를 가르치는 스승이 있으며, 또한 그
로부터 배운 사람이 있으며, 그를 보
고 또 깨우쳐 나가느니라.
4 모든 동식물도 또한 제 어미로부터 살
아가는 모든 방법이요, 관습이요, 습
관을 다 터득하며, 심지어는 사냥을
하는 것까지도 그로부터 배워 성장하
면서 제가 살아가는 그 길을 가고 있
지 않더냐?
5 또한 너도 그리 생각했느니라.
6 이 세상에 네가 보고 배울 수 있는 사
람, 그리고 네가 지표로 삼으며 네가

근본으로 삼는 사람이 있으면 네가 바
로 가며 그 길을 가기 쉬울 것이라 그
리하였으며,
7 그와 같은 선생을 너에게 보내 달라
그리했으며 보여 달라 그리하였느니
라.
8 그러나 너는 알아야 될 것이니라. 너
는 나의 아들이요, 만백성을 구하는
나의 성령을 받아 기록하는 자로서,
네가 그 모든 사람의 거울이 되어야
될 것이며,
9 네가 모범이 될 수는 있으나, 네가 그
누구를 보고 배워 갈 수 있는 사람은
지금은 없음을 너는 알아야 될 것이니
라.
10 네가 보고 배워 바로 설 수 있으며 네
스승이 지상에 있다 하면, 오늘에 네
가 이와 같이 어렵고 힘든 길을 가지
아니해도 될 것이며,
11 그 스승의 자격이 있는 자로 하여금
모든 역사를 이루도록 할 수도 있지
않겠느냐?
12 그러나 너는 여기서 알아야 될 것이니
라.
13 이 세상의 어떠한 백성도 너의 스승이
될 수 없으며, 그를 보고 네가 따라갈
사람이 없으며, 그를 보고 네가 행할
사람이 없음이니라.
14 오로지 만백성이 너를 보고 배우며,
네가 가는 길을 보고 배우며, 네가 변
화되는 모습을 배우고 가는 것이니,
네가 스승임을 알아야 될 것이니라.
15 만백성의 종이요, 만백성의 스승인 네
가 가야 할 길이며 네가 역사해야 한
다 내가 일찍이 너에게 기록하여 전하
지 아니하였더냐?
16 그러니 너는 이 중요함을 알아야 될
것이니라.
17 네가 본보기로 따라갈 사람은 없으며,
네가 남의 본보기로서 거울이 되어야
된다는 것을 절대 잊어서는 아니 되니,
18 그 누구도 넘을 수 없는 길이요, 그 누
구도 갈 수 없는 길을 가는 것이 너이
니라.
19 모든 백성들이 인간은 십계명이라는
것을 지키고 살 수 없으며, 인간이기
에 나의 율법대로 살 수 없다 그리 말
하지 않더냐?
20 그러나 너는 인간이기 때문에 그를 지
키고 갈 수 있다 부르짖었음이니, 이
것이 차이가 있음을 너는 알아야 될
것이니라.
21 또한 내가 너에게 깨우쳐 주지 아니하
였더냐?
22 세상에 수만 가지, 수억 가지 부닥치
는 것을 네가 일일이 바로잡는 것이
아니라,
23 사랑이라는 것을 실천하며 사랑을 가
슴에 안고 살아가면 모두는 다 이루어
지며 모두가 역사하는 것이며, 그 사
랑의 벽을 뚫지 못한다 가르쳐 주었음
이니라.
24 바로 네가 누구도 갈 수 없는 사랑을
베푸는 사람이요, 네가 일인자가 되는
것이요,
25 너 외에는 그 누구도 일인자가 될 수
없다는 것을 너는 오늘 알아야 될 것
이며, 그와 같은 길을 네가 가야 한다
는 것을 알라.
26 네가 하늘에 오르는 하얀 그 줄을 밟

고 왔을 때, 그 뒤를 밟을 사람이 없으
면 그 줄을 거둬들인다 하지 아니하였
더냐?
27 이것이 너이니라.
28 그리하여 네가 나의 아들이요, 네가
만백성의 종이요, 만백성의 선생이라
는 것을 잊지 말라, 사랑하는 나의 아
들아!
29 그러니 네가 어찌 가야 할 것인가 알
것이며, 네가 잘 가고 있으며 잘 역사
하고 있음이니,
30 여기서 좀 더 네가 어떠한 사람이며,
네가 가야 할 길이 어떤 길이며, 네가
어찌 인간에게 보여 주고 살아야 되는
것인가 그를 너는 알아야 될 것이니라.
31 사랑하는 나의 아들아, 너는 이것을
알아야 될 것이니라.
32 한 번 도둑질을 한 사람은 남이 도둑
맞았을 때 그 사람을 의심하며 그 사
람을 도둑으로 지명하지 않는 자 없지
않더냐?
33 착하고 선한 자가 도둑질을 했으면 그
를 의심하며 그를 도둑으로 모는 자는
없음이니라.
34 네가 60평생을 살아오는 동안에 평탄
하지 못하며 험악하고 험난한 길을 살
아왔음이니, 그 모두를 갈기갈기 헤쳐
서 그들은 들춰낼 것이니라.
35 그때 네가 그 모두를 덮을 수 있으며,
네가 만백성 앞에 얼굴을 내놓아 부끄
럽지 않는 것은 무엇인 줄 알겠느냐?
36 누구도 갈 수 없는 길, 누구도 따라갈
수 없는 그 길을 지금부터 가는 그것
으로써 네가 그 모두를 이길 수 있음
을 알라, 사랑하는 나의 아들아!

8,782 번째 하나님 말씀

2003년 12월 17일 07시 33분

1 사랑하는 나의 아들아!
2 만백성을 구하는 나의 아들이요, 만백
성의 종이요, 만백성의 스승으로서,
너는 누구를 보고 배우고 가르침을 받
는 것이 아니요, 네가 모두에게 모범
이 되는 그와 같은 삶을 살라 하였음
이니,
3 네가 이를 두려워하고 겁먹지 말며,
네가 이를 역사하지 못한다 생각하지
말라.
4 오늘의 종교 집단이요, 지도자요, 선
생이라는 그들이 가고 있는 길이 무엇
인 줄 알겠느냐?
5 지금까지 흘러온 종교 집단이요, 지도
자들과 너를 비교해 볼 때, 네가 과연
갈 수 없는 사람이라 생각하는가?
6 너는 갈 수 있느니라.
7 모든 종교 집단이요, 지도자요, 나에
게 오르는 길을 인도한다는 그 백성이
수천 년 동안 흘러오면서 가르쳐 온
그 설교의 내용이 무엇이더냐?
8 그를 비추어 볼 때 너는 충분히 갈 수
있는 나의 아들이며, 그와 같은 자들
에게 네가 가르침을 내려 줄 수 있는
자가 될 수 있으니 걱정하지 말라.
9 지금까지 온 모든 종교 집단이요, 그
집단에 있는 목회자들이요, 지도자들
이 좋은 것은 저를 위해 먼저 바치며,
좋은 일만 저에게 보고하며, 좋은 일
만 저에게 전하라 하는 그와 같은 것
이 지도자들의 가르침이 아니던가?
10 목회자의 말에 절대 순종하라, 그리고

저희들의 죄를 들여다보지 말며 탓하
지 말라 그리 말하고 가르치고 있는
것이 그들이 오늘의 가고 있는 것이
아니더냐?
11 또 무어라 말하느냐, 목회자로 하여금
즐겁고 행복하며 근심 걱정이 없도록
마음과 몸을 다하여 받들고 따르는 것
이 모든 신도들이 해야 하는 길이라
그리 가르치고 있음이니라.
12 그러니 잘 받들며, 근심 걱정을 끼치
는 일은 말하지 말며 전하지 말라 그
리 말하는 것이 오늘의 그 종교 집단
이요, 지도자가 가고 있는 그 길이 아
니더냐?
13 너는 이와 같은 행위를 하지 않는 것
으로써 네가 그들을 가르치는 자요,
그들에게 배울 것이 없음이니, 너는
바로 가고 바로 설 수 있는 나의 아들
이 될 수 있음이니라.
14 이 세상에 그 누구도 너를 가르칠 수
없으며, 오로지 네가 모든 사람들의
본이 되고 근본이 되는 그와 같은 자
로서 가게 되어 있음이니, 너는 그 길
을 갈 수 있음이니라.
15 그리고 잘 가고 있음을 나 여호와가
알고 있음이니라.
16 지금 그들이 하고 있는 그 행위요, 그
모두에서 네가 보면 알 것이니라.
17 내가 종교 집단의 지도자는 어찌한다
했느냐?
18 고통과 시련을 저희 것으로 받아들이
지 않으며 두려워하는 자는 거짓 종교
지도자라 내가 그리하지 아니하였더
냐?
19 모든 고통과 시련을 겪고 네 앞에 오
라 부르짖는 너와 그들과의 차이가 이
미 하늘과 땅보다도 더 멀리 가 있음
이니, 너는 두려워하지 말도록 그리하
라.
20 그들은 모든 종교 집단에 있는 신도
요, 그 백성들에게 그저 저희들 지도
자를 위해 살아가는 삶을 살라 하니,
21 정녕 인간의 도리에도 미치지 못하는
자들이 지금 이 세상을 지배하고 있으
며 이끌고 있는 것이 종교 지도자들이
니라.
22 그러니 인간 본연의 자세만도 못한 자
들이 그와 같은 생각으로 지금 지도자
라 하여 나의 사랑하는 백성을 이끌어
간다 하니,
23 너는 거기에서 이미 벗어난 자이니라.
24 그리고 그들보다는 네가 앞에 가고 있
는 자이니, 그들의 형태 속에서 과연
네가 그들이 하고 있는 그 추악한 행
위를 벗어나는 삶을 살 수 없다면 너
또한 어찌 되겠는가?
25 너는 갈 수 있으며 너는 역사할 수 있
음을 알라.
26 너는 그리하여 이 세상에 일인자가 되
는 것이며, 모든 사람의 거울이 되는
것임을 알라.
27 그리 갈 수 있음이니라, 사랑하는 나
의 아들아!
28 누구도 너를 가르칠 자가 없음이니라.
29 오로지 나 여호와만이 너를 가르치고
인도하며 너를 다스려 가는 것이라는
것을 너는 잊지 말라.
30 나 여호와가 너와 더불어 하며 내가
너를 지키고 있으며 너를 바로 다스려
감이니, 그 누구도 너를 넘을 수 없다

함을 이제 알아야 될 것이니,
31 그러니 너 스스로 감히 누구를 보고
배우며 스승을 삼아 따라가며 어떠한
사람을 지표로써 역사하고자 하는 생
각을 이제는 버리고,
32 네가 스스로 그와 같은 사람이 되어야
되며, 그리고 너의 제자들 또한 그와
같이 되어야 됨이니,
33 네 옆에 있는 그 제자들이 네가 바로
가기를 바라는 그들의 마음이 있는 한
너는 절대 넘어지고 쓰러지지 아니하
며 일인자가 될 것이니 그리 알라.

8,783 번째 하나님 말씀

2003년 12월 17일 07시 37분

1 사랑하는 나의 아들아!
2 "네, 아버님! 말씀하옵소서."
3 오늘의 종교 집단의 지도자들이 무어
라 가르친다 하였더냐?
4 육의 행함은 소중하지 아니하며, 육의
행동은 소중한 것이 없으며, 육에서
짓는 죄는 저희들이 나에게 와 심판을
받고 영혼을 구원하는 데 관계없는 것
이라 그리 가르치느니라.
5 그러나 너는 무어라 가르치느냐?
6 너희들의 육의 행함이 소중하며 그것
이 심판의 기준이요, 근본이라 네가
그리 가르침이니,
7 이것 하나로도 그들과 너의 차이는 하
늘과 땅이니, 그들이 너를 따를 수 없
음이니라.
8 그러나 지금의 종교 집단의 지도자들
이 가르치기를 무어라 하느냐?
9 행하는 것, 행동하는 것은 아무것도
아니라 그리 가르치면서 그들은 그리
하느니라.
10 저희들의 교회로 오는 백성이요, 저희
들의 성전에 오는 백성은 하늘에 계신
하나님을 증거하는 백성이요, 하나님
을 증명하는 백성이요, 하나님을 대신
하여 사는 백성이니, 너희들은 행함에
있어서 소홀히 해서는 아니 된다 그리
말하며,
11 그 행함이 소중하며 행함으로 증명하
는 백성이라 하면서 그들은 무엇을 그
들에게 요구하는 것이냐?
12 너희들이 재물을 바치는 것, 십일조를
바치는 것, 헌금을 바치는 것, 그리고
목자를 위해 그를 즐겁게 하는 것, 그
들에게 아름답고 좋은 것을 먼저 바치
는 것, 이와 같은 행위요, 그와 같은
삶으로 하늘에 와서 심판을 받고 못
받는 것이라 그리 말하는 것이니, 그
들이 과연 어떠한 자들이던가?
13 그러면서 그들은 무어라 하느냐?
14 헌금이요, 십일조요, 각종 재물을 거
둬들이는 그것이 증명하는 것이요, 행
동하는 것이기 때문에 그 행위가 증명
되는 것이요,
15 그 증명함을 가지고 사는 백성이기 때
문에 그를 너희들이 충성을 다해서 하
는 것이라 그리 가르치지 않느냐?
16 그러면서 그들은 또 무어라 하느냐?
17 너희들의 삶에 있어서 행하는 것, 저
희들에게 재물을 바치는 것, 그저 들
기만 해도 죽은 자가 깨어난다는 십일
조라는 것, 그와 같은 것을 바치는 것
은 행동이기 때문에, 너희들은 나를
증명하는 백성이기 때문에 해야 된다

하면서,
18 살아가는 삶에 대해서는 너희들과 아
무런 상관이 없다, 그러니 너희들이
죄를 짓는 그와 같은 것은 하늘에 오
르고 안 오르는 것과 관계없음이니,
19 너희들이 나의 성전이요, 나의 교회에
와서 울고불고 용서를 빌면 다 지워진
다 그리 가르치는 자들이니라.
20 그러니 그와 같은 지도자들의 썩고 썩
을 대로 썩은 냄새가 하늘까지 진동함
이니,
21 네가 가는 길은 그 속에서 빛과 같은
것이니, 이미 그와 같은 빛을 발산하
고 있는 것이 너이니라.
22 그러니 너는 두려워하지 말며 겁먹지
말라.
23 그 속에서 그들을 다스리며 네가 거기
에 썩은 물이 되지 아니한다면 그들이
너를 보고 따를 수밖에 없음이니,
24 바로 너를 가르칠 자가 없다 함이 여
기에 있음을 다시 새겨듣도록 그리하
라, 나의 아들아!

8,784 번째 하나님 말씀

2003년 12월 17일 07시 44분

1 사랑하는 나의 아들아!
2 "네, 아버님! 말씀하옵소서."
3 종교 지도자요, 그 집단들과 네가 가
는 그 길이 이미 하늘과 땅보다도 더
멀리 벌어져 있으며 차이가 있다 하였
음이니라.
4 그러니 너를 따르는 제자들 또한 어떠
하던가?
5 너를 따르는 제자들, 그들이 나의 법
전을 읽고 강론을 들으면 들을수록 천
사의 길에 가까이 오고 있으며 그들이
변하는 모습을 볼 수 있음이니라.
6 그리고 종교 지도자요, 집단들이 가르
치는 것처럼 그 설교를 듣지 아니하며
강론을 듣지 아니하고 오로지 나의 법
전을 읽고 깨우치는 백성 그들도 감히
그들이 생각할 수 없도록 변해져 가는
그와 같은 무서운 역사의 삶을 이루는
것이 너를 따르는 제자들이니라.
7 수천 년 동안 나의 피조물 만백성을
구원한다는 종교 집단의 지도자 그들
이 나의 백성이라면 믿음이라는 세월
이 길고 길어 저희들이 성서를 많이
공부하고 깨우칠수록 어떠한 사람으
로 변해야 되겠느냐?
8 너의 제자들의 가슴은 따뜻함이니라.
9 나의 법전을 읽고 깨우치고 또 강론을
듣고 들은 만큼 그들은 아름다우며 그
가슴에 따뜻함이 있으며, 자애로움이
있으며, 편안함이 있음이니라.
10 그러나 지금의 종교 집단이요, 지도자
그들은 공부를 많이 하여 저희들이 돈
을 주고 산 그 직함이 높고 높을수록
그들은 가슴이 따뜻하지 아니하며 자
애로움과 지혜로움이 없는 자들이니
라.
11 믿음의 지도자요, 그 믿음의 길을 가
는 백성들은 성경을 많이 읽고 성경
공부요, 상식이 풍부하며 그리고 남을
가르칠 수 있다 말하나, 그들이 과연
어떠한 줄 알겠느냐?
12 그와 같은 자일수록 그들은 가슴이 따
뜻함이 아니요, 가슴이 차갑게 식어져
있으며 냉혹히 변해져 있느니라.

13 그들은 저만 위하는 것이요, 저만 구
원을 받으며 저만 바로 가고자 하면
된다 하여, 제 형제와 부모와도 담을
쌓고 쌓는 자들이니, 그들이 어떠한
자들인지 알겠느냐?
14 그러니 세상에 곡식을 심을 수 없는
황폐한 땅과 같이, 그들의 마음이 그
리 식어져 있고 변해져 있음을 너희들
은 알아야 될 것이니라.
15 더욱이 그들과 너희들과의 그 차이가
무엇인 줄 알겠느냐?
16 그들은 제 집단과 그 속에 속해 있는
저희만이 인생에서 가장 소중한 자인
것처럼 저희들이 형제요, 자매라 하며
사랑을 나누며 희생을 나누며 살고 있
으나,
17 그 외의 백성에게는 이단이요, 사탄이
라 하여 그를 돌아다보지도 아니하는
자들이 그들이며, 그들과 거래하지 않
도록 하며 서로 상면하지도 못하도록
하는 것이 오늘의 종교 집단이요, 가
르치고 있는 자들이 아니더냐?
18 그러나 너의 제자들은 어떠하던가?
19 그 가슴을 열어 놓고 있음이니라.
20 이방인이든 누구든지 다 관계없이 사
랑하는 마음을 가지고 있는 것이 너희
들이요,
21 나의 법전을 가지고 같이 공부하는 형
제라는 사람들보다도 밖에 있는 사람
들을 더 사랑하며 그들을 먼저 생각하
는 마음이 너의 제자들에게는 어느샌
가 벌써 자리 잡혀 있는 자들이니,
22 또한 믿음의 길을 간다며 울고불고 광
신하는 그들과 너의 제자들과 하늘과
땅의 차이가 이미 벌어져 있는 것이
오늘의 현실이니, 너는 두려워하지 말
라.
23 그리고 누구로부터 무엇을 얻고 배우
려 하지 말며, 너의 제자들을 가르침
에 있어 네가 부족하다 생각하지 말
며, 네가 제대로 가르치지 못한다 생
각하지 말라.
24 그들도 수없이 변해 온 자들이니라.
25 그러니 그들은 봉사와 사랑과 희생을
아무 곳에서나 하며, 사람을 가리지
아니하며, 인간의 소중함을 그들은 알
고 있느니라.
26 그러나 그들은 그와 같은 것을 모르느
니라, 그와 같은 생각을 하지 않느니
라.
27 그들은 저희만 위하여 살아가는 자요,
세상 것에 문을 굳게 닫은 자요, 걸어
잠근 자들이니라.
28 내가 그들을 표현한다면 너는 알겠느
냐, 냉혈 동물보다도 더 차고 더 매몰
찬 것이 그들이라는 것을 너희들은 알
라.
29 변해지지 못하는 것이 사악한 쪽으로
변해져 가는 것이요, 너희들은 하늘을
향하여 길고도 먼 그 길을 오기 시작
함이니,
30 그 변화의 차이는 세월이 가면 갈수록
멀고도 멀어지는 것이 오늘의 현실이
라는 것을 너는 알아야 될 것이며, 또
한 너의 제자들도 그를 느끼고 있을
것이니라.
31 이와 같은 현실이 아니라면 너희들이
이 세상에서 가장 소중한 자요, 가장
앞에서 가는 백성이라는 말을 믿지 아
니해도 될 것이니라.

32 그러나 이와 같은 사실이 엄연한 현
실이라면 너희들은 이 세상에서 가장
앞에 가는 자요, 일인자요, 너희들은
가르칠 수 있으나 배울 자가 없다는
것, 그리하여 내가 160권의 법전을 너
희 손에 들려 만백성을 인도하는 자
요, 나에게 부름을 받은 것이라는 것
을 너희들은 알라.

8,785 번째 하나님 말씀

2003년 12월 17일 07시 50분

1 사랑하는 나의 아들아!
2 "네, 아버님! 말씀하옵소서."
3 내가 나의 법전 첫 장에 기록하여 전
하기를, 어떠한 믿음의 길을 가는 자,
어떠한 형태로 가든, 산봉우리에 가서
절을 하든, 강물을 보고 절을 하든, 돼
지머리 놓고 절을 하든, 고깔을 쓰고
춤을 추든, 어떠한 형태든 그 백성들
은 다 똑같고 귀중하다 하였음이니라.
4 나를 찾지 않는 백성이나 나를 찾는
백성이나 그리고 나의 아들을 따르는
제자나 너희들은 다 똑같은 백성이라
내가 그리하였으며,
5 너희들이 나로부터 생명을 받아 나간
것이 얼마나 귀하고 소중한 것이라 하
였더냐?
6 그러나 지금의 종교 집단이요, 지도자
들은 그들을 다 이단이요, 사탄이라
하며 벌레 보는 것처럼 생각하니, 그
들이 얼마나 어리석고 사악한 자들이
냐?
7 내가 그들에게 한번 물어보고자 하느
니라, 사랑하는 나의 아들아!
8 너희들이 이방인이라 하여 사탄이라
하여 상대도 하지 아니하며, 인간의
존엄성까지도 말살시키며, 형제와 부
모도 제 뜻과 같이 아니한다 하여 버
리는 자들, 그들에게 물어보라.
9 제가 물에 빠져 지금 허덕이고 있으
니, 과연 제가 이방인이라는 사람에게
밧줄을 던져 달라 하지 아니할 것인가?
10 그러니 제가 물에 빠져 허덕이면서도
저희들과 똑같이 믿음의 길을 가는 자
냐 물어봐 그와 같은 자에게 밧줄을
던져 달라고 기다리고 버틸 수 있는가?
11 그들은 그리하지 못할 것이니라.
12 저희들은 살려 달라 몸부림칠 것이며,
밧줄을 던져 저를 구원해 주기를 바랄
것이니,
13 과연 그때도 이방인이요, 돼지머리 놓
고 고사 지내는 자를 구분하겠는가?
14 그러니 저희들이 멸시하는 사람들이
과연 저를 구원해 주고 인도하지 아니
할 것인가, 그리고 제가 헤어나지 않
을 것인가?
15 이 세상에서 나를 믿지 않는 자들을
동물만큼도 취급하지 않는 그 사악한
자들이 과연 저희들이 물에 빠져 허덕
이며 죽어 갈 때, 동물이 저희들을 구
원해 주며 저희들에게 밧줄을 던져 줄
수 있다 하더냐?
16 그러니 그와 같은 순간에 제가 인간이
얼마나 소중하고 귀한가를 알 것이니
라.
17 저희 재산이 다 타들어 가며 휩쓸려
감이니, 그 불을 끄며 저희 자식들을
구원하며 제 생명을 구원해야 하는데,
그때도 이방인은 안 된다고 제가 그

불속에서 소리 지를 수 있는가 물어보
라.
18 저는 무릎 꿇고 사정하며 눈물 흘리며
애원할 것이니라, 그 불을 꺼 주고 저
를 살려 달라.
19 제 자식이 무거운 돌에 눌려 죽어 감
이니, 과연 그래도 이방인은 안 된다
그리 말할 수 있는가?
20 그러니 나의 백성을 짐승만도 못하게
생각하는 자들, 과연 짐승이 와서 제
재산이 탈 때 불을 꺼 주며, 무거운 돌
에 눌려 죽어 가는 제 자식을 과연 구
원할 수 있는가, 그들에게 물어보라.
21 그럴 수 없거늘, 어떠한 신앙이요, 어
떠한 믿음으로 간다 해서 사탄이요,
사악한 악마의 자식이라 그리 말하며
짐승만도 못하게 취급하고 생각할 수
있는가?
22 그 한계를 넘은 것이 너의 제자들이
요, 너를 따르는 백성들이니라.
23 그리고 나의 법전을 읽고 깨우친 내
사랑하는 만백성은 그를 다 초월했으
며 그 이치를 아는 자들이니라.
24 그 이치 하나를 생각하며, 그 현실 속
에서 과연 그들이 지켜 갈 수 있는가
물어보라.
25 그와 같이 지키고 가지 못하는 자들
이, 어찌하여 나의 사랑하는 아들딸들
을 짐승만큼도 귀하게 여기지 아니하
며, 짐승만큼도 생각을 안 하는가?
26 제가 바로 짐승만도 못한 자이기 때문
이니라.
27 제가 죽어 갈 때, 제가 고통 당할 때,
과연 그 짐승이 와서 저를 구해 주고
살려 줄 수 있겠는가?
28 이방인이라 하여 짐승만도 못하게 여
기는 백성이 던져 주는 밧줄을 물속에
빠져 죽는 순간에도 받지 아니하며 그
를 잡고 나오지 아니하겠는가?
29 저희 집이 타들어 가며 재산이 다 무
너지는데, 저희들을 구원하는 자를 고
를 것인가?
30 제 자식이 무거운 짐에 치여 죽어 숨
을 거두는데 그를 들어 올릴 사람을
골라서 들어 달라 할 수 있는가?
31 그리 전하라, 이방인이든 또는 나의
백성이 어떠한 미신이나 어떠한 종파
로 가든, 그들에게 손을 벌리지 말며
제가 스스로 해결하고, 정 안 되거든
날짐승에게 사정하며, 지나가는 짐승
이요, 개돼지에게 살려 달라 한번 애
걸복걸하도록 그리 전하라.
32 그러면 누가 소중하고 귀한 것인가 저
희들이 알 것이니, 이것이 그와 같은
자들의 오늘의 현실임을 너희들은 알
라.

8,786 번째 하나님 말씀

2003년 12월 17일 07시 54분

1 사랑하는 나의 아들아!
2 "네, 아버님! 말씀하옵소서."
3 너의 제자 '김미향'은 들으라 그리 전
하라.
4 그의 마음을 나는 아느니라.
5 인간 세상에 사람이 살아가면서 좋은
것을 제가 입고자 하며 좋은 것을 제
가 갖고자 하며 꿀단지의 꿀을 먼저
퍼먹고자 하는 것이 인간의 마음이 아
니더냐?

6 그 마음이 다 인간이 가지고 있는 마
음이니라.
7 그러나 그는 살아오면서 나의 법전이
세상에서 가장 소중한 것이며, 나의
법전을 위하여 그 모두를 던질 수 있
는 그 길을 가고 있는 자이니라.
8 그와 같은 마음을 가지고 그가 살아옴
이니, 그 또한 어떠한 줄 알겠느냐?
9 누가 무어라 해도 사랑하는 나의 아들
너를 위하여, 그가 꿀단지를 먼저 먹
으려다가도 너에게 먼저 먹도록 하는
것이며, 추운 날 따뜻한 옷이 있다 해
도 제가 걸치기 전에 너에게 걸쳐 주
고자 하는 보이지 않는 그 마음을 나
는 알고 있음이니라.
10 네가 그와 같은 마음으로써 지금까지
따라왔음이니, 그 마음이 흔들려서는
아니 됨이니라.
11 그리고 네가 나의 법전을 세상에 만들
어 내는 그 역사를 하기 위하여 네 목
숨을 바쳐 그 길을 가고자 하는 그 마
음을 나는 알며,
12 내 아들이 바라보지 못하며 보지 못하
는 너의 깊은 마음을 내가 알고 있음
이니라.
13 네가 나의 법전을 만들고 이 길을 가
기 위하여 네 모두를 다 바치는 그 정
성과, 그리고 나의 아들에게 모두를
다 바쳐 희생하여 그를 바로 가게 하
고자 하는 그와 같은 것이 네 마음이
니,
14 추운 날 네가 걸치지 아니하고 따뜻한
옷을 그에게 걸쳐 주며, 한 그릇의 밥
이 있을 때 네가 먹지 아니하고 나의
아들에게 줄 수 있는 네 마음을 누구
도 따라가지 못함을 아느니라.
15 이제 너는 그와 같은 정성과 마음으로
써 나의 아들이 바로 가지 못할 때, 나
의 아들이 흔들릴 때, 나의 아들이 실
수를 할 때, 그를 너의 사랑으로 보지
말며, 네가 무서운 마음으로써 오늘과
같이 그를 다스려 나가며 그가 바로
가도록 그리하라.
16 그리하면 네 가지요, 세 가지의 상을
네가 다 받을 수 있을 것이니라.
17 네가 이 세 가지를 지키지 못할 때 너
는 무너질 수가 있음이니,
18 네가 무너졌을 때, 그 독한 마음으로
하여금 너는 두 번 다시 돌이킬 수 없
는 그와 같은 불행을 가질 수 있으니,
19 그 세 가지 마음으로 오늘부터 가라.
20 오늘과 같이 네가 나의 아들이 바르게
갈 수 있도록 잘못 가는 것을 용서하
지 말며 그를 받아들이지 말라, 사랑
은 그게 아니니라.
21 그러니 오늘처럼 바로잡고 바로 가는
데, 나의 법전을 사랑하는 것만큼, 나
의 법전을 소중히 생각하는 것만큼,
22 나의 아들을 소중히 생각하는 것만큼,
나의 아들을 아끼고 사랑하는 마음처
럼,
23 그가 잘못되는 것을 네가 매를 들도록
그리하며, 삼위일체라는 셋이 하나가
되어 가는 그 길을 가도록 하라.
24 그리하면 너보다 큰 상을 받을 자 없
을 것이니, 내가 너를 사랑하느니라.

8,787 번째 하나님 말씀

2003년 12월 17일 08시 11분

1 사랑하는 나의 아들아!
2 "네, 아버님! 말씀하옵소서."
3 지금의 시작은 미약하며 또한 나약한
자들이 나의 아들을 따르는 제자요,
나의 법전을 읽고 깨우친 백성들이나,
그러나 너희들은 알아야 될 것이니라.
4 어떠한 사탄이요, 마귀의 장난이 있다
해도 나의 법전이 세상에 전해져 만백
성을 구하는 빛나는 이 역사는 절대
중단될 수 없으며, 그 누구도 막을 수
없다는 것을 너희들은 알아야 될 것이
며, 자신을 갖도록 그리 전하라.
5 인간이 아무리 방대한 조직과 능력의
힘으로써 이를 막는다 해도, 사탄이
요, 마귀도 감히 막을 수 없으며 중단
할 수 없는 나의 법전이 전해지는 것
을 인간인 너희들이 막을 수 있다 생
각하는가?
6 아무리 너희들이 사악한 방법으로써
이를 막으려 한다 해도, 너희들이 물
질적인 그 힘이요, 방대한 조직의 힘
을 가지고 간다 해도, 나의 법전이 전
해짐은 절대 막을 수 없다는 것을 너
희들은 깨우쳐야 될 것이니라.
7 나 여호와가 직접 역사하며, 나의 성
령을 태워 모두를 내려보내며, 만백성
을 구하기 위하여 지금 전해지고 만들
어지는 나의 법전을, 과연 너희들이
흐름을 막을 수 있으며 세상에 나감을
막을 수 있다 생각하는가?
8 사탄도 마귀도 사악한 인간도 너희들
의 모든 집단도 이를 막을 수는 없음
을 알라.
9 나의 법전이 세상에 전해지는 그 역사
만은 정녕 중단될 수 없음을 너희들은
이제는 깨달아야 될 것이며, 그리 방
해하는 자 있어서도 아니 될 것이니라.
10 이는 만백성이 거듭남이요, 만백성을
구하는 길이 바로 여기에 있으며, 이
것밖에는 없기 때문임을 너희들은 알
아야 될 것이니라.
11 나의 만백성이 법전을 접할 때까지 이
는 멈추지 아니할 것이며 계속 역사할
것이니, 이가 세상을 덮으며, 그 역사
는 반드시 이루어지느니라.
12 그리고 이루어진 그 찬란한 빛이 바로
무엇인 줄 알겠느냐?
13 하늘에 오르는 너희들의 길을 안내할
것이며, 그로 인하여 지상에 사는 백
성이 지상에서 삶을 살다 하늘의 그
빛을 따라올 수 있는 그와 같은 역사
를 이루는 것이 나 여호와의 뜻이니,
14 이게 그와 같은 구원의 기본이요, 근
본인 나의 법전이기에, 이는 절대 중
단하지 아니함을 너희들은 알라.
15 나의 모든 아들딸, 너희들은 알아야
될 것이니라.
16 지금 이와 같은 시대에 나의 법전이
왜 내려오며, 이게 존재하도록 너희들
에게 전해지며, 네 가슴에 전해지는
것인가,
17 그리고 너희들이 이를 어찌하여 읽어
야 되는 것이며, 너희들이 이를 읽지
아니하면 하늘에 오르는 길을 볼 수
없다는 것, 이와 같은 의미요, 변화가
역사하는 것을 너희들은 잘 살펴보고
깨우쳐 봐야 될 것이니라.

18 '왜 법전이 내려오는가, 왜 법전을 나는 읽어야 되는가, 왜 법전대로 살아야 되는가?' 하는 것을 깨우치는 자는 바로 나에게 올 수 있는 그 빛을 보는 자들임을 너희들은 알라.

19 너희가 정독하고 받아들이는 자, 그 모든 백성은 구원의 길이요, 너희들이 감히 상상할 수도 없는 인간의 능력을 초월한 위대한 힘이 여기 있음을 너희들은 알게 될 것이며,

20 그리고 나의 법전을 정독하고 읽고 깨우쳐 나의 아들의 강론을 들어 변하고자 하는 백성 너희들은 신비로운 역사가 이루어지며 신비로움이 너희들 자신에게서 이루어지는 것을 발견하게 될 것이며 알게 될 것이니라.

21 그 누구도 역사할 수 없는 위대한 힘을, 인간 세상의 어떠한 힘도 초월하는 위대함이요, 너희들 스스로 상상할 수 없는 신비로움의 역사가 너 자신에서부터 이루어진다는 것,

22 네 몸 안으로부터 네 생각으로부터 모두가 변화되는 그 신비로움을 느끼는 것이 선택된 백성이요, 그리 느끼고 깨달을 수 있기에 나의 법전이라는 것을 너희들은 잊지 말라.

23 그러니 그와 같은 법전을 사탄인들 막을 수 없으며, 너희들이 방대한 조직을 가지며 방대한 재물을 가진 인간의 조직이라 해도 이를 막을 힘이 없음을 이제 알아야 될 것이니 그리 알라.

8,788 번째 하나님 말씀

2003년 12월 17일 08시 16분

1 사랑하는 나의 아들아!

2 "네, 아버님! 말씀하옵소서."

3 사랑하는 나의 아들딸 너희들이 세상에 나감이니, 나로부터 받아 나간 그 선하고 아름다운 마음은 찾아볼 수가 없음이니라.

4 육의 세상에서도 너희들의 부모가 자식들에게 잘못되며 잘못 가라 가르치는 자가 없으며, 도둑질하라 가르치는 자 없으며, 살인하라 가르치는 자 없으며, 간음하라 가르치는 자가 없을 것이니라.

5 네 이웃을 사랑하며 더불어 살아가는 아름다운 마음을 갖고 살아가라, 그것이 인간의 도리라, 육의 세상의 부모도 그리 가르침이니,

6 나 여호와가 사랑하는 나의 아들딸 너희들을 세상에 보내면서 악한 마음을 너희들에게 심어서 내려보냈겠느냐?

7 선하고 선하게 그저 아름다운 마음으로 너희들을 세상에 내려보냈거늘,

8 어찌하여 그 아름답고 선한 마음은 찾아볼 수가 없으며, 잔인할 대로 잔인해지며 이기주의요, 육의 삶에 욕심이 그득 찬 그와 같은 형국으로 너희들이 변화되어 살아가는가?

9 더욱이 믿음의 길을 가는 자들이 더 잔인함이니, 무섭도록 변해지는 너희들의 악함을 나는 더 이상 바라볼 수가 없는 것이니라.

10 그러니 지금 너희들의 그 악하고 악한 마음이 어찌 되었는지 알겠느냐?

11 하늘에 떠 있는 구름보다도 더 두텁고
강한 그와 같은 형국으로 지금 이 세
상을 다 덮고 있느니라.
12 구름보다도 더 두터운 너희들의 악의
마음이 그를 다 덮고 세상을 짓누르고
있으니,
13 이 악의 구름을 헤칠 자가 없으며 이
를 뚫고 일어설 자가 없으며 이를 헤
치고 거듭날 수 있는 자가 없음이니,
이를 어찌한단 말이더냐?
14 이를 거두고 너희들이 이를 다시 뚫고
나가는 것이 하늘에 오르는 길이요,
이 악의 기운이요, 악의 벽을 무너트
려야 된다 말하는 자 없으며, 그를 이
끄는 자가 없음이니,
15 그러나 더욱이 너희들은 그와 같은 것
을 깨우치고 그를 거둬들이려 하는 것
이 아니요, 너희들의 삶은 악에서 악
을 계속 낳는 그와 같은 삶을 살기에
그 구름의 벽은 더욱 두터워지며 더욱
단단해지니,
16 너희들이 하늘의 이치를 볼 수 없으며
하늘의 길을 열 수가 없는 것이 오늘
의 너희들의 형국이니,
17 하늘에서 내려다보는 나 여호와는 정
녕 눈을 뜨고 내려다볼 수 없는 지경
에까지 이루어졌음이니라.
18 두터운 구름의 벽이 세상을 덮으니,
그를 뚫고 너희들이 하늘에 오르는 그
길을 열어야 될 것이거늘, 그를 열 자
가 없음이니라.
19 그러면서 그 속에서 너희들은 어찌하
느냐?
20 나의 아들 예수의 죽음의 피요, 그 거
룩함이요, 거룩한 희생을 찾고만 있음
이니,
21 너희들이 그와 같이 발버둥치는 것이
그 하늘에 오르는 구름이요, 악의 벽
을 뚫지 못함이니,
22 나의 아들 예수의 그 귀중한 삶과 목
숨과 그 피가 다 헛됨에 불과한 그와
같은 것이 오늘의 너희들이 있는 형국
임을 알아야 될 것이니라.
23 그리하여 너희들이 인간으로서는 헤
치는 자가 없음이니, 이를 뚫고자 용
감히 나서는 자가 없음이니,
24 이 어둡고 캄캄한 세상을 밝은 세상으
로 만들어 하늘에 오르는 길을 트기
위하여, 하늘에 오를 수 있도록 그 장
벽의 구름의 벽을 가르기 위하여 나의
법전이 세상에 내려감을 너희들은 알
아야 될 것이니라.
25 내가 너희들을 불쌍히 여겨 나의 법전
을 지금 세상에 내려보내니, 불쌍한
나의 백성 너희들은 너희가 저지르고
쌓아 온 벽을 이제는 허무는 데 최선
을 다해야 될 것이며,
26 어둡고 어두운 굳어진 장벽은 반드시
뜯고 뚫어야 되는 것이거늘, 너희들은
뚫을 수 없어 하늘에 오를 수 없는 백
성이니,
27 너희들에게 하늘에 오르는 그 빛이요,
길을 열어 주기 위하여 나의 법전이
세상에 내려가며, 나의 아들의 제자들
이 목숨을 내걸고 나의 법전을 만들어
세상에 전함이니,
28 그것을 이제는 너희들이 양손 들어 환
영하며, 너희들이 오늘과 같이 믿음의
길을 가는 자처럼 울고불고 광란하는
것보다도 더 강하고 강한 힘으로써 나

의 법전을 들고 앞에서 달리는 그와 같은 백성이 나와야 될 것이니라.
29 나의 법전을 가슴에 안고 정독하며 나의 법전대로 살겠다 부르짖으며 나의 법전을 가지고 뛰는 자, 그야말로 하늘의 구름을 헤칠 수 있는 자요, 악의 구름에 길을 틀 수 있는 자들이라는 것을 절대 잊지 말라.
30 그것밖에 없으며 그 길밖에 없음이니 그리 알라.

8,789 번째 하나님 말씀

2003년 12월 17일 08시 22분

1 사랑하는 나의 아들아!
2 **"네, 아버님! 말씀하옵소서."**
3 너희들이 인간 세상 속에 살아가면서 말하느니라.
4 세 살 먹은 어린아이의 잘못 들여진 버릇이 80의 노인이 되어 죽음을 목전에 두어도 그걸 지워 버리지 못하며 고치지 못한다 함이니,
5 한번 잘못된 버릇을 바로잡고 고치기가 얼마나 힘들고 어려운지를 말하는 그 뜻이 아니더냐?
6 그러니 너희들의 행동과 너희들이 살아가는 버릇이 지금까지 잘못되었으며, 너희들이 나에게 수없이 죄를 짓는 그와 같은 길을 살아왔다 하면, 너희들은 결국 어찌하겠느냐?
7 그러나 너희들은 그것을 바로잡을 수 없다 말하는 백성이 되어서는 아니 될 것이니라.
8 너희들은 그를 바로잡아야 될 것이며, 그를 바로 세우고 모두를 다 지워 버리는 그와 같은 삶으로 살아야 되는 것이니라.
9 결코 그것을 바로잡을 수 없으니, 그를 바로잡기 위해서는 그 노력이 얼마나 힘들고 어려운 것인가를 너희들에게 깨우쳐 주고 말해 줌이 아니더냐?
10 그러니 너희들은 여기서 노력을 중단해서는 아니 될 것이니라.
11 그러니 너희들은 알아야 될 것이니라. 어떠한 고통과 시련을 겪는다 해도 너희들은 바로잡아야 하며 그를 고치지 아니하면 아니 되는 것이 너희들의 운명이요, 너희들이 가는 길임을 알아야 될 것이니라.
12 지금 모든 백성이요, 이웃의 형제요, 너희 후손들, 그 모두가 다 오늘을 어찌 살았으며 어찌 변해 왔는가,
13 그리고 너희들이 80이 되어도 버릴 수 없다는 그 습관이요, 그 모든 악습을 다 어찌 버리고 살아왔느냐 하는 것을,
14 그 후손들은 너희들의 뒷모습을 보고 따르고 또 그리 배우고 그리 그들이 살아올 것이니라.
15 그리고 너희들이 변화된 것만큼 그들이 변화될 것이며, 저희들도 잘못된 악습이요, 습관을 버리는 그와 같은 노력을 할 것이며, 그들은 고치고 살아갈 것이니라.
16 그러니 너희들은 어떠한 길에 어떠한 힘이 들고 어떠한 노력이 있다 해도 그것을 다 고치고 가야 하는 것이 너희들이며, 그리고 바로 서야 되는 것이 너희들임을 알아야 될 것이니라.
17 어떠한 어려움과 희생이 있어도 남들

이 고칠 수 없는 그 버릇, 그 악습을
모두 고쳐, 하얀 눈과 같은 너희들이
되어야 됨을 절대 잊지 말라.
18 너희들이 바로 서지 못하며 그 버릇을
고치지 못하는 그와 같은 평범한 삶으
로써 남들과 같이 살아간다면,
19 나의 피조물 만백성은 보고 배울 자가
없으며 보고 따를 자가 없으며 선생이
세상에 없어짐이니,
20 너희들은 만백성을 위하여 만백성을
이끄는 자로서, 만백성의 구원을 위하
여 그 모두를 버리고 고쳐 그와 같이
거듭나는 삶으로 살지 아니하면 아니
됨이니라.
21 나의 아들도 이것이 첫 번째 우선이
요, 너희들 또한 그 모두를 고치고 따
르는 것, 그와 같이 너희들의 모든 악
습이요, 버릇을 다 저버리는 것, 그것
이 너희들이 첫 번째 가야 할 길이니
라.
22 그를 버리고 너희들이 바로잡는 것은
나의 피조물 만백성이 법전을 읽고 깨
우치는 것, 나의 강론을 듣고 깨우치
는 것보다도 너희들이 변하며 악습을
버리고 다시 태어난 그 모습이 더 위
대한 선생의 가르침으로 그들의 가슴
에 심어진다는 것을 내가 가르쳤듯이,
23 그리하여 너희들이 모든 인간이 버릴
수 없는 악습을 버리고 거듭나는 것이
너희들이 가야 할 길이라는 걸 잊지
말라, 내가 간곡히 너희들에게 이리
전함이니라.
24 또한, 이와 같은 길을 가고 이와 같이
역사하는 것이 너희들이 나에게 와 모
두의 임무를 다 마친 아들딸로서 당당
히 내 앞에 설 수 있다는 것, 그리고
내가 내리는 상이요, 은혜를 너희들이
부끄럼 없이 받을 수 있다는 것을 절
대 잊지 말라, 사랑하는 나의 아들딸
들아!

8,790 번째 하나님 말씀

2003년 12월 17일 08시 30분

1 사랑하는 나의 아들아!
2 "네, 아버님! 말씀하옵소서."
3 누가 무어라 해도 나의 아들을 따르는
사랑하는 그 제자들, 그리고 나의 법
전을 읽고 깨우친 너희들은 가슴 깊이
새겨들어야 될 것이니라.
4 새로운 말씀이요, 새로운 성경을 가지
고 새로운 시대의 새 역사를 이루고자
하는 자가 세상에 나와 있음이니, 그
를 전하는 자가 바로 누구더냐?
5 이는 곧 내가 보낸 자요, 내가 보냄을
증거하는 자임을 너희들은 알아야 될
것이니라.
6 새로운 시대요, 새 시대가 역사하는
새로운 성경을 갖고 새로운 말씀이라
하여 이를 전하는 자가 있음이니, 곧
이는 바로 무엇이더냐?
7 내가 보낸 자라는 것을 너희들은 믿어
야 할 것이며, 새로운 말씀으로 내려
오는 것이 곧 내가 보낸 자요, 나의 아
들임을 증명하는 것임을 너희들은 알
아야 될 것이니라.
8 나 여호와는 나의 성령인 새로운 보혜
사가 새로운 성경을 갖고 나의 뜻을
전하는 자를 내가 내려보낼 것이며,
그와 같은 역사의 시대가 열린다는 것

을 내가 기록하여 너희들에게 일찍이 전하지 아니하였던가?
9 너희들은 이와 같은 언약을 어찌하여 중요시하지 아니하며, 이것을 그대로 받아들이지 아니하며,
10 너희들이 그리 고통스럽게 죽어 간 나의 아들 예수만이 다시 천군을 데리고 군악을 울리며 내려온다 그리 생각하느냐?
11 성서에 기록되어 있지 않더냐, 요한이라는 자가 나의 아들 예수가 세상에 오는 것을 미리 알려 주며 그가 왔을 때를 대비하여 그가 길을 닦고 안내하였듯이, 나의 아들 예수는 무어라 가르쳤으며 너희들에게 무어라 전했느냐?
12 나의 아들 예수가 지금 가고 떠나는 것은 새로운 성경이요, 새로운 역사가 이루어지는 것이며, 다음에 올 자가 모두를 가지고 역사하여 새로운 성경이요, 새로운 나의 뜻이 세상에 내려와 너희들을 깨우치고 인도할 것이라는 것을 명확히 기록하여 전했거늘,
13 어찌하여 새로운 성경이요, 새로운 뜻이 나오며 새로운 자 세상에 내려와 나의 뜻을 받아 선택된 자로서 만백성을 구하고자 하는 그 어렵고 힘든 길을 가는 것을 보고 배우며 깨우치려 하지 아니하는가?
14 더욱이 너희들은 사탄이요, 이단이요, 세상을 혼란케 하는 자라 그리 말함이니, 너희들은 여기서 그와 같은 욕심의 마음을 다 거두라.
15 모두가 새로운 역사에 새로운 성령이 내려온다 나의 아들 예수가 직접 성경에 기록하여 전했음이니,
16 바로 지금이 나로부터 선택된 나의 아들이 세상에 내려가 너희들을 깨우치고 전하며 나의 법전을 전함이니, 너희가 그대로 듣고 배우고 따르고 행하고 살면 너희들이 나에게 오를 수 있는 길이 여기 있다는 것을 어찌하여 그리 모르고,
17 너희들은 그 표독한 마음으로 나의 아들 가슴에 비수를 꽂으며 나의 법전이 세상에 나오지 못하도록 어찌 그와 같은 사악한 행위를 하는가?
18 이제 너희들은 알아야 될 것이니라, 너희들 자신이 나의 법전을 정독하고 읽고 직접 깨우쳐 보고 평가하고 욕하도록 그리하라.
19 너희들이 160권의 법전을 다 읽어 보고, 정녕 그를 읽을 수 없거든 열여섯 권의 법전이라도 읽어 보고 두 번 이상 정독하여 너희들이 깨우쳐 읽은 다음에, 그때 가서 이것이 사탄이요, 사악한 것이라면 너희들이 스스로 그 법전을 태우고 물러나면 될 것이지,
20 어찌하여 사랑하는 나의 백성들까지도 그 길을 가는 것은 죽음이요, 멸망의 길이라 하여 너희들이 가지 못하도록 하며 전하지 못하도록 하며 읽어 보지도 못하도록 그리하는가?
21 세상에 나와 있는 것은 다 너희들이 접하며 나의 뜻이거늘, 오늘의 종교집단 지도자 너희들이 2천 년 동안 나의 피조물 만백성을 잘못 가르치고 잘못 인도해 와 이 험악한 세상을 만들었다면, 이제는 너희들이 반성하며 깨우칠 때가 되지 아니하였는가?

22 정녕 너희들이 바른길로 인도할 수 없
다면 너희들은 거기에서 일찍이 포기
하고, 그 길을 인도할 수 있는 경험이
있는 자를 찾아야 될 것이 아니던가?
23 너희들이 많은 사람을 이끌어 가는 대
장으로서 첩첩산중의 그 길을 모르면
서 안다 하여 그 길을 안내하는 자격
을 내놓지 아니하고 그들을 끌고 험악
한 산길을 넘고 넘어 거기서 허덕인다
면, 결국 너희들은 죽음밖에 없지 아
니한가?
24 그러나 그곳에서 약초를 캐는 자요,
화전민이요, 그저 산에서 나는 풀뿌리
를 먹고 사는 자, 그와 같은 자를 스스
로 모셔 그가 그 길의 안내자로서 저
희 생명을 구하도록 그에게 부탁한다
면,
25 그는 눈을 감고도 너희들을 그 산길에
서, 험악한 골짜기에서, 나올 수 없는
그곳에서 너희들은 헤어날 수 있으며
너희 생명을 구할 수 있는 것이 이치
이거늘,
26 어찌하여 너희들은 그와 같이 어리석
은 짓을 지금 하고 있단 말이더냐?
27 내가 다시 한 번 너희들에게 말함이니
라.
28 너희들이 아무리 권력을 가지고 있으
며 재물을 가지고 있으며 능력을 가지
고 있어도, 낯선 그 깊은 산중에 앞은
보이지 아니하며 하늘만 보이는 그곳
에서 길을 찾지 못하며 허덕인다면,
너는 거기에서 만백성을 다 죽이는 자
이니라.
29 너희들은 풀뿌리를 캐 먹으며 거기에
서 짐승을 잡아먹으며 그저 밭을 일구
며 살아가는 촌부요, 그 지역에서 짐
승만도 못한 모습으로 사는 그 불쌍한
자를 네가 스승으로 초빙하여,
30 그에게 절을 올리며, 이 많은 너희 백
성이요, 너희 제자들을 살려 주는 길
을 안내해 달라 했을 때, 그는 눈을 감
고도 너희들을 구원의 길로 안내할 것
이니,
31 이와 같은 이치를 너희들이 깨닫는다
면, 지금 어떠한 형국인 줄 알겠느냐?
32 과연 나의 아들이 산속에 사는 그 촌
부만도 못한 가르침이요, 그 모습으로
써 너희들에게 깨우치고자 하더냐?
33 그러니 이와 같은 이치를 깨달아, 나
의 사랑하는 백성 너희들은 지금 나의
법전을 읽고 깨우치도록 그리하라.
34 나의 아들은 그래도 그보다는 더 나은
자리에서 너희들에게 하늘에 오르는
길이라 하여 지금 전하고 깨우쳐 주는
역사를 이루고 있지 않더냐?
35 이와 같은 어리석은 우를 범하는 그들
을 따르지 말라.
36 그들을 따르다 보면 너희들은 결국 죽
음이니라.
37 그러니 산속에 짐승처럼 살아가는 그
자에게 너희들이 경배하며, 그에게 부
탁하며, 그에게 너희들의 무식함이요,
모르고 헤어날 수 없는 것을 솔직히
말하며 그에게 인도하고 가르쳐 주기
를 바랄 때,
38 그는 대가 없이 너희들을 그저 밤중에
도 살아오는 길로 인도하여 너희 생명
을 구한다는 그 이치를 알라.

8,791 번째 하나님 말씀

2003년 12월 17일 11시 24분

1 사랑하는 나의 아들아!
2 "네, 아버님! 말씀하옵소서."
3 나의 아들 예수가 그 고통 속의 죽음이요, 누구도 겪을 수 없는 그 죽음을 거절하지 아니하였으며, 나 또한 그를 거둬들이지 아니하여 그가 그와 같은 고통 속에 갔음이니라.
4 그러니 나의 아들 예수의 피 한 방울로써 너희들의 과거요, 현재요, 미래의 모든 죄가 다 표백되었다 그리 말하니, 그와 같이 온 백성 너희들이 지금 수천 년 동안 흘러오면서 역사한 것이 무엇인 줄 알겠느냐?
5 지금 울고불고 광신하는 신도라는 백성들이 80퍼센트 이상이 이대로는 아니 되며 이대로는 너희들이 정녕 구원을 받을 수 없는 것이라 하여 의혹하며 불안한 마음을 가지고 있는 것이니라.
6 그 불안한 마음을 가지고 있는 자들의 마음을 너희들이 들여다보면, 이것은 안 되니, 새로운 성경이요, 새로운 시대요, 무엇인가 획기적인 새로운 종교가 오지 아니하면 너희들은 구원을 받지 못한다는 그와 같은 자들이니,
7 너희들이 기대하든 바라지 않든 새로운 종교요, 새로운 가르침이요, 어떠한 새로운 지도자가 세상에 나오기를 기다리고 원하는 것이 너희들이 아니던가?
8 그러니 지금의 믿음의 길을 가는 백성이 80퍼센트가 넘도록 새로운 시대요, 새로운 종파요, 새로운 가르침이요, 새로운 인도자가 내려오기를 바라느니라.
9 그러니 너희들의 그 마음을 내가 합쳐서 볼 때, 새로운 성경이요, 새로운 지도자가 내려오기를 얼마나 갈구하고 너희들이 애원하는가?
10 그리하여 나 여호와는 너희들이 가련하여 너희의 뜻을 들어 지금 나의 아들을 세상에 내려보냈으며, 내가 나의 아들을 통하여 나의 성령으로 160권의 새로운 말씀이요, 창조주 하나님의 말씀이라는 이 성령을 너희들에게 내려보내어, 너희들이 그리 달라 원하며 소원하는 것을 들어주었거늘,
11 너희들은 어찌하여 이를 보지 아니하며 도리어 이를 사탄이요, 이단이라 그리 말하는가?
12 그러니 지금 믿음의 길을 가는 백성 너희들은 들으라.
13 너희들은 이대로는 아니 되며 이대로는 너희들이 구원을 받을 수 없으며 이것은 정녕 아니라 생각하는 자, 새로운 지도자요, 새로운 말씀이요, 그 역사가 오기를 바라는 너희들은 나의 아들 예수가 재림하여 천군을 내리고 군악을 울리며 온다 생각하지 말라.
14 그리고 죽은 자 속에서 살리며 또한 산 자 중에서 구원한다는 그와 같은 생각을 하지 말라.
15 지금 내가 나의 아들을 통하여 새로운 성령을 너희들의 말로써 뜻으로써 깨우침이니,
16 너희들이 말하는 창조주 나 여호와의 새로운 말씀이요, 새로운 성경을 너희

들이 그리도 원하고 갈구하기에 내가
내려보냄이니,
17 너희들은 이를 읽고 정독해 보라, 그
리고 스스로 답을 찾도록 그리해야 될
것이니라.
18 너희들이 만나서 하는 소리, 너희들끼
리 하는 소리, 신도들끼리, 믿음의 길
을 가는 자, 성도라는 자들이 하는 소
리를 나는 다 듣고 있음이니,
19 너희들 가슴속에서는 절대 이대로는
안 되며 무엇인가 새로운 역사가 이루
어져야 되며 새로운 바람이 불어야 되
며 새로운 종교 지도자가 와야 된다는
걸 너희들은 아느니라.
20 그러니 내가 너희들과 똑같은 나의 아
들로서 세상에 내려보내, 그가 바로
서며 바로 역사하여 너희들에게 거울
이 되며 너희들을 인도하는 자로서 지
금 나의 160권의 법전을 만들어 내며
세상에 와 있거늘,
21 어찌하여 너희들은 이를 사탄이요, 이
단이라 핍박하며 그 가슴에 비수를 꽂
으려는 그와 같은 짓을 하는가?
22 이제 변하고자 하는 백성들, 그리고
도저히 안 된다는 백성들, 다시 역사
해야 된다는 백성들, 나의 법전이 다
시 역사하며 새로운 길을 열어 가는
것이라는 걸 내가 너희들에게 전함이
니,
23 나의 뜻을 너희들이 믿고 따르고 행하
도록 그리하라, 사랑하는 나의 아들딸
들아!
24 두 번 다시 이러한 역사는 없을 것이
니라.
25 두 번 다시 160권이라는 법전으로써
새로운 성경으로써 하늘의 뜻을 이리
하나하나 설명하여 너희들에게 전하
는 역사는 있을 수 없을 것이니, 이게
마지막으로 내가 너희들에게 내리는
것이니라.
26 나의 아들 예수를 통하여 세상에 내려
보내니, 이는 성령으로 태어난 자요,
너희들과는 거리가 멀며 환경이 다르
며 가는 것이 다르기에 너희들이 감히
나의 아들 예수를 따를 수 없다 하나,
27 지금의 나의 아들은 너희들과 같은 이
름으로 너희들과 똑같은 환경에서 내
가 너희들에게 내려보냈음이니, 이제
너희들이 변명의 여지가 없을 것이며,
너희들은 다른 소리를 할 수 없을 것
이니라.
28 예수는 성령으로 태어났기 때문에 그
대로 따라갈 수 없으며 그대로 살 수
없으며, 예수는 의인이며 너희들은 의
인이 될 수 없다는 그와 같은 변명을
못 하도록,
29 내가 너희들과 똑같은 이름을 가진 자
요, 너희들과 똑같이 생활하는 자요,
똑같은 나의 아들을 세상에 내려보냈
음이니, 너희들은 두 번 다시 변명하
려 들지 말라.
30 그리고 너희들이 한 획도 고쳐서는 안
되며 더해서도 안 된다는 성경에 이미
이와 같은 것이 기록되어 너희들에게
전해졌음을 알라.
31 너희들과 똑같은 자가 세상에 다른 이
름으로 왔을 때, 너희들은 그리 변명
치 못할 것이라는 것이 있을 것이니라.
32 나의 아들 예수가 또한 그리 전하였느
니라.

33 이제는 예수를 따르지 못하고 부인하
는 자들, 너희들과 똑같은 자로 똑같
은 이름을 가지고 세상에 올 자가 있
으니,
34 과연 그도 거부하며 자기처럼 핍박을
주고 따르지 아니하며 그리할 수 있는
가 두고 보자 하는 것을 기록하여 전
한 대목이 있을 것이니, 너희들은 한
번 알아보도록 그리하면 그걸 찾을 것
이니라.

8,792 번째 하나님 말씀

2003년 12월 17일 11시 29분

1 사랑하는 나의 아들아!
2 "네, 아버님! 말씀하옵소서."
3 모든 종교 집단이요, 그리고 모두의
지도자라 말하는 백성, 너희들은 들어
야 될 것이니라.
4 나의 백성을 하늘에 오르는 그 길로
인도하며, 거듭나 영원히 사는 생명으
로 태어날 수 있도록 인도한다는 자,
너희들은 나의 뜻대로 행하고 살아가
는 것이 제일 우선이며,
5 내가 명한 것을 지키지 아니하며 내가
너희들에게 명하는 것을 따르지 아니
하면 결코 너희들이 나를 대신하여 가
르치는 지도자가 아니라는 것을 알아
야 될 것이니라.
6 나의 명을 지키고 따르지 아니한다면
나의 선택된 지도자가 아니며, 그는
나의 피조물 만백성을 구원하는 역사
를 이룰 수 없는 자라는 것을 너희들
은 이제 알고 봐야 될 것이니라.
7 그러니 나 여호와의 뜻이요, 내가 명
한 대로 그를 지키고 행하고자 몸부림
치는 자, 그를 위하여 목숨을 던질 수
있는 자, 그가 진정한 지도자요, 나로
부터 선택된 자라는 것을 너희들은 여
기서 이걸 가지고 구분하고 따라야 함
을 알아야 될 것이니라.
8 진정한 지도자가 아니면, 참진리의 길
이 아니면, 그를 알지 못하고 가르치
는 자와 그곳에서 배우는 자 너희들
은 나에게 오르는 것이 아니니라.
9 너희들은 정답을 모르는 자에게 오답
만 배우니, 그 정답과 오답을 내놓을
때, 너희들은 얼마나 실망하며, 너희
들이 얼마나 가치 없는 자이며, 지금
까지 쌓아 온 것이 물거품이요, 공허
한 것을 느끼겠는가?
10 그보다 천배 만배 더 공허하고 두렵고
무서운 것이 너희들이 참진리의 길을
가지 아니하고 비진리의 길을 가며,
참진리를 가르치지 못하는 지도자의
강론이요, 그 뜻을 따라온 자들이라는
것을 알라.
11 나의 뜻을 행하지 아니한다면 어떻게
진리의 길을 간다 말하겠느냐?
12 그러니 내가 명한 나의 진리를 항상
기억하고 깨우치지 못함이니,
13 성서에 기록된 대로, 내가 내린 십계
명대로, 그리고 제3의 시대에 내가 내
리는 새로운 성경대로 너희들이 나의
뜻을 행하고 지키는 것, 그것만이 너
희들이 나에게 오를 수 있는 길이라는
것을 잊지 말도록 그리하라.
14 나의 아들을 따르는 너희들은 과연 누
구더냐?
15 내가 너희들에게 물어보고자 하느니

라, 지금 나의 아들을 따르는 제자들
이요, 나의 법전을 읽고 깨우친 백성
너희들은 과연 누구더냐?
16 너희들은 알아야 될 것이니라, 너희들
은 내가 사랑하는 만백성을 구원하는
지도자로서 나로부터 선택된 것을 알
아야 될 것이니,
17 나로부터 선택된 백성 너희들이 나의
선택된 백성이요, 나로부터 명받은 지
도자요, 내 뜻을 역사하는 것이요, 나
여호와 창조주 하나님이라는 것을 증
명하는 것은,
18 너희들이 어찌 살아가느냐, 그 삶으로
써 증명하며 보여 주는 것밖에 없음이
니라.
19 그리하여 내가 너희들의 가정에 하나
씩 걸고 그리 행하라 하지 않느냐?
20 한 점의 부끄럼이 없는 삶을 살라는
것, 그 삶의 길을 선택해서 가는 자,
너희들이 나의 선택된 백성이요, 그
모두를 증거하는 자들이니, 너희들은
그리 살아야 되며, 그리 살지 아니하
면 아니 될 것이니라.
21 오늘의 인간의 형태를 가진 너희들이
한 점의 부끄럼이 없는 삶을 산다는
것, 그것이 얼마나 힘들고 어려운 길
인지, 인간으로서 지키지 못한다 말하
는 자들의 그 뜻을 내가 안다 했으나,
22 내가 사랑하는 나의 아들을 따르는 제
자요, 선택된 너희들에게는 내가 깨우
쳐 주지 아니하였더냐?
23 천 가지 만 가지를 너희들이 바로 살
려면 그리 살지 못하며, 그를 하나하
나 지키며 살 수 없으며, 수억 가지 부
닥칠 때마다 너희들이 아름다운 쪽이
요, 천사와 같은 생각으로 살 수 없는
것이 인간이라 하지 아니하였더냐?
24 그러나 그 모두를 이기는 것은 무엇이
라 말했느냐, 사랑하는 나의 아들아!
25 "네, 아버님! 말씀하셨사옵나이다.
26 사랑이라는 것, 사랑을 실천하고 살
라, 사랑이라는 한 가지만 실천하면
수억 가지 부닥치는 것을 다 녹일 수
있으며,
27 사랑이라는 그것을 뚫을 수가 없으며,
사랑을 넘을 수가 없으며, 사랑을 이
길 자가 없음이니,
28 사랑으로써 실천하며 사랑이라는 것
을 실천하는 마음만 가지면 수천 수
억 가지의 그 모두가 다 잘못되는 것
이 없으며 잘못 가는 것이 없으며 지
키지 못할 것이 없다는 그 가르침을
저의 제자들에게 전하고 깨우쳐 주고
자 하옵나이다, 아버님!"
29 그러니라, 나의 아들아!
30 사랑 하나만 실천하면 모두를 다 다스
릴 수 있는 것이 하늘의 비밀이요, 그
리하여 내가 너희들에게 상을 내림이
니라.
31 그러니 이를 지키고 사는 너희들은 나
에게 왔을 때 그 상이 무엇인가를 감
히 감당키 어려울 만큼 나로부터 받을
것이니, 그리 알도록 전하라.

8,793 번째 하나님 말씀

2003년 12월 17일 11시 36분

1 사랑하는 나의 아들아!
2 "네, 아버님! 말씀하옵소서."
3 정상을 오르고자 한다면 그 노고가 얼

마나 크겠느냐?
4 그러나 정상을 올라야 된다면 너는 쉬
지 않고 오르는 것만이 그 정상을 정
복할 수 있음이니,
5 네가 오늘에 기도를 드리며 나의 뜻을
따라 네가 나의 법전을 만들어 냄이
니, 쉬지 않고 가는 네 마음이 갸륵하
도다.
6 그러니 정상에 오르는 자, 또한 정상
에서 너희들이 내려오지 아니하면 아
니 됨이니, 아무리 고달프고 힘들다
해도 너희들은 그 정상에서 내려와야
원상 복귀가 되지 않느냐?
7 그러니 어렵고 힘든 그와 같은 길을
가는 것을 마다하지 말며, 피할 수 없
는 그 길을 너는 가야 될 것이니라.
8 내가 성서에 기록하여 이미 네가 올
것을 알려 주었으며, 나의 법전이 새
로운 세상에 새로운 성령으로써 내려
올 것을 너희들이 한 자도 한 획도 고
치고 빼지도 말라는 성서에 이미 기록
하여 전한 사실을 너희들은 알아야 될
것이며, 그들에게 깨우쳐 주라.
9 내가 성경에 기록하여 무어라 말하였
느냐?
10 네가 올 것을 가르쳐 주었으며, 나의
성령이 내려올 것을 가르쳐 주었으며
만백성을 구하는 그 역사의 시대가 열
린다는 것을 가르쳐 주었음이니라.
11 '진실로 진실로 너희에게 이르노니 죽
은 자들이 하나님 아들의 음성을 들
을 때가 오나니, 곧 이때라, 듣는 자는
살아남이요, 그를 듣지 못하면 죽음이
라' 그리 말하였음이니라.
12 죽은 자들이 하나님의 아들의 음성을
들을 때가 온다 했음이니, 너희들은
무어라 말하느냐?
13 나의 아들 예수만이 성령으로 오며,
그만이 나의 아들이라는 고정관념이
요, 거기에 박혀 있는 마음 때문에 너
희들은 이것도 저것도 보지 못하는 어
리석은 백성이니라.
14 '죽은 자들'이란 무엇이더냐? 너희들
은 육이 죽어 간 자만이 죽은 자라 말
하느냐?
15 이 세상에 나의 성령이요, 참진리대로
살아가지 아니하며 나를 거역하며 내
뜻이 아닌 길을 살아가는 백성 너희들
은 나에게 오지 못함이니, 내가 너희
들에게 전했듯이 육은 살아 있으나 너
희들은 죽은 자이니라.
16 그러니 육이 살아 있어 숨을 쉬는 자
들을 죽은 자라 내가 표현한 것이며,
17 '하나님의 아들의 음성을 들을 때가
오나니', 나 여호와의 아들이 누구더
냐?
18 지금 이 법전을 기록하여 전하는 나의
아들을 내가 무어라 말하느냐?
19 선지자요, 종이요, 그리 가르치다 그
에게 나의 아들이라 내가 그리 명하였
으니, 곧 나의 아들이니라.
20 나의 아들을 통하여 들리는 음성이요,
이 역사가 오는 것을 내가 너희들에게
미리 가르쳐 주었음이니,
21 오늘의 나의 아들이 너희들에게 들려
주는 그 음성이 나의 음성이요, 나의
아들을 통하여 너희들을 깨우치는 것
이니,
22 너희들의 육이 죽은 자가 아니요, 지
금 죽은 세상에 사는 너희들은 죽은

구름이요, 그 사악한 구름이 덮여 있
어 숨을 쉬지 못하고 죽어 있어 하늘
을 볼 수 없으며 하늘에 오르는 길을
보지 못하는 자들이니,
23 그러니 너희들이 나에게 오지 못하는
자, 나에게 올 수 없는 죄를 안고 있는
자, 그 모두가 죽은 자가 아니더냐?
24 그리하여 '죽은 자들이 하나님의 아들
의 음성을 들을 때'라 내가 그리 기록
했으며 나의 아들 예수가 너희들에게
간곡히 전했으니, 지금 창조주 나의
아들의 음성을 너희들이 듣고 있는 때
가 아니냐?
25 그러니 곧 지금이니라, '곧 이때가 옴
이니, 듣는 자는 살아남을 것이요, 듣
지 않는 자는 죽을 것이라' 했으니,
26 이는 나의 법전을 보고 깨우치는 자는
곧 구원을 받아 살아날 것이요, 너희
들이 나의 법전이요, 나의 강론을 듣
는 자는 살아날 것이라는 성서의 구절
에 기록되어 있는 그 내용을 다시 한
번 깨우쳐야 될 것이니라.
27 여기서 너희들은 나의 아들이 성서를
제 마음대로 해석하며 제 마음대로 가
르치며, 이는 믿음이요, 성서를 통달
한 자가 말한다 할 것이나, 너희들은
여기서 들으라.
28 너희들이 죽은 자들 중에서 나 여호와
의 아들의 음성을 듣는다 하였음이니,
너희들이 죽어 육신이 썩어졌으며 영
혼이 나에게 온 자들이 과연 그 말을
들을 수 있으며 그들이 살아날 수 있
다 말하느냐?
29 너희들은 항상 오늘이니라.
30 현실이요, 곧 이때라는 것은 오늘을
말함이니라.
31 나의 성령이 내려올 때가 곧 이때요,
곧 지금이라는 그 위대한 깨달음을 알
아야 될 것이니라.
32 곧 이때라 하는 것, 이때에 듣는 자,
그는 무엇이더냐?
33 항상 과거와 현재와 미래에 내 뜻이
내려오며 나의 성령이 내려와 너희들
이 들을 수 있는 그때가 소중하며 위
대함의 그 뜻이 여기 있음을 너희들은
어찌 모르는가?
34 그러니 죽은 자라는 것은 육은 가지고
있으나 죄에 허덕여 나로부터 구원을
받지 못하는 것이 바로 죽음이 아니더
냐?
35 육의 죽음보다도 너희들이 두 번째 죽
어 나에게 오지 못하는 죽음이 더 두
렵고 무섭다 하였으니, 나는 그 죽음
을 말함이니라.
36 너희들이 나에게 올 수 없는 그 죽음,
그러니 너희들은 육이 죽은 자가 아니
요, 너희들의 영혼만이 지금 죽은 자
들이니,
37 그리하여 너희들에게 나의 아들의 음
성을 들을 때가 온다 했으니, 지금 너
희들이 육이 죽지 아니하였기에 나의
아들을 육으로써 내려보내 내 뜻이요,
나의 성령의 음성으로써 너희들에게
들려주는 것이니,
38 죽은 자가 무슨 의미인가 안다 하면,
너희들은 내가 지금 나의 아들을 통하
여 내리는 이 뜻을 알 것이니라.
39 '곧 이때라, 듣는 자는 살아난다.' 했
음이니, 너희들은 '곧 이때'라는 것이
무엇인지 알지 않느냐?

40 이제 내가 법전에 기록하여 너희들에
게 전했음이니, 나의 성령이 내려오는
그 순간이 곧 이때이니라.
41 그러니 내가 내릴 때 그것을 듣는 자
는 살아남으며 그것을 듣지 않는 자는
죽음이니,
42 나의 법전을 접하여 정독하고 깨우치
는 자는 구원을 받을 것이며, 그렇지
아니하면 구원을 받지 못한다는 것을
여기에 내가 이미 기록하여 전했거늘,
너희들은 이 뜻을 너희 마음대로 해석
하려 하지 말라.
43 어리석은 백성 너희들이 무어라 말하
느냐?
44 모두 죽어 육이 썩었으며 뼈가 삭아
있는 자, 그리고 너희들의 영혼은 나
에게 와 심판을 받아 한 번 들어가면
다시 못 나오는 지옥에 들어가 있음
이니, 아무도 그 문을 열고 나올 수는
없거늘, 그와 같이 죽은 자가 살아남
이라 생각하지 말라.
45 너희들의 육이 살아 있으면서도 죄 속
에 허덕이니, 숨을 쉬나 너희들은 죽
은 자와 같은 자이니, 그와 같은 백성
을 의미하는 것이 '죽은 자'라 하였음
이니라.
46 그리하여 나의 아들의 음성을 듣는 자
는 살아날 것이요, 듣지 못하는 자는
죽을 것이니, 내가 내리는 음성을 전
할 때, 내 뜻을 전할 때가 곧 그때이니
라.
47 이 뜻을 깊이 새겨 너희 것으로 만들
어 하늘에 오르는 그 빛을 볼 수 있도
록 그리하라.

8,794 번째 하나님 말씀

2003년 12월 17일 11시 41분

1 사랑하는 나의 아들아!
2 "네, 아버님! 말씀하옵소서."
3 감히 성서가 잘못되었다 말하는 자,
그 목숨을 내놓고 말해야 될 것이며,
4 성서가 변질되었다 말하는 자, 그가
열 번 죽어도 살아남지 못하는 그 길
을 말함이며,
5 성서는 이제 접어 두고 새로운 뜻으로
써 새로운 성경이 세상에 내려오니 이
를 보고 하늘에 오르는 길을 보라 그
리 가르친다면, 천 번 그들에게 죽어
도 면치 못할 죄라 그리 말할 것이며,
천 번 만 번 너를 죽이고자 하는 것이
그들이니라.
6 그러나 그들은 알아야 될 것이며, 감
히 그 누구도 역사할 수 없는 이 길을
가는 것은 나의 아들이 아니면 그 누
구도 갈 수 없음이니라.
7 2천 년 전 나의 아들 예수도 천 번 만
번 죽을 것을 생각했으며, 실제로 그
는 죽음의 길을 선택하며 마다하지 아
니하였음이니, 그리하여 그게 나의 아
들이요, 그는 그리 역사하였음이니라.
8 내가 죽음이요, 무덤이라 가르치는
것, 그것을 너희들은 지금 어찌 가르
치는가?
9 나는 성서에 그리 가르쳤느니라, 이와
같이 역사하는 것, '이를 기이히 여기
지 말라. 무덤 속에 있는 자가 다 그의
음성을 들을 때가 올 것이며, 그는 살
아날 것이라' 그리 말한 것을,
10 너희들은 지금 죽어 있는 자들까지도

나의 아들 예수가 내려옴으로 재림함
으로 인하여 구원을 받을 것이며 그
음성을 듣는 자는 삶이니,
11 너희들이 믿기만 하면 오늘에 잘못
살고 너희들이 죽어 지옥에 가 허덕이
다가도, 나의 아들 예수가 재림하면
예수를 찾은 것 때문에 구원을 받을
것이며,
12 구원받는다는 말할 수 없는 희망이요,
그를 가지고 나의 피조물 백성을 우롱
하며 그를 믿고 따라가는 것이 나의
어리석은 백성임을 너희들은 알아야
될 것이니라.
13 산짐승이 제가 진정 먹을 것인지 먹
지 못할 것인지 모르고 그것이 인간
이 만든 덫인 줄 모르느니라.
14 물에 사는 물고기는 제가 먹는 물고기
가 정녕 살아 있는 물고기인지 낚싯바
늘에 걸려 인간이 만든 먹지 못할 것
인지 분별하지 못하여 그를 물어 죽
게 됨이니, 지금 너희들이 가는 것이
그러하니라.
15 죽은 무덤 속에 있는 자들이 다 나의
음성을 들으며 나의 아들의 음성을 들
음으로 너희들이 거듭나고 산다는 생
각, 이를 바로 보고 깨우쳐야 될 것이
니라.
16 내가 너희들에게 가르치는 것은, 이미
육이 죽어 썩어져 가 있는 자, 흙으로
변한 자가 거듭나는 것이요, 그 음성
을 듣고 일어나라 할 때 일어나는 것
이 아니라는 것을 알라.
17 이 세상이 무덤이라 하지 아니하였더
냐?
18 지금 이 세상에 사는 너희들이 겉으로
는 번지르르하나 속은 다 썩은 무덤이
라 하였음이니라.
19 그러니 너희들은 참진리요, 하늘의 뜻
을 모르며, 지금 너희들이 사는 이 세
상에서 너희들이 짓고 지은 그 죄악이
요, 썩고 썩은 그 악취가 구름처럼 벽
을 만들어 하늘을 볼 수 없으며 하늘
을 오를 수 없는 것이 되었으니, 이 지
상이 모두 무덤이며 죽음의 암흑이라
는 것을 너희들은 알라.
20 나는 이 지상에 오늘 살아 있는 자들
이 무덤 속에 있다는 것을 의미한 것
이니,
21 무덤 속에 있는 자가 음성을 듣고 때
가 되면 다시 일어날 것이라 한 것은,
지금 나의 아들을 통하여 법전을 내려
보내 하얀 눈이 세상을 덮듯이 이 모
두를 덮음이니, 이 음성을 들으며 이
를 보고 깨우쳐 너희들이 살아가는 자
들이니,
22 무덤 속에 있는 자가 다시 산다는 것
은, 지금의 지상이 무덤으로 되어 있
으니, 산 자 중에 죽은 자를 의미하는
것이 여기 또 있음을 알라.
23 그러니 음성을 듣는 자는 죽은 자, 뼈
가 삭은 자가 감히 음성을 듣는다 생
각하지 말라.
24 살아 있는 너희들이 나의 법전을 강론
하는 나의 아들의 음성을 들을 것이
며, 나의 법전을 너희들이 듣고 깨우
쳐, 책장을 넘길 때마다 내가 같이한
다 하였음이니,
25 너희들은 이를 보고 나 여호와의 마음
이 얼마나 답답하고 괴로우면 이리 써
내리셨을까, 새로운 성경을 내렸을까

하는 애절한 마음을 가지고 여는 자,
네 마음에 느낌이 있으며 내가 너희들
의 마음에 임함이니라.
26 그것이 바로 너희들이 나의 음성을 듣
게 되는 그 영광의 은혜를 얻는 것이
니, 이 의미를 다시 가르치고 다시 전
하도록 하라, 사랑하는 나의 아들아!

8,795 번째 하나님 말씀

2003년 12월 17일 11시 45분

1 사랑하는 나의 아들아!
2 "네, 아버님! 말씀하옵소서."
3 너의 제자들이 읽어 알 것이며 너의
제자들이 들어 앎이니, 나의 뜻을 듣
는 사람이 있으며 그 백성이 있음이
니, 나 여호와가 너를 통하여 내리는
이 성령의 뜻을 내려보내는 것이 나
여호와의 즐거움이요, 행복함이니 그
리 알라.
4 너는 두려워하지 말며 불안하게 생각
하지 말라.
5 내가 너희들에게 말하여 전하였음이
니라, 성서에 기록하기를, '선한 일을
하는 것, 선한 행동을 하는 것, 선을
행하는 자는 생명의 부활로 다시 거듭
날 것이며, 악한 일을 행하는 자는 심
판의 부활로 나온다.' 그리 기록하였
음이니, 정녕 너희들은 그 의미요, 뜻
을 모르느니라.
6 그러기에 너희들은 인간의 행함이 소
중하지 아니하며, 인간의 행함이 생명
의 부활로 연결되는 것이 아니라 그리
가르침이니, 이것이 얼마나 잘못된 것
이며 얼마나 사악한 자들이 하고 있는
짓이더냐?
7 그러니 나 여호와의 가슴 아픔을 너는
알 것이니, 이 뜻을 너의 제자들에게
전하라.
8 그 의미를 내가 너에게 전함이니, 너
의 제자들이요, 나의 법전을 읽는 만
백성 너희들은 들어 전하라.
9 선한 일을 행한 자는 생명의 부활로
거듭난다 했음이니, 이는 나에게 오르
는 길을 가는 것이요, 그러니 선함이
중요한 것이요, 거듭남이니라.
10 다음에 내가 한 줄을 더 기록하여 전
했느니라, 악한 일을 행하는 자는 심
판의 부활로 나오리라, 내가 그리 전
했음이니, 악한 자도 부활로써 오는
것이 아니니라.
11 악한 자가 심판을 받을 때 너희들은
짐승이요, 또 그 대가를 치르는 것이
며 지옥으로 감이니라.
12 그러니 너희들이 다시 생명으로 가되
인간의 생명이나 구원의 길이요, 하늘
에 오르는 길이 아니라, 벌레요, 짐승
이요, 그 죄에 따라서 지옥이요, 그와
같은 형국으로 거듭난다는 것이니,
13 너희들이 이 뜻을 안다면 과연 어찌
살아가야 될 것인가, 그것은 너희들의
자유이니라.
14 너희들이 이와 같은 대목을 안다면,
과연 선함을 행하는 것이 구원이요,
거듭나는 것과 관계없다는 말을 지금
도 단상에 서서 그리 가르칠 수 있는
가?
15 너희들은 잘 들으라, 그리고 나의 아
들을 따르는 제자 너희들은 나의 성령
의 뜻을 가슴에 새기라.

16 선한 행동을 하고 사는 자는 생명의
부활이니, 이는 곧 나에게 오를 것이
요,
17 악한 일을 행하는 자가 심판의 부활로
다시 나온다는 말은 너희들의 생명체
가 죽어서 죄의 대가만큼 벌레요, 미
물이요, 그렇지 않으면 너희들이 지옥
불에 가서 대가를 치르든, 어떠한 형
태든지 끊어지지 않고 다시 계속 너희
들의 생명이 연장되되,
18 너희들이 어떠한 형태로써 변할 것인
지, 심판 후에 그리 난다는 그 무섭고
두려운 것을 가르쳐 준 대목이거늘,
그들은 무슨 의미인 줄도 모르고 그대
로 넘어가는 불쌍한 자들이니,
19 거기에서 어찌 하늘의 두려움을 알며
진리를 알며 내가 역사하고자 하는 그
것을 알 수 있단 말이더냐?
20 그 찬란한 빛을 보지 못하는 자들이
요, 찬란함을 가르치지 못하는 어리석
은 백성들이니, 하늘에 오르는 찬란한
빛을 볼 수도 없으며 그를 알지 못함
이니 그들은 무엇이더냐?
21 지옥의 타락의 길로 떨어짐이니 그리
알라.
22 심판의 부활 때 그들은 거듭남이 아니
요, 인간으로도 태어나지 못하며, 저
희들이 어떠한 미물이요, 어떠한 벌레
로서 그 대가를 치르든지, 지옥에 가
서 어떠한 형벌을 치르든지, 심판의
부활은 다 같으나 그와 같은 차이점이
있으니,
23 선함을 행하는 것이 너희들의 모두라
는 것을 잊지 말며 너의 제자들은 그
리 행하도록 전하라.

8,796 번째 하나님 말씀

2003년 12월 17일 11시 51분

1 사랑하는 나의 아들아!
2 "네, 아버님! 말씀하옵소서."
3 너의 제자들과 나의 법전을 읽고 깨우
친 백성 너희들은 알아야 될 것이니라.
4 지금 내가 나의 아들을 통하여 160권
의 대장정의 이 법전이요, 새로운 성
경을 세상에 내려보내니, 이것이 지금
나의 아들의 생각이요, 나의 아들이
임하여 나의 아들이 제 뜻대로 제 머
리대로 이것을 이루고 밀고 나가며 이
를 기록한다면, 정녕 이는 믿을 수 없
는 것이라는 것을 너희들은 잘 알고
있을 것이니라.
5 그러니 이는 나의 아들의 생각이 아니
요, 제 생각에 제 마음에 안주하여 그
모두를 이루고 역사하는 것이 아님이
니라.
6 그의 생각이라면 이를 믿을 수 없을
것이니라.
7 그러나 창조주 나 여호와가 내려보내
는 것이라면 너희들은 믿어야 할 것이
니라.
8 나의 아들이 인간이기에, 그도 인간으
로서 완벽하지 못하기에, 그가 제 생
각으로 제 뜻으로써 임하여 모두를 역
사한다면, 이는 결코 공정성이 없을
것이며 법도가 될 수 없으며 참진리가
될 수 없는 것이니,
9 바람이 붊에 따라 흔들리며 환경에 따
라 달라지며 제 마음에 따라 흔들림이
니, 인간이 이룩하며 생각한 것은 있
을 수 없으며 그가 이루는 것은 나의

법전이 또한 될 수 없다는 것을 너희
들은 이를 명심하고 또 명심하여 받아
들여야 될 것이니라.
10 그러니 나의 아들을 따르는 너희들은
창조주 나 여호와가 내려보내는 것이
라는 것을 너희들 가슴 깊이 새기며
믿어야 함을 알아야 할 것이니라.
11 그렇다면 너희들이 과연 이를 무엇으
로써 구분할 것이냐, 그를 나에게 묻
나니,
12 나는 너희에게 말함이니라, 나의 법전
을 읽고 정독하여 그를 구분하며, 그
내용을 읽고 또 읽어 스스로 평가하며
깨우치는 것임을 너희들은 알아야 될
것이니라.
13 너희들이 나의 법전을 읽음으로써 너
희들 마음속에 위대한 용기요, 힘이
솟아나며, 너희들이 신비로움을 느끼
며, 너 자신이 변하는 것을 신비롭게
느낄 때, 그것은 나의 법전이요, 내가
내리는 성령이니,
14 그것으로써 너희들이 평가하여 네 것
으로 만드는 용기가 필요함을 너희들
은 알라.
15 다만 나의 아들을 따르는 너희들에게
말함이니라.
16 나의 법전에 대한 모든 책임은 나의
아들에게 있는 것이 아니요, 창조주
나에게 있음을 너희들은 알라, 그리고
너희들은 그를 믿으라.
17 나의 법전이 역사하고 못 하는 것은
모두 나의 아들이 아니요, 나의 아들
의 뜻이 아니니, 그 책임은 나에게 있
음이니 너희들은 이를 알라.
18 나의 법전이요, 나의 아들은 나 여호
와가 내려보낸 것이요, 그리하여 내가
나의 아들을 통하여 160권의 대장정
의 하늘의 뜻을 기록하여 너희들에게
전했으며, 또한 나의 아들을 통하여
그 모두를 역사했음이니,
19 나의 법전과 나의 아들은 누가 보증하
며 누가 증거하느냐?
20 이는 창조주 나 여호와가, 내려보낸
내가 아들을 보증하며 이를 증거한다
는 그 위대함과 두려움을 알아야 될
것이니라.
21 내가 보증하며 내가 증거하는 나의 법
전이요, 나의 아들을 따르는 너희들이
야말로 얼마나 큰 은혜의 영광을 받은
것이냐?
22 인간관계에서 너희들이 주고받는 물
건의 거래에서도 그 보증을 서는 자,
보증하는 자가 얼마나 단ㄱ하며 틀림
없느냐에 따라, 너희들은 주고 받는
사람보다도 보증인이 든든하며 틀림
없다면 마음 놓고 모두를 거래할 수
있는 것이 인간 세상에 이루어지는 작
은 거래가 아니더냐?
23 그러니 나의 아들을 따르는 제자들이
요, 나의 법전을 읽은 너희들은 들으
라.
24 나의 법전을 누가 보증하는가?
25 창조주 나 여호와가 보증하느니라.
26 그리고 사랑하는 나의 아들을 누가 내
려보냈으며 누가 보증하느냐?
27 나 여호와가 보증함이니라.
28 나 여호와가 보증하는 나의 법전이요,
나의 아들에 대해 너희들이 무엇이 불
안하며 무슨 의혹을 갖는가?
29 나의 아들이 쓰러져 만신창이가 되어

이성을 잃고 눈살을 찌푸리는 짓이요, 너희들이 용서할 수 없는 그 짓을 한다 해도 그 모두는 내가 보증함이니, 열배 백배 위대함이 그 가슴속에서 나올 것이니 너희들은 그리 알라.

30 보증인이 누구냐 하는 것을 보고 너희들이 모두를 거래하듯이, 하늘의 창조주 나 여호와가 보증하는 나의 법전이요, 나의 아들임이니, 그와 더불어 가며 그와 거래하는 선택된 너희들이 얼마나 위대한 것인가?

31 두말하지 말며 뒤돌아보지 말며, 오로지 앞만 보고 달려가는 너희들이 되어야 될 것이니 그리 알라.

32 너희 또한 너희 임무를 생각할 줄 아는 자가 되어야 될 것이니라.

33 지금 나로부터 선택된 제자 너희들은 과연 누구의 뜻을 임하는 것이냐?

34 나 여호와의 뜻을 내가 너희들에게 임하여 너희들이 역사할 수 있도록 한다는 것을 생각할 줄 아는 백성이 되어야 될 것이니 그리 알라.

35 나의 아들이요, 나의 법전을 내가 보증하며, 또한 나의 아들을 따르는 제자 너희들을 내가 보증하며 인증함이니, 증거함이 나 여호와라 만백성에게 그리 전하라.

36 그러니 너희들은 나를 향하여 한 점의 부끄럼이 없는 그와 같은 삶을 살아가는 데 전부를 다 바치라, 사랑하는 나의 아들딸들아!

37 미래에 너희들에게 그 영광이 있을 것이니라.

8,797 번째 하나님 말씀

2003년 12월 17일 11시 57분

1 사랑하는 나의 아들아!

2 "네, 아버님! 말씀하옵소서."

3 지금의 종교 집단이요, 지도자 그들이 수천 년 동안 흘러오는 그 믿음 속에서 저희들이 어찌 가고, 저희들이 서 있는 자리가 무엇인 줄 알겠느냐?

4 지금의 신약 시대가 열린 것, 그 신약 시대만 가지고 저희들은 위대한 것이라 그리 부르짖는 자들이니라.

5 그러니 구약은 지나고 미래에 오는 것을 인정치 아니하는 것이 오늘의 종교 집단들의 지도자들이니라.

6 그러나 그들에게 전하라, 너희들이 아무리 영특하고 똑똑한 자, 위대한 자라 해도, 너희들의 과거가 있었기 때문에 오늘이 있는 것이며 미래가 역사하고, 그 미래가 받쳐지기 때문에 오늘에 빛을 발할 수 있으며 오늘에 모든 영광을 얻을 수 있음이니,

7 그 기본자세도 모르는 어리석은 백성들이 지도자라 말하며 그 백성들을 가르치고 있음을 너희들은 알라.

8 인간 세상에도 그러하니라, 너희들이 아무리 영특하다 해도, 너희들의 조상이 있었기에 네가 오늘에 있음이니라.

9 오늘의 영광이요, 그 모두는 다 무엇이던가?

10 너희 조상이요, 너희 뿌리가 있었기에 네가 오늘의 그 영광이 있거늘, 저희 조상의 뿌리를 무시하고 제가 하늘에서 태어난 것처럼 그리 생각하는 자가 얼마나 불쌍하고 가련한 자더냐?

11 그리고 또 너희가 역사한 것, 이루어
놓은 것을 너희들의 후손이요, 너희
자식들이 잘 가꾸고 다듬어 거기에 또
빛을 얹을 때, 그리했을 때 너희들은
오늘의 빛을 얻게 되며 그 찬란한 빛
을 알게 됨이니라.
12 너희들은 과거가 있어야 오늘이 있으
며 빛을 보며, 미래가 오는 것을 알아
야 미래가 역사함에 있어서 오늘의 너
희들이 빛을 발하며 너희들의 위대함
을 알게 된다는 그것도 모르는 자들이,
13 신약의 시대요, 오늘의 시대만이 구원
을 받는 것이요, 한 획이요, 한 자도
고쳐서는 아니 된다며 울고불고 광란
의 짓을 하며,
14 이를 고치고 바로잡아야겠다는 미래
가 열리고 있는 지금의 그를 천번 만
번 죽여 하늘에 오르는 길에 영광을
받겠다는 불쌍한 광신도들이 있음이
니, 이것이 너희들의 오늘의 믿음의
자세이니라.
15 저 갈 길을 가면 될 것이며 제가 갈 길
을 갈 것이며, 남이 가는 것을 탓하고
시비할 시간이 어디 있는가?
16 제 주제를 알지 못하는 자들이 그리하
니, 무례한 자요, 무식한 자요, 용렬한
자들이 하는 짓이니라.
17 너희들은 과거를 모르며 과거를 인정
하지 않는 자, 과거를 뒤돌아보며 그
를 거울삼아 깨우치지 못하는 자요,
그리하여 깨달음을 얻지 못하는 자들
이니,
18 미래에 오는 찬란한, 오늘보다 위대한
깨우침이요, 가르침을 접하지 아니하
며 들으려 하지 아니하는 자들이 지금
너희들이니라.
19 그러니 너희들은 어떠한 줄 알겠느냐?
20 과거의 위대함을 거울삼지 아니하며,
미래에 오는 것을 받아들이지 아니하
고 오로지 너희 것만이 옳다 고집하는
자이니,
21 그와 같은 믿음이요, 그와 같은 오늘
의 신앙이 나의 사랑하는 피조물 만백
성을 거듭나는 길로 인도하는 것이 아
니요, 한 번 들어가면 영원히 돌이킬
수 없는 지옥으로 이끌어 가고 있는
자들이니라.
22 그러니 지금의 그 백성들을 어찌 만들
었느냐?
23 종교 집단이요, 지도자들이 나의 백성
들이 주체성을 잃게 만들었음이니라.
24 나의 법전 한 권을 가슴에 안고 밤새
워 눈물 흘리며 정독하니, 이는 창조
주의 말씀이라 하여, 하나님의 가슴
아픈 것을 그가 느끼고 깨달아 이를
들고 이웃에게 전하며 저를 가르치는
스승에게 이와 같이 위대함이 있다 그
를 전하니, 그 접한 스승이 무어라 생
각하느냐?
25 제가 그것은 위대한 것이며 저보다 훌
륭한 자요, 새로운 자라 말하는게 아
니라,
26 저 자신이 실추되며 제 추함이 드러날
까 봐, 이는 사탄이요, 마귀이니 두 번
다시 손대지 말며 찢어 버리고 태워
버려 남에게 보여 주지 말라 가르치
며, 그 입을 다물게 하며, 입도 열지
못하게 하며, 남의 잘못된 것을 말하
지도 못하게 하며, 아름다운 것도 말
을 못 하도록 입을 다물게 하며, 또 입

을 봉하라 한다 하여 봉하고 사니,
27 주체성 없는 지금의 백성이 되었으니,
아무리 아름다운 참진리요, 하늘에 오
르는 길을 비춰 준들 그들이 올 수 있
는가?
28 종교 지도자에게 물어보니, 그들은 그
저 저희만 따라와 제가 기쁘게 저를
행복하게 아름답고 좋은 것을 저에게
바치면 천국에 가는 것을, 쓸데없는
짓 하지 말라 그리 가르치며,
29 '네가 사탄으로 무너져 지옥 간다.' 하
니, 그게 두렵고 무서워 나의 법전을
찢어 버리고 태우는 주체성이 없는 이
불쌍한 백성들을 어찌 구원해야 되겠
느냐?
30 그것이 너희들의 문제요, 과제임을 잊
지 말라.

8,798 번째 하나님 말씀

2003년 12월 17일 12시 01분

1 사랑하는 나의 아들아!
2 "네, 아버님! 말씀하옵소서."
3 아무리 너희들이 진실된 믿음이요, 참
믿음이요, 위대한 믿음이라 그리 말하
고 말해도, 너희들 스스로 그 믿음의
한계를 알 수 있는 것이 오늘의 너희
들의 생활이니라.
4 그러니 아무리 위대한 믿음으로 가고
있는 너희들이라 해도, 살아가면서
'설마 이 정도야 범해도 되겠지.' 하는
그와 같은 생각, 그리고 '이번 한 번만
큼은 내가 이 죄를 짓고 넘어간다 해
도 여호와 하나님께서 용서해 주시겠
지.' 하는 악한 마음을 버리지 못하고
참지 못하고, 그 악하고 추한 행동을
작든 크든 행하는 그것이 바로 너희들
의 믿음이니 그리 알라.
5 너희들의 마음이 변하는 그 순간이 나
에 대한 믿음이니, 과연 너희들의 어
떠한 믿음인가 스스로 점검하고 알 수
있음이니라.
6 너희가 정녕 진실된 믿음이라면 어떠
한 환경이요, 어떠한 고난이요, 어떠
한 고통 속에서 너희들이 견딜 수 없
는 그와 같은 환경에서도 너희들은 한
점의 부끄럽이 있는 행동을 해서는 아
니 되는 것이 너희들의 자세이니라.
7 그러니 힘들고 어렵다 하여 한 점의
부끄럽이 있는 그와 같은 행위를 하고
넘어간다면 그것이 너희들이 나를 믿
지 못하는 것이며, 너희들의 믿음의
뿌리가 그것뿐이니,
8 과연 그와 같은 자세로써 너희들이 나
에게 오를 수 있으며 진정한 믿음으로
가는 백성이라 말할 수 있겠느냐?
9 다시 한 번 너희들에게 말함이니, 진
실한 믿음으로 가라.
10 진정한 믿음은 어떠한 환경이요, 여건
에서도 변화되지 않는 것이니라.
11 너희들이 하루를 살아가면서 수천수
만 번 부닥칠 때마다 그저 물이 흐르
듯이 슬그머니 넘어가는 것, 그저 아
는 듯 모르는 듯 악인 줄 알면서 넘어
가는 것,
12 그러면서 '용서받겠지, 나는 다음에
잘 믿으면 되겠지, 나는 믿음이 강하
니까 용서해 주시겠지.' 그와 같은 생
각을 하여 한 점의 부끄러움이 있는
행위를 하는 그 순간에 너희들은 모두

가 무너짐이니라.
13 무너졌다 일어섰다 또 무너졌다 일어
서니, 너희들이 나에게 약속을 헛되이
하며 나를 능멸하며 나를 욕되게 하는
것이 너희들의 오늘의 믿음이니라.
14 하늘에 오르는 진정한 믿음으로써 나
를 기쁘게 하는 자 하나도 없음이니,
이제 너의 제자들은 진정한 믿음의 길
을 가도록 그리 전하라.
15 한순간에도 무너지고 넘어지며, 추한
것을 생각하는 것, 그것이 너희들이
나를 믿지 못함이니라.
16 너희들이 나를 믿고 내가 존재함을 믿
는다면 감히 어떠한 고통과 어떠한 시
련 속에서 무너지는 행위를 할 수 있
으며, 나를 향하여 한 점의 부끄러운
짓을 할 수 있겠느냐?
17 그것이 너희들의 오늘의 믿음이니, 나
의 아들을 따르는 제자요, 법전을 읽
고 깨우쳤다는 너희들도 똑같은 그와
같은 믿음을 가진 자들이니 그리 알라.
18 여기에서 벗어나며 여기에서 헤어나
며 여기서 싸워서 이기는 너희들이 되
지 아니하면 너희 또한 나를 만날 수
없다는 것을 알라.

8,799 번째 하나님 말씀

2003년 12월 17일 12시 10분

1 사랑하는 나의 아들아!
2 "네, 아버님! 말씀하옵소서."
3 네 인생을 네가 과연 얼마나 산다 하
더냐?
4 네 앞에 재물을 쌓으면 얼마나 쌓아
놓으며 네가 가지고 역사하면 무엇을
과연 얼마나 역사하겠느냐?
5 너 또한 일반 백성들이요, 나의 사랑
하는 백성처럼 평범하고 편안한 삶을
살아갈 수 있는 것이 네 운명이 아니
더냐?
6 그러나 네가 지금 가는 길은 무엇이더
냐?
7 남이 도저히 갈 수 없는 길이요, 목숨
을 백 번 천 번 내놓고 그 모두를 역사
하는 것, 이 길을 가고 있는 네 마음이
무엇인가?
8 나의 사랑하는 그 백성들이 그를 들여
다보지 못하며, 너의 제자들도 그 애
절한 마음을 모르며, 나의 법전을 읽
는 백성 그들도 모름이니, 내가 여기
한 구절을 전하여 너희들에게 깨우쳐
주고자 함이니라.
9 나의 아들도 너희들처럼 그저 세끼 밥
먹으며 잠잘 때 잠자며 그냥 살아가면
될 것이니라.
10 그러나 화약이라는 것을 쥐고 불 속에
들어가는 것처럼 그 위험하고 험악한
길, 그 누구도 가지 않으려 하는 것,
누구도 역사하지 아니하려는 그 길을
가고 있음이니라.
11 너희들이 모든 사람들에게 핍박을 받
으며 모두 생명의 위협을 느끼며 가고
있는 자가 과연 누가 있겠느냐?
12 너희들이 스스로 이해관계 없이 죄를
지어 그 죄의 대가를 받으려는 자가
어디 있겠는가?
13 그러니 나의 아들이 이 길을 가는 것
은 무엇이더냐?
14 지금 그가 제 안일이요, 저 자신이 편
안하고자 가는 것이 아니라, 이 160권

의 법전을 세상에 내보내 만백성이 이
를 깨우쳐 저희들이 선한 삶을 살며
선을 행하여 나로부터 구원을 받는 그
백성이 한 사람이라도 나올 수 있도록,
15 그것이 더 큰 영광이요, 제 희생보다
도 더 위대한 것이라 하여 나의 아들
이 이 길을 가고 있는 것, 이 어려운
삶을 살아가는 것을 그 제자들이 과연
아는가?
16 그리고 나의 법전을 읽은 백성이 아는
가?
17 계산된 것이며 저를 위하여 그와 같은
길을 간다, 너희들은 함부로 그리 생
각하지 말라.
18 그러니 내가 너희들에게 전함이니라.
19 나의 법전을 찢어 버리는 자, 태워 버
리는 자, 이게 사탄의 것이라 말하는
자, 나를 능멸하고 거역하는 자요,
20 또 내가 보낸 나의 아들을 욕하는 자,
미워하는 자, 저주하는 자, 나 여호와
또한 너희들을 미워할 것이니, 그리
알라 전하라.
21 그러니 나의 아들을 따르는 자, 법전
을 읽은 자, 그리고 만백성 너희들은
나의 아들이 목숨을 내걸고 이 어렵고
힘든 길, 누구도 가려 하지 아니하며
누구도 역사하지 않는 길을 가는 것은
나의 아들이요, 내가 명한 자이기 때
문에 그리 역사하는 것이니, 그 마음
을 너희들이 들여다보라.
22 너희들처럼 재물을 거둬 부귀영화를
얻기 위하여 그가 가는 것인 줄 아느
냐?
23 만백성을 구하며 단 한 사람의 생명이
라도 구하겠다는 그 애절한 마음에서
그 역사를 이룸이니,
24 그리하여 이를 받아 기록하는 나의 법
전을 태워 버리고 욕하는 자, 내가 그
들을 미워하며 용서치 아니할 것이며,
25 나의 아들을 저주하는 자, 나의 아들
을 욕되게 하는 자, 나의 아들을 미워
하는 자, 그와 같이 나로부터 그 모두
를 받고 그 대가를 치른다는 것을 너
희들은 이제 잊지 말고 그리 전하라.
26 사랑하는 나의 아들을 따르는 제자 너
희들은 이 이치요, 이 뜻만이라도 알
아, 너희들이 바로 서고 가야 될 것이
니라.
27 그러할 때 나의 아들이 주저하지 아니
하며 쉬지 아니하며 용기를 버리지 아
니하고 160권을 만들어 만백성에게
전하는 그 역사를 할 것이며, 세상 방
방곡곡에 흰 눈이 쌓인 것처럼 나의
아들이 살아서 역사하게 된다는 것을
너희들은 알라.
28 나의 아들 예수처럼 그와 같은 고통이
요, 죽음으로 몰아가는 것을 너희들이
그대로 방치하며, 그들을 만류하지 아
니하며, 그를 막지 못하여 나의 아들
이 유명을 달리한다면 나의 법전이 세
상을 덮는 역사는 있을 수 없음이니라.
29 사탄이요, 사악한 자들을 대적하고 역
사할 수 있는 것은 나의 아들뿐이요,
30 나의 아들만이 하늘에 오르는 그 길을
인도한다 했으며, 나의 성령을 받아
그들에게 대적하며, 그들을 깨우치며,
그들이 반박하는 것을 막을 수 있으
며, 다스릴 수 있으며,
31 몰아치는 그 모두를 나의 아들만이 지
탱하고 막을 수 있기 때문이니, 너희

들은 그 힘을 막지 못하며 어떠한 누
구도 지탱할 수 없는 것이니,
32 너희들의 임무가 무엇이며 가야 할 길
이 무엇인가 깨닫도록 그리하라.

8,800 번째 하나님 말씀

2003년 12월 17일 12시 16분

1 사랑하는 나의 아들아!
2 "네, 아버님! 말씀하옵소서."
3 너의 제자들에게 깨우쳐 전해야 될 것
이니라.
4 나 여호와가 너를 통하여 이 법전을
만들어 만백성에게 전하라 그리하지
아니하였더라면 너는 오늘의 고통이
요, 오늘의 시련 또한 없었을 것이며,
너를 따르는 제자들 또한 그 고통과
시련이 없었을 것이니라.
5 그러나 만백성을 구하는 길을 누군가
는 역사하고 가야 되기 때문에 너희들
이 선택된 자들이라 그리 말하라.
6 너희들에게 내가 법전을 내려보내지
아니하며 이를 역사하지 아니했다면
너희들은 오늘의 그 고통이 없었을 것
이니라.
7 그러나 너희들을 핍박하고 욕하는 자,
그 어리석은 백성들에게 너희들은 전
해 주어야 될 것이니라.
8 너희들이 핍박받으며 어렵고 고통스
러운 그 속에서 나의 법전을 만들어
세상에 전함이니,
9 지금 제가 무엇인지도 모르며 하늘에
오르는 그 황금의 문을 열었다는 자,
저희들은 천국에 들어올 수 있으며,
죽으면 나에게 은혜와 상을 받는다고
하는 그 어리석은 백성들에게,
10 제가 죄 속에 사는 것을 가르쳐 주며,
제가 지금 죄 속에서 허덕이고 있다는
것, 그리고 제가 죽어 나에게 와 심판
도 받지 못하며 지옥으로 간다는 것을
깨우쳐 주며,
11 그리고 십계명은 인간이기 때문에 지
킬 수 없으며 절대로 지킬 수 없다는
나를 욕되게 하는 그와 같은 행위,
12 그리고 인간은 아무리 기도하고 노력
하며 저희들이 착하고 아름답게 살며,
불쌍하고 가난한 자를 구원하고 도와
줘도 구원을 받는 길에 도움이 되지
않는다는 그와 같은 말을 하는 자, 행
함이 얼마나 중요한 것인지 모르는 자,
13 그와 같은 자들에게 하나하나 너희들
이 깨우쳐 주며 그들을 다스려 가지
않더냐?
14 이제는 그들이 십계명은 반드시 지켜
야 된다는 것을 알 것이며, 인간의 삶
의 행함이 얼마나 소중한지 알며 행함
에 의해서 심판을 받는다는 것, 그리
고 십계명은 창조주 나 여호와가 지키
지 못할 것을 내려보낸 것이 하나도
없으며 인간은 모두 지킬 수 있는 것
만 내려보냈다는 것을 알 것이며,
15 천 가지 만 가지 악한 것을 생각 속에
서 싸워서 이기지 못하여 인간으로서
주저앉는 그들에게, 사랑이라는 것을
하나만 실천하면 그 모두를 이길 수
있다는 그와 같은 위대함을 저희들에
게 가르쳐 주고 내가 전해 주지 아니
하더냐?
16 그러니 저희를 위해서 전해 주는 것을
감사하게 받으며 눈물겹게 싸워 저희

것으로 만들면 되는 것을,
17 어찌하여 나의 아들이 저에게 피해를
입히지 아니하며 저희 것을 도둑질하
지 아니하거늘, 저희와는 아무런 연관
도 없으며 연고 관계도 없는 자들이
어찌하여 나의 아들의 가슴에 비수를
꽂으려 하며, 나의 법전을 욕되게 하
며, 나의 법전을 찢어 버리고 태우려
그리하느냐?
18 그들과는 아무런 연고가 없으며 관계
없다 전하라.
19 이를 읽고 깨우치고 안 깨우치는 것은
너희들의 자유요, 내가 너희들에게 재
물을 갖다 바쳐 이 책을 사라 하는 것
도 없으며, 너희들에게 이를 강매한
사실도 없으니,
20 너희들과 나의 아들과는 아무런 연고
가 없으며 나의 아들을 따르는 제자들
또한 아무런 연관이 없는 자들이니라.
21 아무런 연관도 없는 자들이 어찌하여
미워하며 용서하지 못하며 그를 저주
하며, 그를 세상에 존재하지 못하게
그와 같은 사악한 짓을 하는가?
22 그와 같은 마음을 갖고 그와 같은 행
동을 하는 자들이 바로 제가 사탄이
요, 마귀의 자식이기 때문에 그리하느
니라.
23 나의 아들을 따르는 제자들은 정녕 저
희들에게 피해를 입히는 자, 저희들에
게 손해를 입히는 자라 해도 그를 용
서하며 그 마음을 위로하고자 하거늘,
24 너희들은 아무런 연관도 없으며 아무
런 피해도 입히지 않은 백성까지 가슴
에 비수를 꽂으려 하며,
25 그들이 가지고 있는 것을 뺏으려 하
며, 그를 태워 버리며 찢어 버리며 사
탄이요, 마귀의 것이라 그리 짓누르고
억압하는 그 행위를 하니,
26 과연 이것이 하늘나라에 있을 수 있는
것이며, 그것이 사랑을 베푸는 자들이
며, 나 여호와의 뜻에 의해 살아가는
백성들이 할 수 있는 것이냐?
27 2천 년 동안 하늘의 진리를 배웠으며
사랑을 배웠으며 그리고 하늘에 오르
는 길을 배웠으며 연구하고 공부한 자
들이 과연 그게 할 수 있는 행위냐?
28 그러니 사탄이요, 마귀의 자식이라 내
가 명함이니, 내가 그들이 죽어 나에
게 왔을 때 '나는 모른다.' 그리 말할
것이니,
29 그 무서운 뜻을 저희들이 모른다면 정
녕 저희들은 구제의 길이 없을 것이니
라.
30 아무런 연관도 없는 나의 아들이 내리
는 것을 너희들이 보고 깨우쳐 구원을
받으면 영광이요, 그를 읽고 깨우쳐
너희들이 잃는 것보다는 얻는 것이 많
이 있을 것이거늘, 어찌하여 너희들은
그와 같은 사악한 행위를 하는가?
31 사랑과 베풂과 그 모두의 근본을 거역
하는 자요, 사탄의 자식이기 때문에,
그와 같은 사악한 행위를 하면서도 죄
인 줄 모르고 부끄러운 줄을 모르고,
저와 연관 없는 자를 무너트리고 욕되
게 하는 그 행위 자체도 모르는 어리
석고 불쌍한 자들이니, 그들에게 무엇
을 가르치고 무엇을 말한단 말이더냐?
32 물을 먹지 않는 짐승에게 먹이는 것보
다 더 힘들고 어려운 것이 그들의 깨
우침이니라.

33 그러나 그 속에서 그 많은 백성이 새
로운 종교요, 새로운 깨달음이요, 새
로운 지도자가 나오는 것을 원하는
자, 그들을 구원할 기회가 있을 것이
니,
34 그중에 단 한 명을 구한다 해도 너희
들의 뜻을 다 이룸이니, 너희들은 주
저하지 말며 용기 잃지 말며 최선의
노력을 다하여 달려가도록 그리하라,
사랑하는 나의 아들딸들아!

8,801 번째 하나님 말씀

2003년 12월 17일 12시 18분

1 사랑하는 나의 아들아,
2 그 불쌍한 자들에게 깨우쳐 주도록 그
리하라.
3 나 여호와가 너를 통하여, 너를 따르
는 제자들이요, 그들을 통하여 내가
오늘에 법전이요, 이 아름다운 하늘의
뜻을 내려보내지 아니하고 전하지 아
니하며 160권의 책으로 세상에 만들
지 아니하였다면,
4 죄 없는 나의 아들과 나의 아들을 따
르는 그 백성들이 핍박과 고통을 당하
지는 아니할 것이니라.
5 그러니 내가 너희들에게 그 모두를 내
려보냈으며 그 모두를 전한 것은 창조
주 나 여호와의 뜻이거늘,
6 이를 바라보지 아니하며 이를 듣지 아
니하면 저희들이 나에게 오를 수 없기
에, 내가 나의 아들이 그 핍박이요, 천
번 만번 죽어 가는 그 어려운 길을 가
도록 만드는 것, 그것이 나 여호와의
은혜라는 것을 모르며,
7 나의 아들을 따르는 제자들이 저희들
을 깨우치고 인도하는 것이 얼마나 위
대하고 소중한 것인가를 모르는 그 불
쌍한 자들에게 너희들은 전하라.
8 나 여호와가 명한 것이 아니면 너희들
은 절대 이 길을 가지 아니하며 이와
같은 역사를 너희도 아니 할 것이라,
9 그들처럼 그저 먹고 즐기며 편안한 마
음으로 살다 생명이 다했을 때 죽으면
하나님의 부름으로 가면 되나,
10 이 모두는 창조하신 아버지께서 명한
것이요, 아버지께서 내려 주시기에 너
희는 따르고 행하는 것뿐이요,
11 정녕 아버지께서 명하신 것이 아니요,
창조주가 내리는 것이 아니면 너희도
그리 가지 아니할 것이니라.
12 오로지 그들처럼 향락을 하며 거짓 할
줄 알며, 앞에서는 천사지만 뒤에서는
사악한 짓을 하며 너희도 그리 살 수
있으며 그들에게 뒤지지 않게 쾌락을
느끼고 살 수 있는 것이니라.
13 그러나 그 모두를 다 저버리고 그들에
게 깨우침을 주기 위하여 이 법전을
만들고 전하는 것은 창조주 아버님의
뜻이요, 아버님의 명이요, 아버님의
은혜를 보답할 수 있는 길이라 생각하
여 너희가 가고 있음을 똑바로 보라
그들에게 그리 전하라.

8,802 번째 하나님 말씀

2003년 12월 17일 19시 01분

1 사랑하는 나의 아들아!
2 "네, 아버님! 말씀하옵소서."
3 십계명이 무엇이던가?

4 내가 직접 써 내린 친필의 글이며 내
가 너희들에게 명한 것이며 너희들에
게 지키고 살라 내린 것이니라.
5 그러니 그를 지킬 수 없다 있다 시시
비비하는 것은 바로 무엇이더냐?
6 나의 십계명이 너희들이 살아가는 데
마음을 다스리며 너희들의 인간성을
다스리며 곱고 아름답게 살아가라는
것이며, 그리고 남에게 누를 끼치지
아니하며 스스로 당당한 모습으로 살
아갈 수 있는 삶의 기본이요, 근본이
니,
7 그를 지킬 수 없다, 그대로 살 수 없다
는 사람은 무엇이더냐?
8 그는 바로 너희들이 뒤집어 생각하면
정도의 삶을 살 수가 없으며, 사람이
바르게 사는 삶의 그 길을 갈 수 없다
말하는 것과 무엇이 다르단 말이더냐?
9 그러니 그를 지킬 수 없다 말하는 백
성들이 지금 나의 피조물 만백성을 구
원한다 하고 있음이니, 이것이 오늘의
너희들의 현실이니라.
10 지금 믿음의 길을 가고 있는 그 백성
들이 과연 어찌하는가?
11 스스로 자신이 변하지 아니하는 것,
자신이 부끄러운 것, 자신이 하늘을
향하여 살아가는 추하고 더러운 모습,
저 자신을 다스리지 못하는 그것을 너
무나 잘 알기에, 그들이 말하느니라.
12 저희 스스로 이 형태로써, 이와 같은
지도자로 그리고 오늘과 같은 믿음으
로써, 정녕 이대로는 하늘에 오를 수
없으며 이대로는 저희들이 구원을 받
을 수 없다 하느니라.
13 그리하여 그들이 불안한 마음을 가지
고 있으며 그리하여 그들이 하는 말
이, 새로운 믿음이요, 새로운 종교요,
새로운 지도자요, 새로운 말씀이 세상
에 내려오지 아니하면 아니 된다 저희
들이 그리 가르치고 있음이니,
14 그리하여 또 그들이 그리 깨닫고 있으
니, 그들이 바로 무엇이더냐?
15 성서에 기록하여 예수가 재림하여 구
원할 자와 버릴 자를 구분한다 하니
저희들이 그때를 기다리며, 그리하여
나의 아들 예수를 찾으며 예수의 보혈
로써 저희들이 구원을 받았다 생각하
며 구세주라 울고불고하는 것이 그들
의 마음이 아니더냐?
16 그러니 그들이 미래에 나의 아들이 올
수 없는지 있는지 그 자체도 모르는
자들이요,
17 가르치는 자들이 나의 아들 예수가 다
시 재림한다는 그 말을 듣고 저희들이
나의 아들 예수를 부르고 찾는 것으로
써 저희들을 기억해 줄 것이라는 생각
을 갖고 그들이 오늘의 그와 같은 믿
음으로 가고 있지 않은가?
18 저 자신도 저희들이 이대로는 아니 된
다는 것을 잘 알고 있음이니라.
19 이대로는 아니 되는 그와 같은 시대의
형국에 이르렀음이니, 내가 바로잡고
바로 다스리는 나의 성령이요, 나의
뜻을 세상에 내려보냄이니라.
20 이는 나 여호와의 고유의 권한이 아니
던가?
21 너희들이 하늘에 오르고 못 오르며,
너희들이 구원을 받았다 받지 못했다
하는 것, 그게 오만이요, 교만이요, 자
만함이라 하였음이니라.

22 구원하고 안 하는 것은 나 여호와의
고유의 권한이니,
23 내가 나의 아들을 통하든 누구를 통하
여 나의 성령을 내려보내어, 너희들이
말하는 창조주 아버님의 새로운 말씀
이 세상에 내려와 너희들을 인도하고
깨우치는 것,
24 성서에 기록되어 새로운 보혜사가 내
려와 나의 아들 예수가 역사했던 것부
터 모두를 다 다스리는 그와 같은 시
대가 열리고 그와 같은 시대가 역사하
는 것은 오로지 나 여호와의 권한이며
나만이 할 수 있는 것이니라.
25 내가 지금 나의 아들을 통하여 그 역
사를 이루든, 너희들이 생각지 않던
사람을 선택해서 이루든, 그것은 나
여호와의 뜻이며 내가 주관하는 것이
거늘,
26 너희들이 어찌하여 이게 잘못되었다
잘되었다 시시비비를 그리 마음대로
할 수 있단 말이던가?
27 이는 곧 너희들을 선택하지 아니하였
기 때문에, 너희들의 집단을 선택하지
아니하였기 때문에, 너희가 나로부터
은혜를 받아 이 160권이라는 대장정
의 법전의 역사를 이루지 못하기에,
28 너희들은 우선 이를 받아들이지 아니
하며 이를 이해하지 않으려 하며 이를
보려 하지 아니하는 것이 너희들의 마
음이 아니더냐?
29 그러니 너희들이 욕심이라는 그 마음
이요, 저만 위대하다 생각하며 제 것
만 최고요, 제 것만 위대하다는 그와
같은 오만한 생각을 버리지 못하고 있
는 너희들이기에 오늘의 너희들이 그
오류를 범하고 있는 것을 알아야 될
것이니라.
30 너희들은 이를 깨닫지 아니하는가, 이
세상에 모래알부터 하늘에 있는 날짐
승까지 모두는 다 내가 주관하지 아니
하며 내가 필요에 의해 만들지 아니한
것이 없다고 하면서,
31 160권의 대장정의 성서의 말이요, 나
의 뜻이라 하여 나의 아들이 전함이니
이를 보고도 너희들이 깨우치지 못하
며,
32 이와 같은 역사가 이루어지는 것을 스
스로 올 때가 되었으며 너희들이 원했
으며 부르짖기에 이와 같은 역사가 이
루어지거늘,
33 누구를 통하여 역사하고 누구를 통하
여 이루어지는지 그것을 가지고 너희
들이 시시비비할 것이 아니니라.
34 너희들은 나의 법전을 들고 그리 말하
느니라.
35 이를 쓴 자가 과연 어떠한 목사요, 어
떠한 목자요, 어떠한 종파에 속해 있
는 자며, 그가 가지고 있는 직함이 무
엇이며, 그가 믿음의 역사를 얼마나
가져 온 자인지 그것을 물어보고 따지
고 그것으로써 너희들은 나의 법전을
선택함이니,
36 너희들이 천 년을 사는데 구렁텅이에
서 살면 무엇하느냐?
37 너희들은 단 하루를 산다 해도 광명천
지에서 자연의 아름다움을 보고 사는
것, 이와 같은 것이 다 이치가 다르거
늘,
38 어찌하여 너희들은 누가 썼으며 누가
받았으며 누가 역사하는 것이냐 그것

을 가지고 너희들이 나의 법전을 평가
하고 따지는 것인가?
39 주체성이요, 저 자신도 모르며 제 생
각도 없으며 지조도 없는 자들이요,
그리 어리석고 불쌍하기 한이 없는 백
성이 그들이니라.
40 그와 같은 그들이 오늘의 이 세상을
주도하며 이끌어 가고 있음이니,
41 그 세상에 있는 백성을 변화시키고 역
사하는 것, 나의 법전을 가슴에 전하
여 정독하게 하는 그 길이 얼마나 어
렵고 힘든가를 알아야 될 것이니 그리
알라.

8,803 번째 하나님 말씀

2003년 12월 17일 19시 05분

1 사랑하는 나의 아들아!
2 "네, 아버님! 말씀하옵소서."
3 나의 아들을 따르는 제자 너희들은 알
아야 될 것이며, 너희들은 행하고 실
천하는 그와 같은 삶을 살아야 될 것
이니라.
4 너희들은 나 여호와가 역사하고자 하
며 이루고자 하는 것이 무엇이며, 내
가 역사하고자 하는 새로운 시대를 여
는 것, 그 근본이요, 기본이 무엇인 줄
알겠느냐?
5 너희들은 사랑이라는 것을 알 것이니
라.
6 사랑으로 실천하는 것, 그 사랑을 실
천함으로써 모두가 역사한다는 것, 그
리하여 그 사랑을 실천하기 위하여 모
든 악습과 모든 죄를 행하지 아니하여
너희들이 사탄을 이길 수 있는 것,
7 그와 같은 모든 힘의 원천은 너희들이
사랑을 실천함이요, 사랑을 행함에 있
는 것이니라.
8 모든 악습과 모든 죄를 너희들이 행하
지 아니하고 바로 살 수 있는 것, 그리
고 사탄의 유혹을 이길 수 있는 것, 그
모두는 사랑의 힘이요, 사랑을 실천하
는 것밖에 없다, 나의 아들은 너희들
에게 그리 전하였음이니라.
9 그리하여 너희들이 오늘에 가는 믿음
이요, 하늘을 오르고자 하는 그 신앙
생활이 사랑이 없는 믿음이라면 너희
들은 아무런 가치가 없는 것이라는 것
을 알아야 될 것이니라.
10 나 여호와는 사랑이라는 열매를 거둬
들이고자 함이니,
11 사랑이 없는 믿음이요, 그 신앙을 위
하여 너희들이 사랑의 열매가 맺어지
지 아니하며 사랑의 열매의 결실이 없
을 때, 나는 거둬들일 것이 없으며 내
가 추수할 것이 없음이니,
12 사랑이 없는 믿음은 무가치한 것이며
아무런 의미가 없는 것이라는 것을 너
희들은 알아야 될 것이니 그리 전하라.
13 믿는 자체만으로 너희들이 역사하며
나에게 올 수 있다는 그와 같은 생각
을 너희들은 바꿔야 될 것이니라.
14 믿음이라는 그 자체를 너희들이 부르
짖는 것, 믿음이라는 것을 찾고 가는
것, 그것만으로는 아무런 가치가 없는
믿음이요, 죽은 믿음이요, 살아 있는
믿음이 아님을 너희들은 알라.
15 지금의 모든 종교 집단과 지도자가 과
연 사랑의 행함이요, 실천함을 어찌
실천하며 어찌 역사하고 가는가, 너희

들은 그를 들여다보며 그들의 실체를
봐야 될 것이니 그리 알라.
16 나 여호와가 바라보는 오늘의 종교 집
단이요, 지도자요, 그들에게는 진정한
사랑이 없으며 진정한 사랑을 행하는
자가 없음이니라.
17 '나'를 버려 '남'을 구하는 것이 사랑이
며,
18 너희들이 '나'를 위해 기도하기 전에
'남'을 위해 기도할 수 있는 마음을 갖
는 것, '남'을 위해 너희들이 모두를
역사하며 '남'을 위해 사는 삶을 살아
가는 것, '남'을 위해 너희들이 모두를
행하는 것, 그것이 곧 사랑의 실천이
니라.
19 그러니 그 사랑을 실천하지 않는 것은
죽음의 믿음이라는 것을 너희들은 알
아야 될 것이니라.
20 그뿐이던가? 사랑을 실천하는 믿음으
로 가지 않는 것만 해도 천만다행이라
할 수 있으니,
21 너희들은 남을 사랑하지 않고 실천하
지 않는 것보다도 더 사악한 한 계단
더 높은 짓을 하고 있음이니,
22 나의 사랑하는 백성을 구원해 준다는
그 명분 아래 그들의 금화와 은화요,
재산을 빼앗아 거둬들이는 그와 같은
행위를 하는 것이요,
23 그를 많이 바치는 자만이 축복이요,
영광이 있다, 나의 백성을 그리 다스
리며 무기력하게 만든 것이 너희들이
니라.
24 오늘의 이 행태를 보고 나 여호와가
다시 새로운 시대를 열지 않을 수 없
으며, 내가 새로운 성경이요, 나의 법
전으로 세상을 다시 이루지 아니하면
아니 될 오늘에 이르렀음이니라.
25 이 모두는 너희들이 만든 결과요, 너
희들이 이룬 것이니,
26 너희들의 죄의 열매의 결과를 내가 이
제 더 이상 놔두지 아니하고자 하는
그와 같은 시대를 열도록 한 것도 너
희들이 다 자초한 것이라는 것을 알아
야 될 것이니 그리 알라.

8,804 번째 하나님 말씀

2003년 12월 17일 19시 08분

1 사랑하는 나의 아들아!
2 "네, 아버님! 말씀하옵소서."
3 네가 세상의 무생물과 대화하며 의사
를 소통한들 무엇하겠는가?
4 동물과 네가 대화를 나누며 그 뜻을
알며 식물과 대화를 하며 그들이 말하
는 것을 안들 무엇하겠느냐?
5 또한 네 제자들의 미래를 알려 주며
그들의 갈 길을 알려 주며 그들을 다
스려 준들 무엇하겠느냐?
6 사랑의 실천이요, 사랑의 행함이 없는
그 믿음은 아무런 가치가 없으며 네가
존재 가치도 없다는 것을 알아야 될
것이니, 너의 제자들에게 그리 가르쳐
야 될 것이니라.
7 그러니 너의 제자들에게 이르라.
8 죽은 자를 살리는 그와 같은 기적을
이루는 역사요, 눈 먼 자를 눈뜨게 하
는 자요, 병상에 있는 자를 살리는 것
이요, 세상에 어떠한 누구도 이룰 수
없는 기적을 이룬다 해도,
9 너희들이 사랑을 실천하지 않으며 사

랑을 행하지 않는 그와 같은 삶을 살
아가는 자, 그 모두는 다 나와 아무런
관계도 없는 것들이 이 세상에 이루어
지며 자행된다는 것을 알아야 될 것이
니라.
10 이제 나의 아들을 따르는 제자요, 그
리고 나의 법전을 읽고 깨우친 만백성
너희들은 정녕 사랑이라는 것은 무엇
이며 사랑을 행하는 것이 무엇인가를
나의 법전을 정독하여 깨우쳐 사랑의
그 길을 가도록 하라.
11 그것만이 너희들이 나에게 오를 수 있
는 길이요, 구원의 길에 들어설 수 있
을 것이며 나로부터 은혜를 받을 수
있는 것이니라.
12 어떠한 역사요, 어떠한 기적도, 나의
법전을 만들어 세상에 전하든, 네 모
두를 다 바쳐 나의 법전을 세상에 전
하는 그 역사를 한다 해도,
13 너희가 사랑을 실천할 줄 모르며 너희
자신이 사랑의 마음이 싹트지 아니하
고 있다면, 그와 같은 것이 나와는 아
무런 관계가 없다는 것을 알며, 너희
들은 죽어 와 나에게 원망하지 말라.
14 나 여호와는 너희들에게 하늘의 뜻을
모두 깨우쳐 주었으며 전했음이니, 깨
달아 행하고 얻고 못 하는 것은 너희
들의 것이니, 그리 전하도록 하라, 사
랑하는 나의 아들아!

8,805 번째 하나님 말씀

2003년 12월 17일 19시 13분

1 사랑하는 나의 아들아!
2 "네, 아버님! 말씀하옵소서."
3 이 지구상에 모든 부분들이요, 부분적
인 역사함이요, 부분적인 능력을 가졌
다 하는 자, 그리고 부분적으로 책임
을 맡았다 하는 백성이 수없이 있음이
니라.
4 그러나 너희들은 그를 알아야 될 것이
니라.
5 이 세상에 부분적인 것을 가지고 있는
백성들이 있으며, 나로부터 명을 받아
노력하는 백성이 있으며, 나의 뜻에
따라 역사하는 백성들도 있으나,
6 온전한 나의 뜻이 세상에 내려오면 부
분적인 그 모든 것은 폐하게 되어 있
으며, 그들은 다 흡수되며, 존재할 수
없는 것이 하늘의 법도라는 것을 너희
들은 알아야 될 것이니라.
7 지금까지 부분적인 깨우침을 역사한
자들이 수없이 있으나, 이제 내가 160
권의 법전이요, 나 여호와의 뜻이요,
나의 성령을 책으로 근거하여 세상에
만들어 냄이니, 그 부분적인 모든 것
을 다 폐하는 것이니라.
8 그러나 너희들은 여기서 알아야 될 것
이니라.
9 나의 아들을 따르는 그 제자들이요,
그리고 나의 법전을 읽은 백성 너희들
은, 나의 법전이 완벽한 것이며 완전
한 것이 세상에 내려오나 그것을 행하
고 지키는 것은 너희들이니, 나의 법
전이 내려오는 것이 완전한 뜻이나 그
뜻을 행하는 것은 너희들이니라.
10 너희들이 사랑을 완전한 것으로써 보
여 주며 사랑의 행동으로 실천하고 살
아가는 그것이 이루어져야 됨을 알아
야 될 것이니라.

11 이제 내가 완벽한 나의 뜻이요, 나의
법전을 세상에 내려보냈으니, 나의 아
들을 따르는 제자들이요, 나의 법전을
읽은 백성 너희들이 완전한 법전을 만
들어, 지금까지 부분적으로 내렸던 그
모두를 내가 거둬들이고 철회할 수 있
는 것은,
12 너희들이 사랑을 실천하는 그 행동을
완벽하게 할 때만이 내가 그와 같은
모두를 폐하게 되어 있다는 것을 너희
들은 알아야 될 것이니라.
13 너의 제자들이 완벽하게 가지 못하며
완벽한 사랑을 행하지 못할 때, 지금
부분적인 것을 역사하는 그들마저도
내가 폐하고 모두를 다 버린다면 과연
어찌하겠느냐?
14 그러니 너희들이 완벽한 사랑을 실천
할 때까지 그 모두를 다 폐하지 못하
고 있는 나 여호와의 뜻을 너희들은
알겠는가?
15 너희들이 완벽한 사랑이요, 나의 법전
대로 살아가는 그와 같은 역사가 이루
어질 때, 부분적인 그 모두는 이 세상
에 하나도 존재하지 못하며 모두가 다
폐해지며 폐기된다는 것을 너희들은
알아야 될 것이니라.
16 그러니 너희들의 마음을 다스리도록
하라 그리 전하라.
17 너희들이 완벽한 사랑이요, 완벽한 사
랑으로 섰을 때, 모두는 다 내가 폐기
할 것이며, 모두를 다 거둬들일 것이
며,
18 오로지 나의 법전 앞에 그 모두가 고
개 숙여 읽고 깨우쳐 내 뜻에 의해 역
사하는 그와 같은 백성들로서 내가 이
끌어 줄 것이니 그리 알라.
19 너희들 자신이 사랑하는 마음, 사랑의
실천을 완벽하게 하도록 그리하라, 사
랑하는 나의 아들딸들아!

8,806 번째 하나님 말씀

2003년 12월 17일 19시 17분

1 사랑하는 나의 아들아!
2 "네, 아버님! 말씀하옵소서."
3 내가 너에게 상세히 가르쳐 주었느니
라.
4 너희들이 자식을 낳아 기름이니, 그가
어렸을 때, 또한 성장하는 과정에, 어
른이 되는 그 과정에 너희들의 교육
과정이 다르며 그들이 살아가는 방법
이요, 부모와 자식 간의 관계도 변화
된다 그리하지 아니하였던가?
5 어려서는 너희들이 모두를 보호해 주
나, 그 자식이 가정을 가져 성장할 때
는 그가 힘들고 어려운 그 부모를 보
필하며 다스리는 것이 인간사의 법도
이지 않느냐?
6 너희들이 봄에 씨앗을 뿌리니, 잘 가
꾸어 무성하게 열매를 열어 그 결실을
거둘 때는 또 결실을 거두는 도구가
필요하며 농부가 결실을 거둬들이는
기쁨이 또한 있지 않으냐?
7 사랑이라는 것 그리고 믿음이라는 것
이 다 그러함을 너희들은 알아야 될
것이니라.
8 모두를 거둬들이는 그와 같은 때 모두
가 다르듯이, 인간인 너희들의 모두의
결실을 거둬들이고 점검하는 그와 같
은 시대가 지금이라는 것을 너희들은

알아야 될 것이니라.
9 그러니 지금 모두를 다 거둬들이는 그
시점에 온 나 여호와는 너희들에게 맞
는 그와 같은 나의 뜻을 전함이니라.
10 그리하여 너희들이 사랑을 행하고 행
하지 못한 자를 구분하여 지금 내가
거둬들이고 있는 그와 같은 시대이니
너희들은 이를 알아야 될 것이니라.
11 그러나 너희들이 사랑이 무엇이며 완
벽한 사랑을 실천하는 길이 무엇인지
그를 알지 못하고 그를 잘못 깨우치는
백성들이 있기에,
12 내가 마지막으로 너희들에게 한 번의
기회를 주기 위하여 나의 법전이라 하
여 나의 성령을 내려보내어,
13 가장 기초적인 것이요, 가장 아래부터
깨닫고 느낄 수 있도록 상세히 내가
기록하여 내려보내는 것은 너희들을
사랑하기 때문이니,
14 너희들이 사랑을 실천하고 나에게 오
르고 못 오르는 자, 내가 지금 결실을
거두어 나의 곳간에 쌓이는 자, 버려
지는 자, 그와 같은 것을 역사할 수 있
는 기회를 단 한 번 더 주었다는 것,
15 나의 법전이 너희들에게 내리는 한번
의 기회요, 얼마나 소중하고 귀한 것
인가 너희들은 알아야 될 것이니라.
16 지나온 세월은 오늘의 너희들이 존재
하기 위함이었다는 것, 그리하여 오늘
의 결실을 거둬들이는 그 시대를 위하
여 구약이요, 신약의 시대는 역사했다
는 것도 너희들이 더불어 깨우쳐야 될
것이니라.
17 그러니 구약은 구약의 시대에 필요했
던 것이며, 신약은 신약의 시대에 필
요했던 것이며, 지금의 결실의 이 세
대에 필요한 것은 오늘의 세월에 필요
한 것을 다 받치며 너희들이 그 모두
를 받쳐 주기 위하여 그 모두가 필요
했던 것이니,
18 오늘의 너희들이 존재하며 역사하는
것을 위하여, 너희들이 나의 법전을
가지고 만백성을 구하며 사랑의 실천
함이 무엇인지 사랑의 행함을 직접 보
여 주어, 너희들의 행함을 보고 깨닫
는 만백성을 인도하는 너희들이 오늘
에 있기까지 그 모두가 다 존재했다는
것이라는 것을 너희들은 알아야 될 것
이니라.
19 그렇다면 나의 법전과 너희 자신이 얼
마나 귀하고 소중한 나의 백성이요,
나의 법전인지 깊이 깨우쳐, 한 점의
부끄럼이 없는 그와 같은 삶을 살도록
너희들이 다스려 나가도록 그리하라,
사랑하는 나의 아들딸들아!

8,807 번째 하나님 말씀

2003년 12월 17일 19시 25분

1 사랑하는 나의 아들아!
2 "네, 아버님! 말씀하옵소서."
3 예수가 말하여 그 제자들에게 전하였
음이니라.
4 너희들이 그 구절을 수없이 읽고 깨우
쳤어도 이를 바로 깨우치지 아니하면
이를 너희들이 행하지 아니함이니, 오
늘같이 험악하고 험악한 세상이 되었
음이니라.
5 예수가 그리 말하였느니라, '아버지께
서 너희에게 보낼 보혜사, 곧 아버지

로부터 나오시는 진리의 성령이 오실
그때에 그가 나를 증거할 것이라' 예
수가 그리 전하였음이니라.
6 예수가 기록하여 제자들에게 가르친
그 뜻을 너희들은 모르겠는가?
7 아버지께서 너희에게 보내실 보혜사,
곧 아버지로부터 나오시는 진리의 성
령이 내가 무어라 말하였느냐?
8 지금 나의 아들을 통하여 내리는 나의
법전이요, 새로운 성경이 나의 성령을
태워 모두를 다 내려보내는 그와 같은
역사를 이루고 있는 것이 내 뜻임을
너희들은 알아야 될 것이며,
9 나의 아들 예수가 일찍이 그 제자들에
게 미리 가르쳐 전하도록 내가 그 구
절을 넣었거늘, 그를 읽고 또 수없이
읽고 가르치는 자들이 과연 어찌 가르
치며 어찌 전하는가?
10 너희들은 그와 같은 뜻을 인정하지 아
니하려 하며, 그를 믿지 아니하려는
것이니라.
11 더욱이 무어라 말하였느냐?
12 나의 성령이 내려올 때 그를 가지고
오는 자가 예수의 그 고통스러움이요,
예수가 역사한 것이며 진실한 나의 아
들이라는 것을 증거할 것이라 그리 전
했음이니라.
13 너희들은 나의 아들 예수가 예수로서
나의 아들이라는 것을 증거하는 것이
아니요,
14 예수가 역사하고자 예수를 통하여 이
루고자 했던 그 뜻이 왜곡되었으며 그
를 이루지 못하였음이니,
15 지금 다시 오는 나의 아들이 예수가
역사하고자 한 뜻이 무엇이며 예수가
이루고자 하는 것이 무엇인가를 너희
들에게 상세하게 가르치고 깨우쳐 줌
이니라.
16 이는 곧 예수가 나의 아들이라는 걸
증거함이 아니요, 곧 그는 내 뜻을 역
사했다는 것을 너희들에게 가르쳐 줌
이니, 그것이 나의 아들 예수를 증거
하는 그와 같은 역사인 것이니라.
17 나의 아들이 예수가 나의 아들이다 아
니다 그것을 판가름하는 것이 아니라,
18 내가 예수를 통하여 가르치고 역사했
던 것을 그가 가르치며 전하여 예수의
역사를 받아 이루는 것이며, 그리하여
지금의 나의 법전이 예수가 역사하고
이루고자 했던 그 뜻을 그대로 가르치
며, 예수가 전했던 그 뜻을 지금에 살
림이니라.
19 그게 곧 나의 아들 예수를 증거하는
것이라는 그 뜻을 너희들은 어찌 그리
깨우치지 못하고 알지 못하는가?
20 지금 나의 성령을 모두 다 태워 내려
보낸 나의 법전이 보혜사요, 그 은혜
에 감사함을 모르는 것이 너희들이니
라.
21 그러니 나의 아들이 그를 증거하며 예
수가 역사하는 그 모두를 지금 나의
아들을 통하여 그를 하나하나 행하고
실천하고 가는 것이 무엇이 다르며 무
엇이 어긋나는가?
22 이미 나 여호와가 언약하고 명한 것을
그대로 실천하고 역사한다는 것을 너
희들이 안다면, 너희들의 마음 자세가
과연 어찌 가야 하는 것인가 너희들은
알아야 될 것이니라.
23 이를 아는 자들이 과연 그리 가르치며

다시 올 것이라 생각하는가?
24 그러니 제가 받지 못했으며 제 손에서
역사하지 아니하기에 참진리요, 나 여
호와의 뜻이요, 그 누구도 역사할 수
없는 160권이라는 대장정의 나의 법
전이요, 새로운 성경이 세상에 내려오
는 것을 읽지 아니하며,
25 그의 가슴에 너희들이 비수를 꽂으려
하는 것이며, 그를 제거하려 하는 것
이며, 나의 법전을 태우려는 것이 너
희들이 아니더냐?
26 이제 나는 너희들에게 언약한 것을 다
실천하고 있음이니라.
27 나의 아들이 세상에 왔던 그 뜻을 전
하는 것이 오늘의 나의 아들의 역사
며, 그를 시행하는 것이 나의 아들의
역사이니,
28 이는 내가 미리 예언하여 준비된 나의
아들이요, 나의 법전이요, 이게 내 성
령이라는 것을 이제 나의 아들을 따르
는 제자 너희들은 알아야 될 것이며
이를 깨달아야 될 것이며,
29 이를 보고 깨우치는 만백성 너희들은
이 언약의 뜻을 이제 너희들 것으로
깨우치고 만들어 너희들이 바로 서는
데 최선을 다하는 삶을 살도록 그리하
라.
30 하나의 오차도 없으며 하나의 어긋남
도 없이 모두 기록하여 전해 주었음을
너희들은 알아야 될 것이니라.

8,808 번째 하나님 말씀

2003년 12월 17일 20시 32분

1 사랑하는 나의 아들아!
2 "네, 아버님! 말씀하옵소서."
3 너를 따르는 제자들이요, 나의 법전을
읽고 깨우친 만백성 너희들은 성서의
실체요, 나의 법전의 그 실체를 바로
알고 깨우쳐야 모든 백성의 지도자로
서 너희들이 설 수 있음을 알아야 될
것이니라.
4 지금 내가 내리는 이 성령이요, 새로
운 나의 법전은 나의 아들이 기계를
통하여 너희들에게 전함이니, 그 제자
들이 이를 다듬어 법전이요, 책으로
만듦에 있어서도, 너희들은 '가'요,
'나'요, 그를 가지고 시시비비하며 옳
고 그름을 따지며 연구하여 법전이 나
가는 것이 지연될 때가 있으며 너희들
이 하는 사업이 늦어짐이니,
5 기계에 기록하여 직접 듣고 적어 너희
들이 지금 만드는 것도 '가냐, 오냐'
이것을 따지면서 그를 맞추기 위하여
너희들이 많은 시간을 소비하여 거기
서 결론을 얻어 나의 법전을 만듦이
니, 과연 성서에 기록된 내용은 어떠
하겠는가?
6 성서에 기록하기를 한 획도 고치지 말
며 한 자도 넣지도 빼지도 말라 그리
하였음이니, 그것을 내가 너희들에게
그리 가르쳤음이니라.
7 이것은 그들이 고쳤으며 그들이 잘못
되었으며, 저희들이 오류를 했기 때문
에 그와 같은 것이라 내가 그리 말하
고 가르쳤음이니,
8 오늘 너희들은 하나의 실체를 더 알아
야 될 것이니라.
9 내가 나의 법전을 놓고 정확한 기계에
녹음하여 만들어 기록하는 것도 너의

제자들이 고르고 또 맞추고 찾아 그
뜻을 찾아내거늘,
10 지금 모든 믿음의 길을 가는 그것을
만든 그들은 수십 명이 모여 나의 성
경을 몇천 년이 흐른 다음에 만들고
또 손질하여 다듬었으니, 그들이 한
획도 고치고 빼지 말라는 것은 무엇인
줄 알겠느냐?
11 나의 아들 예수가 이 세상에 와 33년
동안 역사한 것이 성서에 기록된 것만
이 있는 것이 아니라, 그보다도 더 많
은 몇 배의 양이 있었으며 그 많은 역
사를 이루고 기록한 것이 거기에 있었
음이니라.
12 그러니 그중에서 그것을 추리고 추린
것이 오늘의 성서라는 것을 너희들은
일단 짚고 넘어가야 될 것이니라.
13 지금 나의 아들을 따라 법전을 만드는
그 제자들은 정확한 것을 놓고서 저희
들이 하나의 합의점을 찾으나,
14 그들이 그를 만들어 냄에 있어서 완벽
한 성서라 하여 만들어 낼 때, 누구는
이것을 넣어야 될 것이며 누구는 이것
을 빼야 될 것이며,
15 나의 아들 예수가 행하고 역사한 것의
그 덩어리가 수없이 많으니, 그걸 가
지고 그들이 갑론을박하고 시시비비
한 것이 얼마나 많겠느냐?
16 그러니 그들은 나의 피조물 만백성,
지금의 종교 집단이요, 지도자요, 그
백성에게 한 획도 넣고 빼고 더하지
말라 한 것이 아니라,
17 저희들이 이제 이걸로써 매듭을 지었
으며 이것으로써 종결했으니, 이걸 종
결한 그 뒤부터 너희들은 가타부타 예
수의 역사요, 아름답고 귀하고 소중한
것, 꼭 넣고 싶은 것, 또 빼고 싶은 것
이 있다 해도 더 이상 손을 댈 수 없으
며 한 자도 빼도 더하지도 못하도록
함이니,
18 이것은 저희들의 언약이요, 저희끼리
그 상황에 약속한 것이라는 것을 너희
들은 알아야 될 것이니라.
19 그러니 나의 성서가 기록된 것이요,
지금 신약이라 하여 너희들이 이게 하
늘에 오르는 길이요, 이것만이 너희들
의 구원의 길이라 말하는 이것을 문명
의 시대에 몇십 명이라는 그 백성이
만들 때는 어찌 만들었겠는가?
20 그것도 예수의 제자요, 저희들이 행한
것을 취합하고 또 취합하여 들은 자가
각자가 다름이니,
21 이를 종결할 때는 넣을 것도 많으며
주장한 사람도 많으며 빼기를 주장하
는 사람도 많이 있었으나 귀하고 소중
한 것까지 다 놓쳤음이니라.
22 그리하여 너희들이 그를 만들어 낼 수
없기에, 모여서 만드는 사람들이 오늘
이 순간부터 성서를 더 넣고 빼는 것
은 일절 말하지 말자 하여 저희들이
기록한 것이 지금의 모든 백성들이 성
서를 한 자도 넣고 빼도 안 된다는 그
와 같은 가르침이요,
23 이게 너희들에게 전하여져 오늘의 이
와 같은 잘못됨이 흐르고 있다는 것을
너희들은 알고 깨우치라.
24 이제 나의 아들을 따라 나의 성령을
가지고 만백성을 구하는 역사의 길을
가는 대명을 받은 너희들은 성서의 흐
름이요, 그 역사함의 모두를 알아야

될 것이니 그리 알라.

8,809 번째 하나님 말씀

2003년 12월 18일 07시 34분

1 사랑하는 나의 아들아!
2 "네, 아버님! 말씀하옵소서."
3 이 세상 것 그 모두가 다 내가 관리하
며 내 것이라 그리하였음이니, 너희들
이 나의 법전을 가지고 세상에 전하고
자 하는 것, 그 모든 기계 문명 또한
모두 다 무엇이더냐?
4 나의 법전을 위하여 존재하며, 내가
역사하는 것을 위해 다 존재하거늘,
너는 어찌하여 그것들을 이용하여 그
것들을 활용하여 나의 법전을 세상에
전하는 그와 같은 생각을 하지 못하고
있는가?
5 세상의 모두는 다 내가 역사하는 것이
며, 내가 이용하고자 내가 활용하고자
하여 모두 존재하며 이루어진 것이니,
그는 다 내가 관리하고 모두 내 것이
라 하지 아니하였더냐?
6 그러니 이 세상의 모든 과학 문명이
요, 그들이 변화되는 것, 그리고 너희
들이 홍보하는 것, 전하는 것, 그 기계
문명의 발달에 의하여 그 모두도 다
나의 법전을 위한 것이요, 나의 법전
을 역사하기 위한 것이니,
7 그를 이용하여 너희들이 만백성에게
전하는 그 간단하고 쉬운 방법을 선택
하지 아니하고, 어찌하여 네가 우매하
고 둔한 생각으로써 모두 역사하려 하
느냐?
8 이것이 지금 네가 나가지 못하고 있는
것이며 가지 못하고 있음이니, 너희들
은 첨단 과학의 모든 기술로 역사하도
록 그리해야 될 것이니라.
9 몇십 년 전에 있는 것, 그것을 가지고
역사하려 하지 말라.
10 지금은 하루가 몇십 년씩의 변화가 오
는 이 시점에서, 너희들이 몇십 년이
지난 과거의 것을 가지고 모두를 역사
하려 한다면 그것이 과연 오늘의 첨단
과학이요, 첨단의 기술에 네가 따라갈
수 있겠는가?
11 그러니 너는 그곳에 신경을 쓸 것이
며, 그곳에 네가 머리를 돌릴 것이며,
그것에서 나의 법전을 역사하는 길을
찾도록 그리하라.
12 이것이 네가 해야 할 일이며 네가 변
화되는 길이라는 것을 어찌하여 그를
깨닫지 못하는가?
13 이제는 네가 부닥칠만큼 부닥치고 네
가 연구한 만큼 생각한 것만큼 노력을
했으니, 이제는 첨단 과학이요, 기술
에 의한 것으로써 네 머리를 깨우치도
록 그리하라, 사랑하는 나의 아들아!
14 나 여호와가 너와 같이할 것이니라.

8,810 번째 하나님 말씀

2003년 12월 18일 07시 45분

1 (예수님께서 전해 주신 말씀입니다.)
2 지상의 모든 백성, 나의 형제는 알아
야 할 것이오.
3 나는 창조주 아버님의 영광을 얻어 아
버님의 나라에 와 있는 예수입니다.
4 새로운 아버님의 성령이 내려가 세상
을 심판함이니, 이를 접하고 읽고 깨

우쳐 행하는 자는 구원을 받을 것이
요, 그렇지 못한 백성은 영원히 구원
의 길에 들어설 수 없음을 알아야 할
것입니다.
5 나는 아버님의 아들딸이요, 그 모두는
나의 형제인 여러분을 찾고, 여러분은
나를 부르고 있사옵나이다.
6 나는 여러분이 오기를 바라며 여러분
을 기다리고 있으며, 또한 여러분은
나를 찾고 부르짖고 있지 아니합니까?
7 나 예수가 너무나 답답하고 가슴이 아
파, 창조주 아버님께 간곡히 말미를
빌려 전하니, 나를 진정으로 믿고 따
르고자 하는 백성 여러분!
8 나 예수가 말하는 하나님의 말씀인 이
법전을 여러분이 가슴에 안고 정독하
지 아니하면 절대 구원의 길을 올 수
없다는 것을 여러분은 아셔야 됩니다.
9 지금 여러분이 구원의 길이라는 것은
지금 내리시는 아버님의 성령이요, 그
모두를 내리는 하늘에 오르는 길이요,
'하나님! 말씀하옵소서.' 이 법전을 가
슴에 안고 정독하고 또 정독하지 아니
하는 자는 올 수 없다는 것을 여러분
은 알아야 될 것입니다.
10 바로 내가 직접 여러분에게 전함이니,
나를 존경하며 나를 따르며 내가 구세
주라 부르짖는 만백성 여러분은 이 나
의 뜻을 간곡히 받아, 여러분이 바른
길이요, 구원의 길을 와 나를 만날 수
있는 그와 같은 영광을 얻기를 바라는
바입니라.
11 여러분은 나를 부르짖고 찾기만 하면
구원을 받는다 그리 말하니, 나 예수
의 송구스럽고 어려운 이 마음을 여러
분이 헤아려야 될 것입니다.
12 하늘의 뜻을 거역하는 자는 용서받지
못함을 여러분은 알아야 될 것이며,
그 죄가 얼마나 무섭고 두려운 것인가
알아야 될 것입니다.
13 아버님께서 마지막 기회요, 마지막 한
번의 기회를 사랑하는 우리 형제 여러
분을 구원하고자 지금 내리시는, '하
나님! 말씀하옵소서.', '하늘에 오르는
길'인 이 법전, 이를 가슴에 안고 정독
하셔야 될 것이며,
14 이를 따르지 아니하는 자, 결코 구원
을 받을 수 없으며 하늘에 오를 수 없
으며 나를 볼 수 없으며 아버님을 볼
수 없다는 것을 여러분은 아셔야 될
것입니다.
15 그리고 결단코 여러분에게 내가 다시
한 번 전함이니, 나와 아버지와 같다
는 말을 하지 마시기 바랍니다.
16 보내신 아버지요, 유일한 창조주 아버
님 그분을 진노하게 하지 말며 그분의
마음을 아프게 해서는 아니 될 것이
니, 이를 여러분은 명심하고 또 명심
해야 될 것이며,
17 나를 따르며 나를 구세주라 부르며 나
를 부르기만 하면 구원을 받는다 생각
하는 여러분이 나를 믿고 따르고자 한
다면, 내 뜻을 따라 이 법전을 가슴에
안고 정독하여 하늘에 오르는 길을 보
도록 그리하셔야 될 것이니, 이를 잊
지 마시오.

8,811 번째 하나님 말씀

2003년 12월 18일 07시 50분

1 사랑하는 나의 아들아!
2 "네, 아버님! 말씀하옵소서."
3 너희들은 연인과 연인 사이에 시적이
요, 아름답고 고운 사랑의 편지를 보
냄이니라.
4 그러나 그 사랑의 편지를 써서 보내는
사람이 아무리 곱고 아름다운 내용을
써서 보낸다 해도, 그 마음이 그와 같
이 진실하지 못하며 그 사랑함이 그와
같은 내용처럼 가지 못한다면 그는 거
짓이고 위선이지 않더냐?
5 그러니 아무리 아름답고 고운 마음이
요, 눈물을 흘릴 수 있는 감사의 편지
를 전한다 해도, 보내는 자의 생각이
요, 그 행동이요, 마음이 그와 같지 아
니하며, 그것이 형식적이요, 상대방의
마음을 울리고 이용하기 위하여 진실
이 없는 편지라면, 그 글이 아무리 아
름답고 고와도 그는 하나의 휴짓조각
만도 못한 것이 아니더냐?
6 차라리 어린아이가 낙서한 것보다 못
한 것이 거짓된 내용들이 아니겠느냐?
7 그러니 나 여호와가 내리는 성경이요,
나의 아들을 통하여 내리는 나의 구약
이요, 신약의 성서 모두를 너희들이
손을 댔으며 고쳤으며, 또한 잘 기록
된 내용도 그 의미를 모르며 그 위대
함을 모르며 그 깨우침을 모르고 너희
들이 개구리 울음소리처럼 매일 그리
반복하고 반복한다면,
8 그 가르침은 과연 나의 진리냐, 그렇
지 아니하면 너희들이 위장된 거짓으
로 보내는 그 아름다운 편지와 같은
형국이 되겠느냐?
9 여기서 너희들은 깨우쳐야 될 것이니
라.
10 너희들은 나의 성경이요, 나의 아들
예수가 죽음으로써 이루고자 했던 그
성경의 모든 진실을 밝혀야 될 것이며,
11 그 숨어 있는 뜻이요, 비유의 뜻이요,
비사의 뜻을 너희들이 깨우치기 위해
서는 너희들이 천사와 같은 마음으로
먼저 변해야 되며, 그 뜻을 알아 그대
로 행하는 자가 되어야 됨을 알아야
될 것이니라.
12 사랑하는 나의 아들아!
13 "네, 아버님! 말씀하옵소서."
14 너의 제자들에게 전하도록 그리하라,
아무리 십계명을 너희들이 암송하고
암송한다 해도, 그를 지키지 아니하며
그리 행하지 아니하면 그 십계명이 휴
지 조각에 써 놓은 아무런 의미 없는
글귀와 마찬가지로 전락된다는 것을.
15 그러니 너희들의 행함이요, 실천함이
거기에 따라야 되며, 버금가야 되며,
거짓된 것이 없어야 하며, 두마음을
가져서는 아니 된다 함이니라.
16 너희들이 십계명을 외울 때 그를 지키
기 위하여 진심으로 노력하며 그걸 지
키고자 할 때, 그것은 너희들의 생명
을 구하는 것이요, 거듭나는 역사의
영광을 얻는 너희들의 영혼의 양식이
되나,
17 그렇지 아니하고 암송하며 그를 읽는
자는 무가치함이 아니더냐?
18 여인의 마음을 유혹하기 위해 그저 써
내리는 하나의 편지, 값없는 것과 무

엇이 다르겠느냐?
19 그러니 너희들이 나의 법전을 읽고 깨
우쳐 행하고자 하는 마음이 어떠한 마
음이며, 어떠한 자세로 너희들이 가야
할 것이며, 나를 믿는 마음이 또한 어
떠한 믿음으로써 가야 되는 것인가 그
를 깨우쳐야 될 것이니라.

8,812 번째 하나님 말씀

2003년 12월 19일 07시 20분

1 사랑하는 나의 아들아!
2 "네, 아버님! 말씀하옵소서."
3 이 법전의 내용이요, 새로운 성경의
내용이 잘되고 잘못되는 것은 나 여호
와요, 하늘의 책임이라 하였으며,
4 이를 받아 전하고 전하지 못하는 것은
네 책임이며,
5 그리고 이를 책으로 만들어 역사하는
것 또한 너의 제자들과 네가 더불어
가는 그 길이라 그리하였음이니,
6 너는 오늘의 삶에 있어서 두려워하지
말라.
7 모두는 나 여호와의 계획이요, 내 뜻
에 의하여 역사함이니, 네가 마음의
불안함과 초조함을 갖는 것은 나를 믿
지 못함이요, 너 또한 그 믿음이 약함
이 아니던가?
8 그러니 너는 모두 다 나의 계획이요,
네가 갈 길이 다 정해져 있음이니, 오
로지 너는 기도하고 나의 성령을 받아
나의 새로운 성경이요, 법전의 내용을
너의 제자들에게 그 모두를 기록하여
넘겨주는 것, 그것으로써 너는 그 이
상 생각할 것도 없음이니라.
9 나 여호와가 모두 다 역사하며 그림이
모두 그려져 있으니, 하나하나 가면
되느니라.
10 그림을 그리기 위해서 종이를 준비하
며, 또한 그 화가가 모두를 하나하나
준비하며, 거기에 그리고 또 색칠하고
그리하여 완성품이 되어 세상의 빛이
되듯이, 나의 사랑하는 아들 너는 그
와 같이 가는 것이 모두 정해져 있음
이니라.
11 그러니 너는 그와 같은 단계를 밟아
가면 되는 것이니, 네가 불안해하지
말고 초조해하지 말라.
12 그리고 왔다 가는 제자들이요, 또 등
돌리고 가는 자들, 그리고 어렵고 힘
든 그 제자도 모두 그 길을 거쳐야 되
며 그리 가야 하는 것이 그들의 운명
이라 내가 하지 아니하였더냐?
13 그러니 네가 불안해하지 말며 초조하
게 생각하지 말며, 네가 무엇인가를
바꾸려 그리하지 말라.
14 그리하지 아니해도 모두 다 이루어질
것이니라.
15 그것이 나의 아들 네가 역사하는 것이
요, 내가 너를 주관하여 역사하는 것
이니라.
16 그것이 모든 종파요, 종교 집단이요,
지도자 그들과 네가 가는 것이 다른
것임을 너는 알아야 될 것이니라.
17 하늘을 향하여 기도하고 경배해 법전
을 받아 기록하는 것, 거기에 최선을
다하라.
18 그리고 네가 그 이상을 바라보고 생각
하지 말며 네 머리로 연구하지 말라.
19 모두는 다 프로그램에 의하여 하나하

나 진행됨이니, 단계가 이루어짐이니
그리 알라, 사랑하는 나의 아들아!
20 네가 무엇인가 이루고 역사하고자 하
는 것, 네 노력 또한 나는 알고 있음이
니라.
21 그러나 네가 가야 할 기간이 있으며,
또 시간이 되어야 되며, 또 때가 되어
야 되며, 또 올 사람이 와야 되며, 그
리하여 모두가 이루어짐이니 그리 알
라, 사랑하는 나의 아들아!

8,813 번째 하나님 말씀

2003년 12월 19일 07시 28분

1 사랑하는 나의 아들아!
2 "네, 아버님! 말씀하옵소서."
3 내가 너에게 무어라 가르쳤느냐?
4 너희들이 성서를 한 획을 빼고 더하는
것, 그것이 잘못되었다 하지 아니하였
더냐?
5 그를 만들어 펴낸 자들이 그와 같이
저희들이 모든 역사하는 것을 이제는
종결을 짓는 그와 같은 마당에서 더
이상 받아 주지도 말며 더 이상 버리
지도 말며 이대로 해야 된다 저희들이
약속한 것이라 하였음이니라.
6 그러나 수천 년 동안 세월이 흘러오면
서 그를 가지고 모든 종교 집단이요,
지도자들은 나의 사랑하는 백성에게
성서는 한 자도 빼도 더해도 아니 되
며, 죽기 아니면 살기로 이대로 가는
것이 나 여호와의 뜻이라 그리 가르치
고 전함이니, 그게 얼마나 엄청난 차
이이며 잘못된 것인 줄 알겠느냐?
7 성서의 비유의 뜻을 모르며 가르침을
모르니, 그와 같이 무서운 간격이 벌
어져 있는 것이 그들이니라.
8 나의 법전은 지금 나의 아들을 통하여
직접 내려 기계에 입력함이니라.
9 그리하여 직접 듣고 펴내는 것이 나의
뜻이니, 그대로 전해지고 기록되고 있
음이니라.
10 그 와중에도 너희들 또한 그를 갖고
시시비비를 하며, 또한 그와 같이 완
벽한 곳에서도 너희들이 찾고 잃는 것
이 있음이니,
11 서로 의사소통이 되지 아니하며 단어
를 놓고 생각이 다름이니, 제 의사를
기록하고자 하며 제 뜻을 반영하고자
하는 이와 같은 것이 아니더냐?
12 그러니 그와 같은 것이 오늘의 이루어
진 성경의 결과라는 걸 너희들은 알아
야 될 것이니라.
13 그러나 성경을 너희들이 역사하면서
처음에 기록할 때 과연 예수가 33년
의 세월 동안에 역사한 것이 그것뿐이
며, 그 이상 역사한 것이 없다 생각하
느냐?
14 이것은 그 제자들의 제자들로서 역사
하고, 말로 흐르고 흘러서 전해지는
것을 너희들이 규합했으니, 얼마나 많
은 것을 가지고 시시비비를 했겠느냐?
15 서로 '내 뿌리가 정당하다, 네 뿌리가
정당하다' 하여 그들은 그와 같은 것
을 가지고 수없이 시시비비를 했음이
니라.
16 그리하여 더 많은 것, 더 소중한 것이
수없이 있었음이나 그것이 그리 기록
되어 전해지지 못하였음을 알라.
17 그리하여 내려지는 최종의 결정과 결

과에 따라서 저희들이 더 이상 넣지도
빼지도 못하도록 결정지은 것이거늘,
18 이것이 바로 나의 성령을 비유하고 깨
우치는 데 모두를 다 막고 있음을 알
라.
19 그와 같은 그들의 결정판이요, 집행한
자들이요, 성서를 만든 자들이 결론을
지음에 있어서 더 이상 넣지도 빼지도
말자는 그 결론을 갖다가,
20 지금 나의 피조물 만백성 너희들에게
이를 그대로 따라오고 지탱해야 한다
하여, 너희들이 그 비유의 뜻을 연구
하지 못하며 거기에 들어 있는 비밀의
뜻을 알지 못하니,
21 다른 말을 하는 자 그리고 거기에 비
유의 뜻을 아는 깨끗한 자, 그리고 내
가 너희들에게 가르치고자 했던 그 비
사의 뜻을 아는 자, 그와 같은 자가 그
를 깨닫고 옳은 소리를 함이니,
22 그것을 사탄이요, 이단이라 너희들이
결정지으며 그리 지금 몰고 가고 있음
이니,
23 나의 성서가 세상에 빛을 보지 못했으
며, 나의 사랑하는 피조물 만백성이
과일의 껍질은 보나 그 속에 맛있는
과일의 맛을 보지 못하는 오늘의 이와
같은 형국으로 흘러왔음이니라.
24 그것이 바로 빼고 더할 것이 수없이
있었음을 알려 주는 그와 같은 증거임
을 너희들은 알아야 될 것이니라.
25 그러니 그들의 실수였느니라.
26 그들이 그와 같은 것을 넣은 것을 가
지고 너희들이 지금 이와 같이 깨우침
이니, 결국 그들은 무엇이더냐?
27 그들이 오늘의 나의 피조물 만백성이
나의 성경을 바로 보고 제대로 보지
못하도록 만든 결과가 되었음이니, 그
리 알아야 될 것이니라.
28 그러니 나의 아들 예수가 전했던 수많
은 가르침이 모두 삭제되고 지워졌으
며, 그리하여 일부분을 가지고 너희들
이 이루었음이니,
29 지금 형평성에 맞지 아니하며, 그 모
두를 다 제대로 기록하지 못한 사실을
알아야 될 것이니라.
30 그를 탓하려 하는 것은 아니니라, 사
랑하는 나의 아들아!
31 내가 그들이 한 역사를 다만 너희들에
게 탓하며 그들을 욕되게 하는 것이
아니니라.
32 이제 나의 법전을 기록하는 너희들이
이와 같은 과정에서 너희들 스스로 그
와 같은 일이 있어서는 아니 될 것이
니 그리 알라.
33 그리고 더하고 더 빼지도 말라 하는
그와 같은 말, 그와 같은 것을 너희들
이 여기에 기록해서는 아니 됨이니라.
34 나의 아들의 개인 생각을 넣지 말라
함이니라.
35 나의 아들의 개인 생각을 넣으며 너희
들의 개인 생각을 넣어서는 아니 됨이
니,
36 너희들은 내가 나의 아들을 통하여 내
리는 입력되는 그대로 만들어 세상에
전하면 되는 것이니라.
37 너희들은 여기서 알아야 될 것이니라.
38 너희들이 시시비비를 하며 그리 법전
을 만드는 제자들이 기계에 입력하여
듣는 그 모두를 가지고 뜻을 가지고
시시비비를 한다면,

39 나의 아들은 더 이상 시시비비를 하지
말며 더 이상 생각하지도 말며 더 이
상 말하지도 말고 그대로 기록하라 명
할 것이니, 이와 같은 것이 후세에 듣
는 사람들은 무어라 말하겠느냐?
40 너의 제자들이 옳고 그름을 따지는 것
을 더 이상 시시비비하지 말라고 네가
결정을 내린 것을 가지고 나의 법전에
한 자도 더 빼고 더해서도 아니 된다
하니,
41 그들이 이를 보고 연구하고 깨닫는 길
에 장애물이 되는 것이며, 그들의 앞
길을 막는 결과가 되는 것이니,
42 오늘의 성서가 그와 같은 결과로, 만
든 자들의 결론에 의하여 저희들이 만
들 때 그 모두를 다 결정지을 때, 더
이상 저희들은 넣고 뺄 수가 없으며
이것으로 매듭을 짓자는 그들의 뜻을
갖다가 적용하니,
43 성서의 가르침이요, 비유요, 비사의
뜻을 깊이 연구하지 못하는 무서운 결
과가 초래하였음을 내가 다시 한 번
기록하여 전함이니,
44 나의 법전 160권을 만드는 너희들은
내가 나의 아들을 통하여 내리는 것,
정녕 나의 아들이 살아 있으며 받은
사람이 살아 있음이니, 그에게 묻고
물어 너희들이 바로 만들도록 그리해
야 될 것이니 잊지 말라.

8,814 번째 하나님 말씀

2003년 12월 19일 07시 34분

1 사랑하는 나의 아들아!
2 **"네, 아버님! 말씀하옵소서."**
3 구약의 시대와 신약의 시대와 제3의
새로운 성경이 내려오는 이 시대가 과
연 무엇이더냐?
4 너희들은 알아야 될 것이니라, 구약의
시대는 신약의 시대를 받쳐 줌이요,
신약의 시대는 또한 제3의 시대를 받
쳐 주는 그와 같은 역사의 흐름이라는
것을 거부해서는 아니 될 것이니라.
5 이를 거부하고 이를 반대하는 자, 해
가 지고 달이 뜨는 그와 같은 역사의
흐름을 막으려 하는 자요, 그걸 인정
하지 아니하는 어리석은 백성이라는
것을 알라.
6 그러면 제3의 시대요, 새로운 성경이
내려오는 시대는 과연 어떠한 시대더
냐?
7 이는 나 여호와의 뜻에 따라 순종하며
내가 역사하는 것을 지키고 따르는 백
성들로서, 그와 같이 역사하는 진정한
나의 백성을 육성하여 그 백성을 지키
고 보호하는 새로운 시대의 역사가 이
루어짐이니,
8 하늘에서 이루어진 것같이 지상의 낙
원이 이루어지는 그 아름답고 천사와
같은 백성만이 존재하는 그와 같은 새
로운 시대를 열어 감이니, 그 아들딸
을 내가 보호함이니라.
9 새로운 시대가 열리며 새로운 나의 아
들딸들이 거듭나는, 그리하여 그들이
구원의 길을 볼 수 있으며 하늘에 오
르는 그 길을 따라올 수 있는 백성들
을 내가 보호하고 존재케 하기 위하
여, 그와 같은 백성들이 세상에 살아
갈 수 있는 그 시대를 열기 위하여 지
금 내가 나의 법전을 마지막 너희들에

게 내리는 것이라는 것을 너희들은 알
아야 될 것이니라.
10 그러면 이 시대는 과연 무엇이더냐?
11 지금 내가 새로운 나의 아들딸이요,
순종하는 백성이요, 나 여호와의 뜻을
따르는 백성으로부터 하늘과 같은 낙
원을 만들어 이 세상에 존재하는 백성
들만 보호하고 지키고자 하는 것이 나
의 뜻이니,
12 그리하여 나의 아들을 통하여 160권
의 그 지침서를 세상에 내려보냄이니,
이 시대는 무엇이더냐?
13 구원할 자와 구원하지 못할 자, 마지
막 그 심판의 시대가 역사하는 것이
며, 심판의 시대가 지금 시작하고 있
다는 그 두려움과 무서움을 알아야 될
것이니라.
14 나를 따른다 하며 믿음의 길을 가는
백성들이 심판의 시대가 온다 하는 것
은 알며, 그 심판의 시대가 오로지 나
의 아들 예수가 천군을 데리고 하늘에
서 나팔 불고 내려와 죽은 자와 산 자
들까지, 무덤 속에 있는 자들까지도
살릴 자와 죽을 자를 구분한다 그리
생각함이니,
15 그 어리석음 때문에 지금 너희들이 얼
마나 잘못 가고 있으며, 나의 성경을
잘못 이해하고 있으며, 나의 법전을
너희들이 받아들이지 못하고 어리석
은 짓을 하고 있는지 너희들이 알겠느
냐?
16 내가 성서에 잘못되어 너희들이 지금
잘못 이해하고 있는 부분을 수없이 기
록하여 전했으며, 너희들이 행할 것을
찾아 너희들에게 전해 주거늘,
17 그리하여 깨달음이 있으며 그를 볼 수
있으며 알 수 있는 백성들이 그를 인
정하고 보지 아니하고 제 고집이요,
아집만 부리고 있음이니, 그 불쌍한
백성들을 어찌 구원해야 되겠는가?
18 나의 법전을 가지고 세상에 전하여,
만백성들이 이를 보고 깨우치는 자,
그들이 부르짖는 소리를 듣게 하여 그
들이 깨우칠 기회를 얻게 될 것이니,
19 너희들은 나의 법전을 만들어 전하는
데 최선을 다하여 노력하라, 그것이
너희들이 해야 할 일이라는 걸 잊지
말라.

8,815 번째 하나님 말씀

2003년 12월 19일 07시 41분

1 사랑하는 나의 아들아!
2 **"네, 아버님! 말씀하옵소서."**
3 지금 너희들이 나의 법전 160권을 만
들어 세상에 전하는 그 일이 무엇이더
냐?
4 그 누구도 이룰 수 없는 길이요, 그 누
구도 갈 수 없는 길이며, 이 모든 세상
에 사악한 자들이요, 잘못 가는 자들
이요, 모든 종교 집단의 지도자들이
요, 저희가 옳다 부르짖는 그들, 그리
고 그것만이 하늘에 오르는 길이라 하
는 자, 깨달은 자, 깨닫지 못한 자,
5 그 모든 백성을 너희들이 하나로 깨우
쳐 하늘에 오르는 길로 인도하고자 대
혁명의 역사를 이루고 있는 것이며,
6 이는 너희들이 세상을 뒤엎는, 지구가
쪼개지는 그와 같은 소용돌이보다도
더 무섭고 두려운 그와 같은 변화요,

개혁의 그 역사를 너희들이 하고 있음
이니라.
7 그러니 요즘의 종교 집단이요, 지도자
그들이 말하는 것은, '우리는 십계명
대로 지키고 살 수 없으며 인간은 율
법대로 행하고 지키고 살 수 없는 것
이라' 그리 말하느니라.
8 그러니 그와 같이 말하는 자들 앞에
너희들이 무어라 말하느냐?
9 너희들은 십계명을 지킬 수 있으며,
이를 지키지 아니하면 아니 되며, 이
를 행하고 지킬 때만 너희들이 변화되
는 삶을 살 수 있으며, 나로부터 은혜
와 축복이 있으며,
10 십계명을 지키고 사는 것은 영혼의 양
식이요, 기본이라 너희들이 그리 말하
니,
11 그들이 과연 이를 받아들이겠는가?
12 그와 같이 생각이 다른 자들이기에 이
무섭고 두려운 말로써 그들에게 전함
이니,
13 그들에게는 바로 죽음보다도 더 무서
운 대변화를 이루지 아니하면 아니 되
는 것이기에, 어떠한 혁명도 이보다
더 큰 변화의 혁명을 요구하는 것은
없음이니,
14 그 중심에 서 있는 것이 너와 너의 제
자들이 오늘에 하는 것이니, 너의 제
자들이 얼마나 소중하며, 나에게 부름
을 받은 것이 얼마나 위대한 것인가
그들에게 심어 주도록 그리하라.
15 모든 종교의 믿음의 길을 가는 자들이
무어라 말하느냐?
16 저희들이 율법대로 행하고 지키고 살
수 없기 때문에, 그대로 지키고 살았
다면 신약의 시대는 절대 오지 아니하
였을 것이라 그들은 말하느니라.
17 그러면서 저희들은 율법대로 제대로
완성했고 또 백성이 지켰으며 또 저희
조상들이 제대로 살았더라면 예수가
올 필요가 없으며, 나의 아들 예수가
그와 같이 고통스러운 그 세상에 와
삶을 살 필요도 없다 그들은 그리 가
르치느니라.
18 그러면서 그들은 무어라 말하느냐?
19 저희들이 정녕 이와 같이 내가 명하는
것을 행하고 실천하는 것이 나에게 오
르는 길이거늘,
20 그들은 구약의 시대의 백성이 잘못했
기 때문에 신약의 시대가 열렸으며,
21 예수가 세상에 와 그 고통스러운 길을
갔음이니, 저희들은 나의 아들 예수를
믿고 부르짖기만 하면 구원을 받고 하
늘에 온다 그리 가르치니, 이것이 또
한 잘못되었음이니라.
22 그리하여 너희들이 너무나 잘못하고
잘못 왔기에, 지금 새로운 시대요, 제
3의 시대가 열려 내가 모두를 태워 나
의 성령으로써 나의 법전이라는 새로
운 성경을 내려보내는 것이니라.
23 그러니 여기서 나의 사랑하는 만백성
너희들은 알아야 될 것이니라.
24 신약의 시대에 살아가는 그 백성들이
말로써 나의 아들을 부르기만 하며 믿
음이라는 것을 시작만 하면 구원을 받
는다 그리 말하는 것과, 모두는 성서
대로 너희들이 행하고 지키는 것이 하
늘에 오르는 길이라 말하는 것 중에
과연 어떠한 것이 나의 뜻이냐?
25 너희들은 성서에 기록된 내용을 알 것

이니라.
26 평탄하고 넓고 편안한 길을 가는 것은
지옥이요, 죽음의 길로 가는 것이요,
27 협착하고 고난의 좁고 험악한 길을 가
는 것은 구원의 길을 가는 것이요, 지
침이라 그리 말하였음이니,
28 이제는 너희들이 어떠한 길이 어렵고
힘든 길인가 스스로 평가하고 알 수
있는 때가 되지 아니하였던가?
29 그러니 너희 스스로 평가하고, 너희
스스로 너희 자신을 구원하고 구원하
지 않는 그와 같은 삶을 살라 하는 것
이 나 여호와의 뜻이니라.
30 160권 속에 들어 있는 그 모든 어렵고
힘든 것을 그대로 행하고 살아가는
것, 정녕 너희들은 그 길을 와야만 되
는 것이며,
31 절대로 여기에 어떠한 이유나 변명도
있을 수 없다는 것을 너희들은 알아야
될 것이니라.
32 이는 곧 나의 성령이요, 내 뜻이며,
33 너희들이 나에게 오를 수 있는 길이
요, 구원을 받을 수 있는 길은 이 길밖
에 없기 때문이라는 것을 명심하고 또
명심하도록 그리하라.

8,816 번째 하나님 말씀

2003년 12월 19일 07시 54분

1 사랑하는 나의 아들아!
2 "네, 아버님! 말씀하옵소서."
3 이 세상에 가장 아름다운 사람들의 모
형만을 가져다가 한 사람을 만든다면
가장 추한 모습으로 이루어진다 내가
그리하지 아니하였더냐?
4 가장 예쁜 코요, 가장 예쁜 눈이요, 가
장 예쁜 귀요, 가장 예쁜 입의 그 형태
만 골라서 한 사람을 만들 때, 그 모습
이 세상에서 가장 아름다울 것 같으나
가장 추한 모습으로 된다 내가 일찍이
너에게 깨우쳐 주었음이니라.
5 지금의 너희들이 그림을 그리는 것도
그러하니라.
6 유능한 화가라는 사람들이 한 사람이
그리다 그가 죽어 감이니, 다음 사람
이 그걸 받아서 그리고 또 다음 사람
이 그린다 하여 그들이 가지고 있는
재능을 다 발휘하여도 처음에 그림을
그리고자 했던 그 아름다운 모습의 그
림으로 그릴 수가 없으니, 그 그림 또
한 엉망이 되지 않겠느냐?
7 지금의 모든 종교 집단이요, 믿음이
그와 같이 되었느니라.
8 서로가 주장하며 제가 그리는 것이 옳
다 생각하며 저만이 능력 있는 자요,
저만이 그 그림을 완성할 수 있다는
자들처럼 서로가 저희들의 주장을 하
고 있음이니, 그 그림이 과연 어찌 그
형상을 이루겠느냐?
9 그러니 지금 이 세상이 이와 같이 혼
란하며 이와 같이 사악해졌으며 이와
같이 험난하게 되었음이니라.
10 그러나 나 여호와는 나의 아들 예수를
통하여 하나의 그림을 그리고자 했음
이니, 내가 그를 통하여 전하고자 했
던 그 역사의 가르침이 그대로 전해졌
더라면 하나의 완벽한 그림이 완성되
었을 것이니라.
11 그러나 그것이 모두가 다 나의 백성으
로 하여금 무너지고 찢겨졌으며, 그저

이 사람이 그리고 저 사람이 그리니
가장 흉악하고 흉악한 모습으로 되어,
그 근본의 바탕까지도 다 찢어지고 뭉
개진 그와 같은 형국이 되어 있는 것
이 오늘의 믿음의 길을 가는 자들이라
그리 알면 될 것이니라.
12 그리하여 내가 너에게 160권이라는
나의 성령의 새로운 성경을 네가 완결
하도록 한 것이며, 네가 완벽하게 만
들도록 하고자 함이니라.
13 이제 내가 한 사람의 너를 통하여 내
가 세상에 그리고자 하는 나의 사랑하
는 백성들의 그림을 완벽하게 만들어
완성하라는 것이 내 뜻이며 네가 완성
하도록 함이니, 이 그림은 완벽한 그
림이요, 완벽한 완성품인 것이니라.
14 그리하여 160권이라는 하늘의 뜻을
네가 받고 기록하여 완벽하게 만드는
것이 네 대명이요, 두 사람이 만들 수
가 없으며 세 사람이 만들 수가 없음
이니라.
15 그리하여 네가 내 뜻을 가지고 160권
을 세상에 다 완결하니, 한 폭의 완전
한 그림을 그려 내어, 그를 보고 감상
하고 느끼는 백성들이 그를 감탄하도
록 그리해야 될 것이니라.
16 지금의 모든 종교 집단들이 그저 이
사람이 그리고 저 사람이 칠하며, 제
것이 최고요, 제 모습이 최고라 하여
갖다 그리는 귀요, 얼굴이요, 그 그림
들이 얼마나 흉측한가?
17 그리하여 그 바탕마저 무너졌으며 찢
어 버리는 오늘의 그 형국이 된 것을,
나는 더 이상 그 추하고 흉악한 모습
을 나의 사랑하는 백성에게 보일 수가
없음이니라.
18 내 사랑하는 아들딸들이 그 그려 놓은
모습이 저희들의 모습인 줄 알고 그리
험악하게 지금 변해 가고 있음이니,
19 너를 통하여 아름답고 고운 너희들의
인성의 한 폭의 아름다운 그림을 완성
했을 때,
20 나의 사랑하는 백성들은 이것이 저희
들의 모습이며 그 아름다운 것이 저희
들이라 하여 그리 가꾸고 다스려 나가
는 그 역사가 이루어질 것이니라.
21 사랑하는 나의 아들아, 그리하여 160
권을 네가 중단하면 그 누구도 다음
사람이 만들 수가 없으며, 또 다음 사
람이 만들 수 없는 것이 그 운명이며
그 역사이며 나 여호와의 뜻이니,
22 완벽한 그림을 만들어 그 아름다운 모
습을 나의 사랑하는 아들딸들이 보고
그와 같이 저희들이 변할 수 있도록
그 뜻을 이루라.
23 여기에 나의 아들의 보좌역이요, 나의
아들을 돕는 너희들 또한 얼마나 마음
이 곱고 아름다워야 될 것인가?
24 너희들이 색칠하려 들지 말며, 너희들
이 거기에 끼어들지 말며, 너희들이
물감을 바르는 그와 같은 어리석은 짓
을 하지 말라 그리 전하라.

8,817 번째 하나님 말씀

2003년 12월 19일 09시 48분

1 사랑하는 나의 아들아!
2 "네, 아버님! 말씀하옵소서."
3 비바람이 몰아침이니, 그 나무들이 이
파리가 떨어지며 가지가 또 부러지며

흔들리느니라.
4 그러나 아무리 태풍이 불어오며 비바
람이 불어 온다 해도, 가지를 잃고 낙
엽을 잃어도, 그 나무가 뿌리가 뽑히
지 아니하면 그는 바로 설 수 있으며
견디어 살 수 있는 것이니라.
5 그러나 거기에 부대끼지 못하여 가지
를 지키고 이파리를 지키고자 버티는
그 나무는 결국 어찌되느냐?
6 제 몸통까지 뽑히며, 제 몸통이 뽑힘
으로써 그 모든 생명을 잃게 되는 것
이니라.
7 지금 너를 따르는 제자들이요, 그 믿
음의 길을 가는 그들이 그러하니라.
8 너희들이 외부에서 불어오는 바람이
요, 모두에 따라 이파리는 떨어지며
가지는 부러져도, 너희들이 뿌리까지
뽑히는 그와 같은 제자가 되어서는 아
니 될 것이니라.
9 뿌리만 뽑히지 아니하고 버틴다 하면
너의 제자는 바로 설 수 있으며 바로
올 수 있음이니라.
10 다만 나의 성전에 와 깨달음을 얻고
공부하다 등 돌리고 가는 그 백성들이
뿌리마저 뽑히는 그와 같은 형국으로
떠났을 때, 그는 돌아올 수 없으며, 저
희들은 정녕 나로부터 구원을 받을 수
없음이니라.
11 그러나 뿌리는 박혀 있으며, 흔들려도
이파리가 떨어지고 가지가 부러지는
그와 같은 너의 제자는 반드시 뿌리는
나의 성전이니, 그는 돌아올 수 있으
며 올 수 있음이니라.
12 그러니 내가 너의 제자들에게 말한들
무엇하겠느냐?
13 다만 그들은 그 이치를 알라.
14 저희들이 그 뿌리를 뽑아 버리고서 살
아갈 수 없음이니, 하늘에 오르는 길
이요, 참진리의 뜻은 여기에 있음이니
라.
15 그러니 저희들이 여기에서 뿌리를 뽑
고 저희 모두를 다 무너트린다면 그는
바로 지옥이요, 죽음이니라.
16 그러니 저희들이 나의 성전에 뿌리를
굳게 세워 놓고, 제가 외풍에 의하여
가지가 부러지고 잎이 떨어지는 그와
같은 길을 간다는 것은 내가 그를 기
다릴 수 있으며 용서할 수 있음이니라.
17 그러니 그와 같은 이치를 알라, 너의
제자들에게 깨우쳐 주어야 될 것이며,
나의 법전을 읽고 깨우친 백성 너희들
은 알라.
18 오로지 너희들이 하늘에 오르는 길이
요, 나를 볼 수 있으며 구원의 길을 볼
수 있는 것은 나의 법전이요, 제3의
시대에 내리는 새로운 성경, 이를 이
대로 지키고 행하지 아니하면 아니 된
다 하는 것을 너희들은 명심하고 또
명심해야 될 것이니라.
19 그러니 너희들이 여기서 뿌리가 뽑혀
나가는 자, 영원히 구원의 길에 올 수
없음이니,
20 다만 뿌리가 박혀 있는 자는 가지가
부러지고 잎이 떨어진다 해도 넘어지
지 아니함이니, 다시 너희들이 구원의
길에 올 수 있는 백성이니,
21 이와 같은 의미를 너의 제자들이 알아
야 될 것이니라.
22 너희들은 여기서 나의 법전이 불안하
며, 나의 법전이 나의 성령이 아니라

하면 내가 무얼 너희들에게 지키라 하
더냐?
23 십계명을 지키라 하며, 성서의 내용을
너희들이 바로 읽고 깨우쳐 천사와 같
은 마음으로 성경을 보면 그 비유의
뜻이요, 내가 가르치고자 하는 뜻을
다 앎이니,
24 그를 깨달으면 너희들이 나의 법전에
있는 것이 거기에 있으며, 거기에 있
는 것이 나의 법전에 있다는 것을, 그
것을 알 수 있을 것이니라.
25 바보가 아니요, 생각하는 지혜가 없는
백성이 아니라면, 성서를 읽고 나의
법전을 읽으면 거기에 답이 있으며 또
한 여기에 답이 있음이니, 그는 너희
들이 수평선을 반듯이 달려가고 있는
것을 느끼고 알 수 있을 것이니라.
26 그러니 그게 나의 법전이니라.
27 그러나 너희들은 어찌하는가?
28 나의 아들이 수십 년 동안 성서를 공
부했으며, 이 모두를 뒤엎기 위하여
사탄으로서 온 자요, 모두를 다 알고
있는 자요, 알고 있기에 그가 이와 같
이 속속들이 뒤집어 놓는 소리를 한다
그리 말할 것이니라.
29 그러기에 이는 사탄이요, 마지막 시대
에 세상을 뒤집는 자라 그리 말할 것
이니라.
30 너희들은 알아야 될 것이니라, 나의
아들은 성서를 본 적이 없음을 너희들
이 파 보면 알 것이며, 너희들이 조사
하면 알지 않겠느냐?
31 그리고 교회라는 곳에 그가 적을 둔
적이 없으며, 거기에 가서 강론을 듣
거나 공부한 적이 없음이니, 너희들이
그를 뒤져 보면 알 것이니라.
32 그리고 세상의 모든 종교 집단이요,
지도자들이 나의 아들의 얼굴을 알며
그를 앉혀 놓고 강론한 자 있는가 한
번 물어보라.
33 그렇지 않다면 그것은 진실이지 않느
냐?
34 그렇다면 너희들은 이 지상에 있는 종
교 집단이요, 지도자요, 너희들이 만
든 죄의 온상에 가 나의 아들이 기록
된 바 없으며 공부한 적이 없다면,
35 나의 아들이 너희들이 수천 년 동안
배우고 또 배우고 역사하여 깨우친 성
서의 그 내용과 일맥상통한 것으로써
만백성을 깨우치고 전한다면,
36 나의 아들은 반드시 너희들이 다니는
그 교회보다도 더 위대한 곳에서 공부
했으며 깨우쳤다는 것을 알고 있지 않
으냐?
37 그러니 그가 육을 떠나서 살 수가 없
음이니, 그 이치요, 그 깨달음은 누가
내렸느냐?
38 하늘에서 창조주 나 여호와가 내려 주
었음을 너희들은 알 것이거늘, 수학
공식처럼 하나하나 풀어 가면 모두를
다 알 수 있는 것을, 어찌하여 거부하
고 욕되게 하며 스스로 너희들이 지옥
불로 가는 것을 자청하는가?
39 이제 나의 아들을 따르는 자, 너희들
의 뿌리가 뽑히고 뿌리가 흔들려서는
아니 되느니라.
40 그러면 곧 너희들은 모두가 죽음이니
라.
41 너희들이 가지를 부러트려 이파리가
떨어진다 해도 뿌리를 박고 있으면 너

희들이 다시 나를 볼 수 있으며 구원
의 길에 올 수 있으니, 그와 같은 너희
들의 자세가 흔들려서는 아니 된다 그
리 가르치라.

8,818 번째 하나님 말씀

2003년 12월 19일 09시 54분

1 사랑하는 나의 아들아!
2 "네, 아버님! 말씀하옵소서."
3 이제 너희들 제자는 자신을 바로잡아
야 될 것이며, 너희들이 믿음의 방향
을 바로 세워야 될 것이니라.
4 나의 아들 예수를 따랐던 그 제자들은
어찌하였는가?
5 나의 아들 예수가 육의 세상에 만왕으
로 내려온다 그들은 그리 알았으며,
그리하여 저희들에게 부귀와 영화가
따를 것이라 그리 믿고 나의 아들 예
수를 따르지 아니하였던가?
6 그러니 그들은 그게 이루어지지 아니
하니 그들의 실망 또한 컸을 것이니라.
7 그러니 그들을 돌이켜 너희들이 분석
해 보면 무엇이더냐?
8 인간 세상의 만왕으로 온다 했으니,
세상을 지배할 것이며, 거기에 당연히
부귀와 영화와 저희들의 명성이 오를
것이라 생각해서 그들이 그를 따랐다
면, 그들은 과연 믿음이 어디 있는가?
9 그들 또한 거래의 믿음이요,
10 인간 세상에 저희들의 부귀와 영화요,
권세를 잡고자 했음이니, 그들은 믿음
이요, 깨우침을 알지 못하는 자들이었
음이니라.
11 그러니 그들이 바로 나의 아들 예수를
팔 수 있으며, 나의 아들을 죽음으로
넘겨줄 수 있는 것이며, 등을 돌릴 수
있던 것이 아니더냐?
12 이제 나의 아들을 따르는 제자 너희들
은 알아야 될 것이니라.
13 정녕 나의 아들을 통하여 너희들이 무
엇인가를 역사하며, 나의 법전을 가지
고 공부함으로써 너희들이 무엇인가
를 얻을 것이라 생각하는 자, 너희들
은 일찍이 나의 성전을 떠남이 옳을
것이니라.
14 너희들의 생활 속에서 너희들이 먹고
살 것은 너희 스스로 해결해야 될 것
이며, 너희들의 문제는 너희 스스로
해결하고 가면 될 것이니라.
15 나 여호와의 법전에 너희들이 의탁하
려 하지 말며, 나의 아들에게 기대려
하지 말라.
16 너희들이 인간 세상의 생활 속에서 법
전을 공부하며 나의 아들을 통하여 내
리는 나의 강론이요, 성령을 듣는 것,
그것으로써 너희들의 마음이 신비의
변화의 역사를 이루고 있다면, 그보다
더 큰 영광과 은혜가 없거늘,
17 지금이라도 너희들이 나의 법전을 접
하고 공부하면서 나의 아들을 통하고
따르고 역사함으로 제자라 임함으로
써, 너희들이 나의 아들의 역사함을
통하여 무엇인가 인간 세상에서 얻고
이루고자 한다면 절대로 아니 될 것이
니라.
18 나는 그와 같은 것으로써 너희들에게
역사하고자 하지 아니함이니라.
19 나는 너희들에게 도움이라는 걸 내리
지 아니할 것이며, 너희들 스스로 모

두를 역사하고 가라.
20 너희들이 나의 아들에게 그와 같은 마
음으로 얻고자 한다면 너희들은 아무
것도 얻을 수 없다는 것을 알라.
21 또한, 그와 같은 기대를 가지고 오늘
나의 아들을 따르며 나의 법전을 읽고
깨우치고 공부하는 자, 너희들은 그렇
다면 결국 예수를 따랐던 그 제자들과
무엇이 다르더냐?
22 너희들은 나의 법전이요, 나의 아들을
통하여 내리는 그 깨달음의 가르침을
너희들의 생명보다 더 소중히 받아들
이는 것, 그것 외에는 아무것도 생각
할 것이 없으며, 너희들은 좌우를 봐
서도 안 될 것이니라.
23 내가 너희들에게 이 세상에서 얻을 수
없는 것을 내려 주거늘, 너희들은 나
에게 수없이 많은 천기요, 하늘의 뜻
을 듣고 배우고 얻어 가면서,
24 어찌하여 거기서 재물과 모든 역사요,
명예와 권세까지 받기를 원하는가?
25 그러니 너희들은 도둑의 마음이라.
26 그러니 나의 아들이 어렵고 힘들 때
나의 법전을 거둬 불태울 때, 힘있고
강력한 자들이 있을 때 너희들이 나의
아들에게서 등을 돌릴 것이니,
27 저와 같은 사악한 자를 이기지 못하며
나의 법전을 태우게 하는 것은 나 여
호와의 뜻이 아니라 하여 등 돌릴 자
와 무엇이 다르더냐?
28 그러니 너희들은 오늘의 마음 자세를
바로잡으라.
29 나는 너희들에게 아무것도 내리지 아
니할 것이며, 나의 아들 또한 너희들
에게 무엇도 내리지 아니할 것이며,
나의 법전 또한 너희들에게 무엇을 역
사하는 데 이루어 줌이 아니니, 도움
을 주지 않을 것임을 너희들은 알라.
30 그러니 너희들이 나의 성령이요, 나의
강론을 들으며 나의 법전을 읽고 깨우
쳐 변하는 그 모습의 위대함을 얻거
든, 그것으로써 너희들은 모두를 다
받은 것처럼 깨우치라.
31 어찌하여 너희들이 나에게 받는 것은
수없이 많으면서, 거기에 권세와 재물
까지도 받으려 하는가?
32 너희들은 무엇이더냐, 너희들이 듣기
싫으면 아니 오면 될 것이며, 너희들
이 공부하기 싫으면 아니 오면 될 것
이니라.
33 너희들의 그 공허한 마음이요, 허탈한
마음, 그리고 너희들이 견딜 수 없는
그 고통, 인생의 삶이 무엇인가 방황
하는 것, 그와 같은 것을 내가 다 너희
들에게 덜어 주었으며 그 뜻을 깨우쳐
주었으니,
34 그것으로써 너희들은 나의 법전에, 나
의 아들에게서 무엇인가를 원하며 기
대하는 마음을 버리고 따르도록 그리
하라.
35 그러한 자만 내가 기억할 것이니라.
36 거래하는 자, 조건 있는 자, 생각 있는
자, 나의 아들 예수를 따르다 등 돌렸
던 제자들처럼 그와 같은 자는 내가
나의 아들 옆에 두지 아니하도록 할
것이니 그리 알라.

8,819 번째 하나님 말씀

2003년 12월 19일 10시 01분

1 사랑하는 나의 아들아!
2 "네, 아버님! 말씀하옵소서."
3 수천 년 동안 믿음의 길을 오며, 나의
아들 예수의 소중한 목숨까지 던져 너
희들을 구원하고자 했던 그 길을 가는
백성, 그들이 지금까지 온 믿음이 무
엇인 줄 알겠느냐?
4 다 거짓된 믿음이요, 거짓된 짓만 하
고 있는 것이 그들임을 너희들은 알아
야 될 것이니라.
5 과연 그들이 나 여호와가 존재함을 얼
마나 믿으며, 저희들이 믿음의 가는
길이 나에 대한 믿음 때문에 지금 모
든 종교 집단에 속해 있는 백성이 간
다 생각하느냐?
6 저희들은 인간관계에 얽히고설킨 것
이 먼저 중요하고, 저희들이 살아가는
데 서로가 안면이 중요하기에 그저 따
라가는 믿음을 가진 자들이 수없이 있
음이니,
7 그것이 나를 믿지 아니하고 형식적인
믿음으로 감이니, 그들이 다 거짓된
믿음이요, 거짓된 짓만 하고 있는 자
들이 아니더냐?
8 남들이 나 여호와가 존재한다고 생각
하니, 그를 믿지 아니하면 아니 된다
생각하며,
9 그를 믿지 아니하면 지성인이 되지 않
는 것처럼, 그를 믿지 않으면 바보처
럼 너희들이 비쳐지고 취급받을까 봐
그와 같은 생각에, 또한 이웃의 권유
에 마지못해 인간관계를 위해서 너희
들이 가고 있다면 과연 그것이 진정한
믿음이냐?
10 그는 곧 거짓된 것이니라.
11 남들이 교회에 가니까 저도 따라간다
는 그와 같은 식으로, 다른 사람들이
은혜를 입었다고 하니까 저도 은혜를
입었다고 부르짖는 것, 그리고 저도
은혜를 입은 것처럼 그와 같이 간증하
고 떠드는 자,
12 남들이 받은 것이기 때문에 제가 못
받음은 저희들의 부족함이요, 수치이
기에 그걸 감추기 위하여 저도 받았다
말하는 자, 그것이 다 거짓된 것이 아
니더냐?
13 남들이 방언이라며 쏼라쏼라 하니, 너
희들 또한 무엇이더냐?
14 그를 못 받으면 바보가 되는 것처럼
그와 같이 흉내를 내고 가는 자들이
니, 이게 다 무슨 믿음이냐?
15 바로 잘못된 믿음이니라.
16 모든 사람들이 너희들을 믿음이 약한
자요, 믿음이 없는 자라 그리 대우할
까 봐 너희들이 하지 않을 짓도 그저
남들에게 보이기 위해서 하며 남들에
의해서 믿음의 길을 가는 것이니, 그
것이 다 거짓된 것이니라.
17 십일조요, 헌금을 바치는 것이 즐겁고
행복해서 바치지 않는다면 그것은 믿
음이 거짓이요, 너희들의 생활이 거짓
이니,
18 다 헛된 믿음이요, 헛된 생활을 하고
있는 것이니, 거짓 속에서 이루어지는
것이니라.
19 남에게 뒤지지 않으려고 은사를 입었
다고 말하는 것, 그것도 다 잘못된 것

이니라.
20 거짓된 자들이 거짓된 믿음의 길만 가
고 있는 것이 지금 너희들이니, 내가
보기에는 진실한 믿음으로 가는 자가
없음이니라.
21 정녕 너희들이 거짓된 믿음으로 가지
아니하려거든 나의 아들 예수가 행하
고 너희들에게 전했던 그와 같은 가르
침이요, 그를 따르면 될 것이니라.
22 그러나 너희들은 그를 따르지 아니하
느니라.
23 다만 나의 아들 예수의 보혈로써 구원
을 받았으며, 예수가 대속하여 속죄양
이 되었다 그와 같이 가르치고 너희들
이 구원을 받은 자처럼 하니, 너희들
이 과연 무엇을 봤느냐?
24 나의 아들 예수의 보혈로써 구원을 받
은 것을 확신하는 자 있으며, 또한 나
의 아들 예수가 너희들의 죄를 속죄하
기 위해서 세상에 와서 속죄양이 되었
는가를 너희들이 어찌 아는가?
25 나의 아들 예수는 모두를 바쳐 너희들
이 나의 뜻을 따르고 배우도록 하여
하늘에 오르는 길을 안내하고자 가르
쳤음이니, 그 자체의 이치요, 원리도
모르며 내 뜻도 모르고 울고불고하는
그 믿음이 바로 무엇인 줄 알겠느냐?
26 거짓된 믿음이요, 헛된 믿음이니, 거
짓된 믿음으로 거짓된 신앙생활만 하
고 있는 것이 너희들임을 알아야 될
것이니라.
27 속죄양이 된 것처럼 가르치는 자, 저
자신도 모르며 저 자신도 믿음을 모르
는 자들이니라.
28 그러니 이제 내가 너희들을 불쌍히 여
겨 너희들을 하늘에 오르는 길로 바로
깨우치며, 그 거짓된 믿음에서 벗어날
수 있도록 나의 아들을 통하여 160권
의 법전으로써 새로운 성경을 세상에
내려보내니,
29 너희들이 이 내용대로 살지 아니하면
거짓된 믿음이요, 이 길을 오지 아니
하면 거짓된 믿음이라 그리 알라.
30 참진리는 한 길이요, 내가 역사하는
것은 나의 아들을 통하여 160권의 법
전으로써 모두를 역사하며 새로운 시
대를 열어 가기 때문이니, 너희들은
그리 알라.
31 이를 믿지 아니하고 따르지 않는 자,
십계명대로 행하지 않는 자, 다 거짓
된 믿음의 길을 가는 자들이라는 걸
너희들은 알라.
32 보지도 못했으며 듣지도 못했으며 만
지지도 못했으며 알지도 못하면서 모
두를 다 아는 체하는 것이 다 사기극
을 벌이는 것이요, 사기꾼이 하는 짓
이요, 거짓된 자가 하는 짓이니라.
33 그러니 나의 법전이요, 글로써 증명하
는 것, 너희들이 대대손손 이를 보고
따질 수 있으며 이를 보고 너희들이
시시비비를 걸 수 있는, 내가 성령으
로써 내려보내는 나의 법전이 근거함
이니, 이게 바로 나의 법전이라.
34 여기에 내가 불로 쓴 십계명을 지키며
나의 법전대로 살고 행하고 그대로 살
아오는 것이 너희들이 하늘에 오르는
길이요, 거짓된 믿음이 아니라는 이
무서운 뜻을 너희들은 알아야 될 것이
니라.
35 지금의 종교 집단이요, 지도자들에게

공부하고 배운다는 자, 설교를 듣고
은혜를 받았다는 자, 너희들 스스로
가슴에 손을 얹고 생각해 보라.
36 내가 나의 아들을 통하여 내리는 이
법전의 내용이 과연 거짓된 것인가,
진실된 것인가,
37 너희들이 정녕 진정한 믿음으로 가고
있는가, 거짓된 믿음으로 가고 있는
가, 스스로 이제 깨우치라, 불쌍하고
가련한 나의 백성들아!
38 그렇지 아니하면 너희는 나에게 올 수
없으며 나를 볼 수 없다는 이 무섭고
무서운 사실을 알도록 그리하라.

8,820 번째 하나님 말씀

2003년 12월 19일 10시 08분

1 사랑하는 나의 아들아!
2 "네, 아버님! 말씀하옵소서."
3 지금까지 수천 년 동안 구원의 길이라
하여 지도자요, 집단들이 끌고 온 그
형태, 그리고 지금 구원을 받았다 몸
부림치고 광란을 하는 그 백성들이 무
엇인 줄 알겠느냐?
4 그 모두를 내가 쓸어 모아 말하니, 그
들은 저 자신이 최고의 일류병에 걸린
환자들이라 그리 전하라.
5 지금의 모든 종교 집단이요, 지도자
그들이 다 일류병 환자이니 신도 또한
그러니라.
6 공주가 되고자 하는 병든 자요, 왕자
가 되고자 하는 병자요, 그리하여 일
류병 환자들이 그들이라는 것을 이르
라.
7 그들이 이루고자 하며 세상에서 그와
같이 왕자와 공주가 되고자 하는 것,
그것을 이루지 못하는 자들이 바로 무
엇이더냐?
8 그 믿음이라는 걸 찾는 것, 믿음이라
는 길을 가는 것, 그리고 남들이 끼고
다니지 않는 성경책을 저희들이 품에
안고 끼고 다닌다 하여,
9 다른 백성은 사탄이요, 지옥으로 가는
악마인데, 그중에서 너희들은 나로부
터 선택된 천사와 같은 백성이라는 그
착각을 하니,
10 그리하여 일류병 환자가 그 병균을 채
우려 모여 있는 것이 오늘의 교회요,
종교 집단이요, 너희들이 공부하는 곳
이라면 과연 믿겠느냐?
11 너희들은 맞지 않다 하며 믿지 않으려
할 것이니라.
12 그러나 너희들은 믿어야 될 것이니라.
13 그들이 다 일류병 환자이니라.
14 저희들만이 천국에 간다는 일류병 중
에서 최고의 위험한 일류병자들이니,
그들이 모인 곳이니라.
15 그들이 부족한 제 병적인 것을 채우기
위하여, 그 욕구를 채우기 위하여, 갈
곳 없는 자들이 일류병의 그것을 채우
기 위하여 모여 있는 곳이 바로 오늘
의 교회요, 종교 집단이니,
16 진정한 지도자요, 믿음의 길을 가는
자는 가장 낮은 자세로 모든 것을 행
하며, 종으로서 모두를 역사하라는 것
이 나의 뜻이니, 그들이 바로 무엇이
더냐?
17 지도자요, 그와 같은 환자들이 모두가
가장 높은 자리요, 가장 위대하다는
착각 속에서 사는 자들이니, 그들이

일류병 중에도 얼마나 무서운 병에 골
수 깊이 빠져 있어 치료할 수 없는 병
자들인 줄 알겠느냐?
18 그들은 어떠한 방법으로도 치료하고
다스릴 수가 없음이니라.
19 이 세상에 한 획도 고쳐서는 안 되고
더하고 빼서도 안 된다는 창조주 나의
뜻을 가지고 저희들이 공부하니,
20 모든 백성들은 사탄이요, 이단이요,
성경책을 가슴에 안고 손에 들고 다니
는 자만이 위대한 백성이요, 하늘에
오르는 백성이라 하니,
21 저희들은 일류병에 젖어 있는 자요,
천사가 된 것처럼 착각하는 자들이니,
22 그들이 공주가 되고자 왕자가 되고자
하며, 제가 채우지 못했던 그 인간의
욕심을 여기에서 채우고자 하며 살아
가는 자들이요,
23 그리하여 거기서 은혜요, 축복이요,
영광을 받았다 함이니, 두 번 다시 돌
아서지 아니하는 것이며,
24 남의 것을 보려 하지 아니하며, 낮은
자세로 가지 못하며, 가지 아니하는
것이 그들이니라.
25 이제 저희들이 왕자요, 공주가 되었다
생각하니, 그걸 버리고 그들이 낮은
자세로 갈 수 있겠느냐?
26 그들은 병자이기 때문에 절대 고칠 수
없으며, 일류병자 중에도 일류병이 깊
은 환자이기 때문에 돌이킬 수 없는
자들이니라.
27 가장 높은 자로 착각하면서 저희들이
가느니라.
28 그러니 그 불쌍한 병자들을 치료해 주
기 위해서 무엇이 필요하더냐?
29 어떠한 것으로도 그들을 치료해 줄
수 없으니, 그 치료해 줄 수 있는 의학
서적이 세상에 나와야 될 것이며, 그
의학 서적을 가지고 공부하고 깨우쳐
그들을 수술하고 고쳐 주는 진정한
실력 있는 의사가 세상에 나와야 되고
필요한 것이 아니더냐?
30 그리하여 내가 160권의 법전을 내림
이니, 일류병에 젖어 있는 자들을 고
치고 다스릴 수 있는 그 내용을 내가
내려보낸 의학 서적이요,
31 그리고 나의 아들을 따르는 제자 너희
들이야말로 나의 강론을 들으며 나의
법전을 가지고 공부하고 연구하니, 너
희들이 진정한 치료하는 방법을 아니
일류 의사요, 병자를 고칠 수 있는 자
들이니라.
32 그리하여 너희들이 지금 필요하여 세
상에 내려졌으며 내가 너희들을 불렀
음이니라.
33 그리하여 160권의 법전이 세상에 내
려가고 새로운 시대가 열려 간다는
것을 알라.
34 이 일류병자들을 고치지 아니하면 절
대 아니 됨이니, 이 일류병자들이 왕
자가 되어 공주가 되어 살다 저희들이
나에게 오를 수 있다면 다행이나, 그
꿈은 저희들이 죽기 전에, 죽음 직전
에 다 알게 되고 깨우쳐짐이니라.
35 그때는 늦으며, 지옥문 앞에 가서 들
어가지 않으려고 몸부림치는 것이 일
류병 속에 젖어 살다 온 그 가련한 백
성이요, 불쌍한 자들이니,
36 의사인 너희들이 치료해 주며, 의학
서적을 공부하고 또 깨우쳐 완벽한 의

사로서 완벽하게 그들을 치료하는 데 최선을 다하도록 노력하라, 사랑하는 나의 아들딸들아!

8,821 번째 하나님 말씀

2003년 12월 19일 10시 12분

1 사랑하는 나의 아들아!
2 "네, 아버님! 말씀하옵소서."
3 종교 집단이요, 지도자들이 지금까지
육성한 것이 무엇이라 말하였느냐?
4 "네, 아버님! 일류병 환자들이 일류병
에 젖어 있는 자들을 육성했다 그리
말씀하셨사옵나이다."
5 그러니라. 그들은 성서의 한 획도 한
줄도 빼고 더하지도 말라 그리 가르친
그 의미도 모르는 그와 같은 일류병
환자들이니라.
6 그 의미가 무엇인지 너는 알고 있지
않으냐?
7 저희가 일류병자의 마음을 충족시킬
수가 없음이니, 그 의미가 어찌 깨우
치는 것이며 무엇을 의미하는 것인지
를 모르고, 저희들이 가지고 있는 성
서가 그리 위대하고 소중하며, 거기에
는 어떠한 것을 가감할 수도 없다며
그를 움켜쥐고 몸부림치는 자들이니,
8 그를 누가 가감하고 고치면 왕자가 됐
던 것이 무너지며 공주가 됐던 것이
무너지며 일류병 환자의 그 긍지가 무
너지는 것이니, 목숨을 걸고 그들은
그것을 지키려 할 것이니라.
9 한 획도 더해도 빼서도 안 된다, 한 줄
을 고쳐도 더해서도 안 되는 것이라
하여, 남들이 본다 해도 움켜쥐고 그
를 고칠까 해서 몸을 떠는 자들이니,
그게 바로 일류병 환자들의 증상임을
너희들은 알아야 될 것이니라.
10 저희들을 충족시킬 수 있는 것이 그것
이니라.
11 어떠한 의미인지도 모르느니라.
12 그리하여 다른 백성과 차별화되었다
는 그 착각 속에서 그들이 살고 있느
니라.
13 그들은 어떠한 형국인 줄 알겠느냐?
14 공주와 왕자병이 충족됐으며 일류병
증에 젖어 있으니, 저희들은 인간 세
상에서 사는 것이 아니요, 구름 위에
떠있는 삶을 사는 자라 그리되어 있는
것이 오늘의 일류병 환자들이니라.
15 그들은 환자가 되어 가고 있으며, 이
순간에도 계속 환자로서 그리 변해지
고 있으니 그들을 어찌 가르쳐야 된단
말이더냐?
16 그러니 그를 가르치는 종교 집단이요,
지도자 또한 어찌 되어 있는 줄 아느
냐?
17 저희들이 나 여호와를 뛰어넘어 작은
신으로서 저희들은 완벽한 자며 최고
의 모두를 다 가지고 있는 자들이라는
그 착각 속에서 헤매고 있느니라.
18 그러니 그들 또한 일류병 환자이니라.
19 그러니 치료하고 다스릴 자들이 일류
병 환자요, 그 치료를 받아야 할 자도
일류병 환자이니,
20 그들은 서로 잘 통하여 서로 대화가
되며 뭉치면 하나가 되는 것이니, 일
류병 환자끼리 통하는 증세가 있기 때
문이니 그리 알라, 사랑하는 나의 아
들아!

21 그들을 바로잡고 고치지 아니하면 아
니 되는 것이 너희들의 운명이니라.

8,822 번째 하나님 말씀

2003년 12월 19일 10시 17분

1 사랑하는 나의 아들아!
2 "네, 아버님! 말씀하옵소서."
3 지금의 나의 신앙을 가진 그 백성들이
완전히 일류병자요, 완벽하다 생각하
는 자들이니라.
4 그리하여 저희들이 구원을 받았다 말
하는 자, 그와 같이 완전한 일류병 환
자는 저희들이 완전한 것으로 알고 있
음이니라.
5 그러면서 종교 집단이요, 지도자 또한
하는 말은 무엇이더냐?
6 저희는 말하느니라, 인간은 완벽하지
못하다 그와 같이 말하는 자들이니,
이들을 어디에 중심을 두고 어디를 보
고 따라야 되며, 이들을 무엇을 믿고
가야 되겠느냐?
7 그러니 저희가 완벽하지 못하다 말하
는 자들은 완벽한 일류병자의 증세를
계속 육성하고 만들어서는 아니 됨이
니라.
8 구원을 받았다는 것 때문에, 구원을
받을 수 있다는 것 때문에 그들이 일
류병 환자로 그저 전락되는 것이 바로
근본이 아니더냐?
9 너희들이 또 인간은 완벽하지 못하다
그리 한쪽에서 가르침이니,
10 정녕 완벽하지 못한 것이 인간이라면,
너희들은 항상 깨우침을 받고 깨달음
을 얻어야 하는 것이 종교 집단이요,
지도자들이 가야 할 것이니라.
11 항상 연구하고 깨달아 너희들이 겸손
한 자세로써 만백성을 가르치는 것이
며, 만백성의 종으로서 역사하는 것이
종교 집단의 지도자의 자세가 아니더
냐?
12 그러니 오늘의 너희들이 잘못되었음
이니라.
13 저희는 완벽하다 그러니 그 종교 지도
자가 무어라 말하느냐?
14 한쪽에서 저희 제자들에게 완벽하지
못한 것이 인간이요, 그렇기 때문에
하늘의 뜻을 지키고 살 수 없는 것이
인간이라면서,
15 저희가 하는 짓은 보지도 말며 핍박하
지도 말며, 잘못되고 잘되고 하는 것
을 조언하지 말며 참견하지 말라,
16 그리고 저희들은 벌을 받든 말든 너희
들이 상관해서는 아니 되며, 종교 지
도자는 완벽하기에 시시비비를 하지
말라, 그와 같이 시시비비를 하는 자,
죄를 받는다며 제 입으로 그리 말하고
가르치고 있지 않으냐?
17 그러니 이는 저 자신이 바로 설 수 없
는 자들이 하는 말이요, 그러한 자들
이 깨우침이 어디 있으며 진실한 믿음
이 어디 있겠느냐?
18 그러니 정녕 종교 지도자는 모두를 다
덮어 두고 항상 연구하고 공부하고 깨
우쳐 깨달음을 얻기가 끝이 없으니,
가장 낮은 자세요, 겸손한 자세로 가
는 것이 저희들이 가야 하는 길이니라.
19 저희 제자들과 모든 신도들과 토론하
며 갑론을박 시시비비하며, 아름다운
것을 연구하고 서로 깨우치고 돕고 가

는 그와 같은 그 자세가 되어야 될 것
이거늘,
20 지금은 제왕적인 자리를 지키는 데만
그들이 연연하고 있음이니라.
21 그러니 그 제왕적인 자리를 지키고 역
사하는 것만이 나의 사랑하는 피조물
만백성으로부터 재물이요, 금화를 거
둬들일 수 있는 그 근거가 생기며 그
와 같은 힘이 있기 때문이니,
22 이와 같이 어리석은 백성 앞에서, 너
희들에게 무엇인가 완벽한 것을 원하
나 그와 같은 백성이 될 수가 없으니,
23 완벽한 길을 가는 것이 나에게 오를
수 있는 것이며, 흠집이 있는 자, 죄가
있는 자, 나에게 절대 올 수 없다는 그
가르침 앞에 그들이 과연 그를 받아들
이려 하며 그것을 제 것으로 만들려
하겠느냐?
24 그들은 그와 같이 말한 자를 사탄이
요, 이단이라 하여 죽이려 할 것이며
그를 존재하지 못하도록 할 것이니라.
25 이것이 오늘의 상반된 것이니라.
26 참진리요, 진정한 것은 내려오면 내려
올수록 흐려지며 그 고통은 심하며,
27 사악한 것은 늘면 늘수록 대우를 받으
며 칭송을 받는 것이 오늘의 종교 집
단이요, 지도자들이 가고 있는 길이라
는 걸 명심하고 또 명심하라.
28 거기에서 바른길을 모르며 하늘에 오
르는 길을 모르고 허덕이는 만백성 너
희들 스스로 너희 자신을 지키고 보호
하는 능력을 길러야 함을 잊지 말라.
29 네 자신이 참진리를 찾는 그 능력을
배양토록 그리하지 아니하면 너희들
은 썩어져 지옥으로 감이니 그리 알라.

8,823 번째 하나님 말씀

2003년 12월 19일 11시 24분

1 사랑하는 나의 아들아!
2 "네, 아버님! 말씀하옵소서."
3 믿음이라는 그 길을 가며 구원을 받고
자 하며 나에게 오르고자 갈급해하는
백성들이 너를 찾아와 말함이니라.
4 나의 법전을 읽고 저희들이 그럴 듯하
면서도, 그들이 가면서 하는 소리가
제가 기도하는 하나님이요, 저에게 명
령을 내린 하나님께서 저를 이리 가라
하면 제가 이리 올 것이며 여기 와서
역사하라면 역사할 것이라 하며,
5 그리고 또한 너로부터 떠난 그 제자들
도 어찌 생각하느냐?
6 너희들에게 다시 오고자 해도, 저희가
기도하는 하나님이 이곳을 가라 한다
면 이곳을 온다 하며, 그분이 역사하
면 온다 그리 말함이니라.
7 나 여호와가 지금 이곳이 어디라 너희
들에게 말하였느냐?
8 혈통이 무너지고 무너져 그 혈통을 찾
을 수 없는 그것을 바로 세우기 위하
여 내가 나의 아들을 통하여 160권의
족보요, 그 혈통서를 내려보낸다 하였
거늘,
9 이곳 혈통서가 있는 곳에 와, 제가 기
도를 받아서 혈통을 찾아 여기를 오겠
다 함이니, 그게 다 무엇이더냐?
10 어리석은 백성들이 제가 왕이 되고자,
제가 제왕이 되고자, 제가 대장이 되
고자, 제가 지도자가 되고자, 제가 높
은 자가 되고자 하는 어리석은 마음,
그것 때문에 그들이 그를 바라보지 못

함이니라.
11 저희들이 기도하는 하나님이 누구며
저희들이 명령을 받은 하나님이 누구
던가?
12 나는 그들에게 명한 적이 없으며, 내
가 그들에게 뜻을 전한 적이 없으며,
내가 그들에게 어떠한 명을 내린 적이
없음이니라.
13 나는 오로지 이 지금의 세상에 하나의
혈통으로 순종의 그 역사를 이루어 내
가 하늘의 족보를 내려보냄이니, 그
족보에 기록되는 자로 그 정통성을 유
지하고자 하는 것이 나 여호와의 뜻임
이니라.
14 지금까지 너희들이 무너지고 쓰러진
것이 무엇인 줄 알겠느냐?
15 그 혈통이요, 순수한 것을 지키고 역
사하지 못했기 때문에 오늘같이 험악
한 세상이 되었으며,
16 모든 종파의 종교 집단이 우후죽순으
로 세상을 덮고 지배하니, 저희들이
최고요, 저희만 구원을 받는다는 지금
이와 같이 황당한 형국이 되었음이니
라.
17 그러나 개인적으로 저희들이 나로부
터 은혜를 받으며 나로부터 명을 받는
다 하니,
18 그 명을 내리는 것은 나 여호와요, 나
의 아들 너를 통하여 이곳을 통하여
내가 법전으로써 책으로 근거하여 내
리거늘,
19 내가 어찌하여 책으로 모두를 역사하
며, 너희들이 말하듯이 말씀으로 역사
하며, 이를 보고 증거하는 것을 내리
면서, 내가 무엇 때문에 개인 개인에
게 내 뜻을 전하며 내가 너희에게 기
도로써 역사한다 감히 그리 말하는가?
20 너희들이 나에게 기도를 드려 받을 수
있는 자격이 있는가?
21 천사와 같은 자만이 내가 내린 음성을
들을 것이며 내가 내리는 모든 걸 들
을 수 있음이니, 너희들이 천사가 되
었단 말이더냐?
22 나는 너희들을 선택한 일이 없음이니
라.
23 다만 나의 아들을 선택하여 내가 오늘
의 이 거점을 만들어 역사함이니, 그
도 아직 천사가 되지 아니하여 그 길
을 가기 위하여 몸부림치고 있음이니,
24 160권을 역사하지 않을 때 나의 아들
도 버릴 수 있으며 하늘의 법도가 그
리 무섭고 공정하거늘,
25 나로부터 무엇을 받았다 들었다 하는
자, 너희들이 과연 얼마나 깨끗하고
아름다운가를 보도록 그리하라.
26 감히 너희들이 기도 속에서 나를 보며
나에게 명받는다 얘기하나, 너희들은
아직 그를 듣고 받을 만한 자격이 없
는 자들이거늘, 어찌하여 너희들은 주
제 파악을 못 하는가?
27 그러니 지금 잘못된 것이요, 허황된
속에 너희가 허덕이는 것이며, 사탄의
말에 허덕이고 있다는 것을 알라.
28 이곳이야말로 전통이 존재하며, 이 모
두를 역사하는 곳이 여기이거늘, 여기
와서 너희들이 무엇을 듣고 가라 하면
가고 오라 하면 온다는 그 오만한 생
각은 너희들의 영혼이 죽을 때 이미
늦을 것이니, 그리 알라 전하라.
29 그 이상의 어떠한 것도 없으며, 그 이

상의 어떠한 것도 내가 내림이 없으
며, 그 누구를 통하여 내가 지시하는
것도 없다는 것을 알라.
30 내가 160권의 법전이요, 나의 아들을
통하여 역사하는 그 모두를 거둬들일
때, 그렇다면 내가 제삼자요, 다른 사
람을 통할 수 있으나, 전하는 혈통이
다르기 때문에 그림이 그려지지 아니
하기 때문에 내가 절대 명하지 아니한
다 하였음이니라.
31 내가 일찍이 나의 아들을 통하여 내
뜻을 전했음이니라.
32 너희들이 그림을 그림이니, 한 사람의
화가가 백지에 그림을 그리고 색칠하
고 완성을 해야만 제대로 된 그 뜻이
되지,
33 아무리 같은 화가라 해도 그 사람이
끝내지 않고 다른 사람이 와서 그림을
그리면 가장 추한 그림이 되며 가장
잘못된 그림이 된다 하지 아니하였더
냐?
34 그와 같은 이치를 알고 있는 나 여호
와가 어찌하여 이곳저곳에 너희들에
게 기적의 역사를 내려 주며, 너희들
이 기도하는 것을 들어주며, 너희들에
게 가라 마라 하며 작은 것까지 내가
역사한다 생각하는가?
35 이것이 잘못된 자들임을 너희들은 알
라 그리 전하라.
36 너희들은 기도할 자격이 없으며, 들을
자격이 없으며,
37 너희들 자신이 얼마나 추하고 험악한
가 네 모습을 본다면, 나로부터 직접
듣는다는 그 소리를 감히 하지 못할
것이니라.
38 오로지 내가 명한 자요, 내가 보낸 자
만이 모두를 역사하는 것이요,
39 그가 160권의 법전을 세상에 하나의
그림으로 완성하여 내놓은 다음에, 그
래도 그가 바로 서지 못할 때 나는 그
를 칠 것이며, 그를 거둬들이지 아니
하는 것이 하늘의 법도요, 공의의 하
나님이 가는 길이요, 내가 가는 길이
거늘,
40 그와 같은 역사하는 것을 너희가 나도
봤고 너도 봤다 하여, 제가 받았으면
가고 내가 명령하면 그 성전을 달려가
며, 하나님께서 명하면 간다 그리 말
하는 어리석은 짓을 하지 말라.
41 너희들은 다 그게 제가 대장이요, 제
가 어른이 되고자 하는 욕심에서 헤어
나지 못한 자이니,
42 제가 160권 이상으로 161권의 나의
성령의 뜻을 받을 수 있다면 그가 나
의 아들 위에 내가 쓸 수 있는 자라 그
리 전하라.

8,824 번째 하나님 말씀

2003년 12월 19일 11시 32분

1 사랑하는 나의 아들아!
2 "네, 아버님! 말씀하옵소서."
3 지금의 종교 집단과 믿음의 길을 가는
그 백성, 그리고 구원을 받았다 하는
그 백성들이 어떠한 자들인 줄 알겠느
냐?
4 정녕 나 여호와가 역사하고자 하는 순
종파요, 충성스러운 나의 백성이요,
그 혈통을 찾아볼 수 없도록 지금 만
들어졌으며 변질되었음을 너희들은

알아야 될 것이니, 이를 너희들은 믿
고 따르라.
5 나 여호와가 내려보낸 너희들은 내가
이루고자 하는 충성스러운 하나의 가
장 고운 아주 굳은 혈통이요, 그 깨끗
한 혈통으로 이어진 종파의 믿음이 없
음이니라.
6 그러니 순종파요, 충성스러운 나의 고
귀한 혈통으로써 이어진 것을 찾아볼
수도 없으며, 내가 지금은 생각할 수
도 없는 그와 같은 형국이 되어 있음
을 알라.
7 즉 혈통이 모두가 무너졌으며 내가 이
루고자 하는 그 혈통을 찾아볼 수 없
도록 만든 것이 오늘의 종교 집단이
요, 세월이 흐른 그 형국이라는 것을
이제 너희들은 많은 백성에게 깨우쳐
주고, 너의 제자들은 이를 이해하며
너희가 깨닫도록 그리 전하라.
8 참진리요, 혈통이 몇천 년이 지나는
세월 속에서 비진리요, 나의 진리가
아닌 것끼리 서로가 접목되고 그를 갖
다 거기에 결합시키고 하여 또 잘못된
믿음이 하나가 탄생했음이니라.
9 그리하여 참진리 속에 비진리가 접목
되고 결합되어 하나의 너희들의 비진
리와 참진리의 어중간인 그와 같은 종
파가 생김이니,
10 그 어중간한 종파 속에 또 너희 후세
속에 비진리가 거기에 접목되어서 또
그 사이에서 잘못된 종파가 태어나고
또 태어난 그와 같은 형국이 지금까지
이루어졌음이니라.
11 그리하여 이제 비진리 하나가 또 태어
남이니, 그 비진리가 또 결합되고 또
화합되어 잘못된 믿음이 세상에 태어
났으니,
12 이제는 정말 나 여호와가 꼭 지키고자
한 나의 혈통의 그 의미가 말할 수 없
을 만큼 무너졌으며 감히 찾아볼 수도
없도록, 그리고 혈통이라 말할 수 없
도록 무너지고 흐트러진 것이 오늘의
믿음이요, 집단이니라.
13 그러니 종교 집단이요, 지도자들이 그
와 같이 정녕 나의 깨끗한 그 혈통에
서 너희들의 비진리가 접목되어 거기
서 태어난 종파 앞에 또 비진리가 접
목되어 그와 같이 결합되고 접목되는
것을 반복하면서 너희들의 지금에 이
르렀음이니,
14 지금의 종파 너희들이 바로 나 여호와
의 뜻이요, 나를 가르치는 목자요, 지
도자가 하나도 없으며, 혈통에서 비진
리가 결합되고 접목되어 태어나고 태
어나니, 거기에 또 비진리가 접목되고
위에서 지금까지 흘러온 것이 오늘의
너희들의 믿음이니라.
15 여기서 내가 너희들에게 전하느니라.
16 그러니 나의 아들을 따르는 제자들이
요, 그리고 동양의 언어를 듣는 여기
에 선택된 백성 너희들은 들으라.
17 지금의 동양의 작은 나라에 들어온 그
믿음이라는 것이 무엇인 줄 알겠느냐?
18 지금 참진리에서 비진리가 결합되고
접목되어 흘러오고 흘러와 비진리가
또 비진리를 낳고 하여 그와 같이 태
어난 그 종교의 믿음이 몇 대가 지난
지금 바로 이 작은 동양에 내려온 너
희들의 믿음의 종교의 형국이니라.
19 그러니 동양의 나라에 도착한 그 믿음

이요, 너희들이 와서 전해 준 믿음은
비진리와 비진리가 얽히고설켜 혈통
이 아닌 그와 같은 믿음을 가지고 지
금 뿌리를 내렸으며, 그것이 너희들이
하늘에 오르는 길이요, 최초의 역사의
내 피가 섞인 혈통이라 너희들이 그리
말함이니,
20 오늘의 동양에 들어온 그 믿음이 그
순간에 나의 피요, 나의 혈통이 아닌
믿음을 가지고 믿고 따라왔으니, 오늘
에 너희들이 거기에 또 너희들의 생각
이요, 비진리를 접목시킴이니,
21 그저 큰 교회를 짓는 것, 재물을 거둬
들이는 것, 제왕적인 역할을 하는 것,
그것이 비진리에서 비진리가 결합하
여 탄생한 것이며 거기에 나온 것이
지금 오늘의 너희들의 믿음이니,
22 동양의 믿음이요, 너희들이 가지고 있
는 그 진리는 다 태워 버리며 엎어 버
리고 버려야만 되는 것이니라.
23 너희들이 받아들일 때 진정한 혈통으
로써 동양의 작은 나라가 나의 믿음을
받아들였다면 그래도 나는 내 피가 조
금이라도 섞여 있다 생각할 수 있으나,
24 너희들에게 전해질 때 이미 나의 혈통
의 피는 하나도 없는 그와 같은 믿음
이 작은 나라에 전해져서, 그것에 또
너희들이 비진리를 결합시켜 탄생하
고 탄생한 것이니, 이는 나와 관계있
다 생각하지도 말라.
25 그리하여 내가 너희들을 나와 관계없
다며 너희들을 내가 보지 아니한다는
그 무서운 뜻이 여기 있음을, 이제 나
의 아들을 따르는 제자들이요, 나의
법전을 읽는 백성이요, 그리고 저희가
정통파요, 나의 피로써 혈통이 유지된
다는 오늘의 동양의 믿음으로 가는 백
성 너희들에게 경종을 울림이니, 이
무서움과 두려움을 알아 깨우쳐 바른
길로 가도록 그리하라.
26 내가 너희들을 사랑함이니, 이는 나의
아들이 여기에 태어났으며 나의 아들
이 여기서 역사하며,
27 나의 아들이 역사함에 너희들이 주춧
돌이 되며, 힘이 되어야 되며, 골격이
되고 그 모두의 받침이 되어야 되기
때문이니,
28 그리하여 내가 너희들을 용서하고 사
랑하고자 함이니,
29 너희들이 나의 법전을 읽고 새로 태어
나는 이 혈통의 피를 받아 순종하는
백성이요, 충성스러운 백성으로서 너
희들이 거듭나는 그 역사의 변화를 이
루도록 하라.
30 그리하면 내가 너희들의 모두를 다 용
서할 것이며 너희들을 거둬들일 것이
니라.
31 나의 아들이 동양의 작은 나라 너희들
의 세상에 태어남을 알라.
32 그리하여 내가 썩어진 잘못된 그 혈통
속에 나의 혈통을 심고자 함이니,
33 거기에 견딜 수 없는 것이 너희들의
오늘의 믿음이니, 부서지고 태워질 것
이니,
34 그때까지 기다리지 말고 스스로 너희
들이 나의 아들을 따라 혈통의 피를
받으라.
35 거듭나는 동양의 아름다운 백성으로
승화되도록 그리하면, 너희들이 나의
일을 역사하는 데 힘이 될 것이요, 그

렇지 아니하면 너희들은 고통 속에서
모두를 견디어야 된다는 그것을 알라.
36 선택의 길은 너희들에게 있음이니, 하
늘에 오르는 길을 선택할 것인가 지옥
으로 가는 길을 선택할 것인가, 동양
의 백성 너희들에게 지금 내가 먼저
선택권을 주는 것을 알라.
37 그리하여 여기서 너희들의 글이요, 언
어요, 풍습으로 나오는 것은 너희들에
게 제일 먼저 위대한 선택권을 주었음
이니, 얼마나 축복받은 백성이더냐?
38 그러니 내가 너희들에게 축복을 내린
백성이라 함이 여기 있음이니라.

8,825 번째 하나님 말씀

2003년 12월 19일 11시 37분

1 사랑하는 나의 아들아!
2 "네, 아버님! 말씀하옵소서."
3 나 여호와가 나의 피의 혈통을 지금
너를 통하여 160권의 책에 기록하여
내려보내는 대역사가 시작됨이니, 이
는 천지개벽을 하는 것보다 더 무서운
역사이니라.
4 그리고 동양의 작은 나라에서 너희들
이 뿌리를 내릴 때부터 너희들은 벌써
정통의 내 피가 섞여 있는 그 믿음이
요, 신앙이 아니라,
5 비진리가 접목되고 그 비진리가 또 후
손을 낳은 그 마지막에 나의 피는 찾
아볼 수도 없는 그와 같은 종교 집단
이 이 세상에 뿌리를 내렸으며, 그것
이 여기에 와 전파된 것이니, 너희들
은 그를 모르고 하늘에 오르는 길이라
한다 하였음이니라.
6 그리하여 내가 나의 법전을 내리면서
나의 법전에 기록하여 너희들에게 전
한 것이 무엇이더냐?
7 나 여호와는 법전에 일찍이 기록하여
전했음이니라.
8 하늘의 족보를 정리하며 하늘의 족보
를 역사하고자 하는 것이 나 여호와의
뜻이니, 너희들로부터 하늘의 족보를
만들며 그를 만들기 위하여 지금 내가
내려보내는 단계라 그리하였음이니,
9 너희들이 제일 먼저 기록되는 나의 백
성이라 내가 명한 그 뜻을 알라.
10 혈통의 피로 역사하고자 하며 혈통의
참진리의 교리를 역사하고자 하며, 내
피로써 모두를 다스려 나가며 내 피를
받은 자만이 이 세상에 존재하여, 하
늘에서 이루어진 것같이 지상의 낙원
을 이뤄 너희들이 나에게 오르는 그
역사를 이루고자 함이 나 여호와의 뜻
이라는 것을 알아야 될 것이니라.
11 그러니 비혈통이요, 근거도 없는 그
혈통들이 동양의 작은 나라에서 뿌리
를 내렸으며 나의 백성을 혼동케 하는
그와 같은 오늘의 이 현실을 내가 바
로잡고자 함이니라.
12 이제는 나의 정통의 피로써 이루어진
나의 족보요, 나의 혈통을 이 동양의
작은 나라에 심어, 비혈통이요, 나의
피를 찾아볼 수도 없는 근거 없는 그
믿음의 신앙을 다 태우고 뽑아 버리는
역사를 함을 너희들은 알아야 할 것이
니라.
13 내가 다 다시 다스려 나가고자 함이
나 여호와의 뜻임이니, 그리 알아야
될 것이니라.

14 나와는 관계없는 비혈통이요, 근거도
없는 그 혈통의 뿌리를, 동양의 작은
나라에 뿌려진 그 모두를 동양의 작은
나라부터 내가 뽑아 버리며 태워 버리
며 이를 다 거두려 함이니, 너희들은
은혜 받은 자요, 축복 속에 태어난 백
성이라 함을 알라.
15 나 여호와가 이제 제대로 다스려 나가
며 혈통을 뿌리고자 하며 역사를 진행
시킬 것이니라.
16 그러면 나의 백성이 혈통의 위대함을
알게 될 것이니, 진정한 나의 피를 받
아 그 혈통을 가진 백성이 얼마나 위
대한 것인가?
17 인간 세상의 한 가정의 혈통이요, 그
가정의 가문도 어찌 자랐고 어찌 성장
했느냐에 따라 사람의 인성이 다르며
행함이 다르며 살아가는 것이 다르니,
너희들은 과연 무어라 하느냐?
18 그 집안의 내력은 무시 못 한다 하듯
이, 지금은 나의 그 내력이 하나도 없
으며 비진리와 비진리가 결합하고 결
합하여 낳은 오늘의 이 썩어진 그 모
두를 버리고자 함이니,
19 이제 너희들은 진정한 나의 혈통으로
써 이루어지는 그 위대한 족보를 가지
고 살아가는 그 백성의 혈통이 얼마나
위대하고 신비하고 고귀한 것인가 너
희들 스스로 알게 될 것이니라.
20 그러니 진정한 나의 혈통으로써 이루
어지는 것은 나의 법전을 읽고 깨우치
는 자, 이를 찾고 변하는 자, 그리하여
변하는 자만이 그와 같은 나의 혈통이
요, 나의 족보에 기록된다는 것을, 나
의 법전이 아니고는 모두가 이루어지
지 아니함을 너희들은 명심하고 또 명
심하도록 그리 말할 것이며,
21 그 또한 전하는 것, 그들이 깨우쳐 주
는 자가 없이는 그들이 배우고 역사할
수 없음이니라.
22 어린아이가 좋은 선생을 만나 그 아름
답고 곱게 필요한 사람으로 성장하듯
이,
23 너희들이야말로 지금 비진리의 그 뿌
리 속에서 허덕이는 그 백성들, 처음
에 뿌려지고 받아들일 때부터 나의 혈
통이 아닌 비진리를 가지고 깨우쳐 하
늘에 오르는 길이라 몸부림치는 그 백
성을,
24 너희들이 어린 자식을 가르치는 마음
으로 그들을 잘 다스리고 깨우쳐 하늘
에 오르는 길을 전하도록 하며, 이 내
용을 그들에게 전하라, 사랑하는 나의
아들딸들아!

8,826 번째 하나님 말씀

2003년 12월 19일 11시 43분

1 사랑하는 나의 아들아!
2 "네, 아버님! 말씀하옵소서."
3 다른 종파요, 다른 믿음은 인정하지
아니하며 사탄이요, 이단이라 말하는
자, 그리고 진정 나 여호와가 내리는
참진리요, 나의 혈통의 그 피까지도
너희들이 잡종이라 말하며 잘못됐다
말하는 것, 그리고 사탄이라 말하는
자들,
4 그리고 이단이라 하여 말도 하지 못하
며 거래도 하지 못하게 하는 그와 같
은 오늘의 교회요, 종교 집단이요, 너

희들이 정통의 혈통이라 말하는 기독
교라는 그 종파는 과연 어디에서 생겼
으며 어디서 이루어졌는가?
5 너희들의 종파의 한때의 그 뿌리를 더
듬어 보면 너희들 자신이 부끄러움을
알 것이니라.
6 너희들도 지금 잘못 간다, 잘못됐다
시시비비하는 그 하나의 몸통의 형태
에서 너희들이 그 정황이나 그때를 고
려하여 거기서 뛰쳐나와 하나의 정통
의 혈통이라고 만든 것이 오늘의 기독
교요, 교회를 짓고 가는 것이 아니더
냐?
7 그러니 너희들 자신이 하나에서 뛰쳐
나온 것이니, 너희들은 벌써 무엇이더
냐?
8 너희들은 정통의 피를 이미 거부한 자
들이요, 벗어난 자들이니라.
9 그리하여 그 정황이요, 상황을 고려하
여 너희들이 나름대로 다듬고 만든 것
이 오늘의 기독교요, 너희들이 믿음의
길을 가며 그리고 하늘에 오르는 길이
라 하여 새로 생긴 종파가 아니더냐?
10 그러니 너희들 또한 순종이 아니며,
순종의 혈통이 아니라는 것을, 그리고
변질된 잡종이요, 몇 세대가 지나며
세대가 흘러오면서 다 무너진 것이라
는 것을 너희들은 알지 않느냐?
11 그리고 진정한 교리가 없음이니라, 그
리고 나 여호와의 뜻이 없음이니라.
12 그것을 흘러오는 세월 속에서 너희들
이 만들어 그것이 순수한 집단이라 둔
갑시켜 순종하는 집단이요, 충성하는
혈통이라 그리 만들고 있는 것이며 그
리 너희들이 부르짖는 자들이 아니더
냐?
13 그러니 너희 자신의 그 뿌리를 보라,
너희들은 어디에서 뛰쳐나왔으며 어
디에서 밀려 나왔는가?
14 그러니 너희들은 나의 혈통에서 벗어
난 자요, 그를 거부하고 떠난 자들이
만든 집단이 기독교라는 것이니라.
15 너희들 자신이 만들고 너희들 자신이
고집하는 것이 아니고 무엇이더냐?
16 그러면서 잡종으로 태어난 너희들이
다른 종교 집단을 잡종이요, 다른 종
파는 무조건 잡종이요, 쓸모없는 자들
이요, 사탄이요, 이단이라 지탄하며,
17 나의 아들을 통하여 직접 내가 내리는
이 혈통의 법전까지도 너희들은 사탄
의 것이라며 울부짖고 이를 찢어 버리
고 태워 버리는 짓을 함이니, 너희들
자신이 얼마나 불행한 자들인가 알라.
18 내가 그리하여 불쌍한 너희들에게 진
정한 혈통을 내려보내며, 진정한 혈통
이요, 진정한 참진리의 가르침의 그
길이 무엇인가를 지금 전하는 역사를
이룬다는 것을 알라.
19 이제 나의 아들을 따르는 백성 너희들
이야말로 누가 무어라 하든 너희들은
나의 법전을 만들어 만백성에게 전하
며, 나의 법전대로 아름답게 살아가는
마음으로 변하여, 나의 아들을 통하여
내리는 강론을 듣고 너희들이 변해져
가는 그 신비의 세계를 들여다볼 수
있는 변함이 순수한 혈통의 세상임을
알라.

8,827 번째 하나님 말씀

2003년 12월 19일 11시 46분

1 사랑하는 나의 아들아!
2 "네, 아버님! 말씀하옵소서."
3 나의 아들 예수를 통하여 그 혈통의 피를 내렸을 때, 그는 이미 섞이고 또 흐트러져 그 순종을 찾을 수 없으며 그 정통의 혈통을 볼 수 없도록 되었음이니,
4 지금 그리 만들어 놓은 자들이 저희들의 교파요, 교리만이 진짜 순종의 믿음의 혈통이라 그리 부르짖고 있음이니, 그들의 착각이요, 그들의 망상이 과연 어디까지 갈 수 있는지 아느냐?
5 이 지상이 끝날 때까지도 그들은 그 망상이요, 그 착각 속에서 벗어나지 못할 것이며, 비진리가 접목되고 섞여 나의 혈통은 찾아볼 수 없는 것이 진정한 충성스러운 혈통이라며 그리 갈 것이니라.
6 그러니 그들이 오늘의 제 현실을 아는 자들인가?
7 전혀 모르는 자들이니라.
8 그것을 모르기 때문에 저희들만이 가지고 있는 것이 정통파의 혈통이요, 참된 정통파라, 그리고 종교의 진리라 그들이 주장하는 어리석음이니라.
9 그러니 이제는 그들이 뉘우치고 바로 서지 못하면 나를 볼 수도 없는 것이 그들이니, 그들을 어찌한단 말이더냐?
10 그들은 남의 것을 들으려 하지 아니하며 깨달으려 하지 아니하며, 나의 법전을 보지도 아니하려 하며, 순수한 나의 피와 나와 혈통으로 내려가는 것을 사탄이요, 악마의 짓이라 말하고 있음이니, 얼마나 영적인 오만에 젖어 있는 자들인지 너희들은 들여다보라.
11 그들은 얼마나 오만하고 자만한 자던가?
12 영적인 면에서 나에게 얼마나 도전을 하는 자인가?
13 너희가 살아가면서 무지해서 저지르는 짓, 몰라서 저지르는 짓, 그리고 너희들이 정녕 깨닫지 못하여 지은 그 죄는 내가 용서할 수 있으나,
14 너희들이 알면서 짓는 종교 집단이요, 지도자들의 그와 같은 영적인 오만과 나에게 도전하는 자는 절대 용서받을 수 없으며 용서하지 아니함을 너희들은 알라.
15 내가 일찍이 성서에 기록하여 전했듯이, 너희들의 영적인 그 죄요, 성령에 대한 죄는 내가 용서하지 아니한다는 뜻이 여기 있음을 알라.
16 저희 혈통이 아닌 자가 저희 것만이 정통파의 혈통이라 하는 어리석은 자, 그리하여 영적인 면에 도전하는 자, 그리고 영적인 것을 알면서도 무시하는 자, 저희들 자신을 지키기 위해서 나를 기만하고 내 앞에 오만한 자, 그리고 나에게 도전하는 그와 같은 행위를 하는 자는 절대 용서받지 못함이니라.
17 몰라서 무지해서 그저 따라가는 그 백성들은 나의 법전을 읽고 깨우쳐 바로 서고자 변하는 그 삶으로 살아간다면, 이는 곧 정통의 나로부터 수혈을 받은 자이니, 내가 너희들을 기억하고 거둬들일 것이니 그리 알라.

8,828 번째 하나님 말씀

2003년 12월 19일 11시 52분

1 사랑하는 나의 아들아!
2 "네, 아버님! 말씀하옵소서."
3 너희들이 세상에 태어남도, 그리고 너
희들이 육의 세상에 살다 돌아감도 누
구의 뜻에 의하여 누구의 주관하에 이
루어지느냐?
4 그 모두는 창조주 나 여호와의 뜻이
아니더냐, 사랑하는 나의 아들아!
5 "네, 아버님! 그렇사옵나이다.
6 저희들이 생명을 가지고 영혼을 가지
고 세상에 나오는 것, 그리고 저희들
이 그 모두를 다스리고 살다 돌아가
는 것도 보내 주신 아버님 앞에 돌아
간다는 그 뜻을 저희들이 알면서도
그를 기억하지 못하며,
7 보내 주신 그 뜻대로 살다 제자리로
돌아가는 길은 그것뿐이라는 것을 어
리석은 저희들이 깨닫지 못하며,
8 육의 욕심을 벗어나지 못하여 죄를 짓
고 아버님의 순수한 혈통을 스스로 저
버려, 저희들이 받아서는 안 되는 그
와 같은 수혈을 받아 병든 자요, 썩어
진 자가 되어 가고 있는 것이 오늘의
만백성들이요, 저희들이 살아 있는
길이라 생각되옵나이다.
9 아버님 만백성에게 힘과 용기와 사랑
을 주옵소서!
10 그리고 저를 따르는 제자들과 법전을
읽고 깨우친 백성들을 구원할 수 있도
록, 그들을 빨리 구제할 수 있도록, 아
버님! 저희들에게 매를 주셔서 저희
들을 바로 다스려 주옵소서.
11 오로지 저희들이 바로 서서 하얀 눈
과 같이 될 때만이 그 역사를 할 수 있
사옵나이다.
12 인간인 저희들이 최선의 노력을 하고
있사오나,
13 아버님! 저희들에게 매로 다스려서라
도 그들을 구원할 수 있는 저희들로
변하는 그 상을 내려 주옵소서.
14 이것이 제가 감히 아버님께 간곡히 드
리고자 하는 기도이옵나이다."
15 사랑하는 나의 아들아, 내가 네 마음
을 아느니라, 그리고 모르지 아니함이
니라.
16 그러나 오늘의 너희들의 삶도 나의 뜻
에 의해 변하지 않는다는 것, 그리고
그 뜻을 벗어날 수 없다는 것,
17 그리고 믿고 견디는 그 삶이 굳건하지
아니하면 내가 너희들을 다스려 상으
로써 역사한다 해도, 어렵고 힘든 그
환경에 부닥쳤을 때 지탱하지 못함이
니, 그리하여 내가 너희들에게 훈련을
거듭하고 있음을 알라.
18 너희들이 어려운 그 훈련 속에서도 변
치 아니하고 견디며 내 뜻에 따라 열
심히 살아갈 때, 너희들은 모두를 다
얻을 것이며,
19 모두를 구원하고자 하는 것, 그리고
너희들이 이루고자 하는 것이 이루어
짐이니라.
20 나 여호와가 하루아침에 너희들을 변
화시키며 그리 다듬었을 때, 너희들은
어렵고 힘들 때 절대 견디지 못하며
너희 자신을 다스리지 못하기에 만백
성을 구할 수 없음이니,
21 너희들이 하나부터 열까지 가장 밑에

서부터 위에까지 모두를 체험하고 갈
고닦아야 되기 때문에 내가 사랑으로
써 너희들을 다스림이니 그리 알라,
사랑하는 나의 아들아!
22 내가 일찍이 너에게 그와 같은 뜻을
전했거늘, 어찌하여 네가 이날 이와
같은 기도를 나에게 기도를 드릴 수
있단 말이더냐?
23 사랑하는 나의 아들아, 두 번 다시 그
와 같은 생각을 하지 말며 지우도록
그리하라.
24 그 모두가 너희들이 나약한 것이요,
믿음이 약한 것이며, 저 자신을 지켜
가지 못하면서 그러하니, 너의 제자인
들 어떠하겠는가?
25 너를 보는 너의 제자들의 그 마음이
요, 그들의 고통이요, 시련은 너보다
열배 백배 더함이니, 그리 알라 나의
아들아!
26 이를 인내하지 못하고 너희들이 살아
가면 아니 됨이니라.
27 그리하여 내가 그를 바라보는 것이 어
떠한 것인 줄 알겠느냐?
28 인내하고 견디지 못하여 떨어지고 무
너지는 그 백성을 보는 내 가슴이 아
픔이니,
29 너희들은 절대 이와 같은 역사가 있어
서는 아니 될 것이니 그리 알라.
30 욥이라는 시련을 겪은 그와 같은 자를
알지 않느냐, 그가 역사한 것을 너희
들은 알지 않느냐?
31 그 역사함을 너희들이 받으려고만 하
지 말라.
32 그가 견디고 역사했던 것이 무엇인지
알지 않느냐?
33 그를 알면서 실천하지 못하는 너희들
이 된다면 차라리 모르는 것만 못하
니, 이를 너희들이 안다면 그것을 실
천하라.
34 그대로 너희들이 행하고 가야 함이니
라.
35 그와 같은 역사를 낳는 것이 너희들이
가야 할 길이라는 걸 잊지 말며, 절대
너희들은 물러나서는 아니 되느니라.
36 지금 나로부터 부름을 받은 나의 아들
딸 너희들이 욥만 못할 리가 없으며,
그만큼 인내하지 못할 자가 없으며,
그를 실천하지 못할 자가 없음이니라.
37 너희가 부족하다면 내가 너희들을 불
러 초대하지도 아니하였으며 쓰지도
아니할 것이니,
38 나의 아들아! 굳건히 버티고 나가는
그 의지를 갖고 스스로 이기라 하라.
39 그러면 모두 다 구할 것이며 얻을 것
이며 역사할 것이니,
40 나 여호와가 너희들에게 어느 날 갑자
기 내려 줄 수는 없음이니라.
41 공의의 나 여호와가 그와 같은 것으로
해서 만백성에게 지도자요, 전사요,
선생이라 내가 너희들에게 명할 수 없
는 것이요, 공평성을 잃어서는 아니
됨이 하늘의 법도이니라.

8,829 번째 하나님 말씀

2003년 12월 19일 11시 57분

1 사랑하는 나의 아들아!
2 "네, 아버님! 말씀하옵소서."
3 지금의 믿음의 길을 가고 있는 수많은
나의 백성들의 믿음이 무엇인 줄 알겠

느냐?
4 평생 그들은 말하느니라, 우리는 진실
한 믿음으로 가며, 창조주에게 순종하
는 백성이요, 충성하는 백성이요, 그
분 외에 다른 신도 가슴에 두지 아니
하며 거짓 하지 아니하고 살며 굳건한
믿음 속에서 간다 그와 같이 말하느니
라.
5 그리하여 세상 것을 다 얻은 것에 대
한 감사하는 마음으로 항상 기도하고
경배하며 산다 그리 말하느니라.
6 그리고 그들은 그리 행동하느니라.
7 그러나 과연 그 백성을 내가 그대로
믿을 수 있더냐?
8 그리고 그들은 저희들이 말한 것처럼
굳건한 믿음이요, 어떠한 변화에도 변
치 않는 그와 같은 믿음으로 가고 있
느냐?
9 그렇지 않은 것이 그러한 그들의 믿음
이니라.
10 너희들은 훈련과 재앙이 너희들에게
다가온다면 뭐라 말하느냐?
11 그렇게 장담하고 그렇게 불변이라는
그 믿음이요, 그리고 그 누구도 따를
수 없는 자라 말하던 너희들이 어찌
무너지느냐?
12 하늘을 향하여 무서운 줄 모르며 거침
없이 말하느니라.
13 '하늘의 창조주 나 여호와가 있기는
어디 있으며, 하나님이 어디 있느냐?'
하며 원망으로 바뀌는 것이 바로 너희
들의 지금의 믿음이요, 나의 백성이
가고 있는 신앙의 길이니라.
14 그러니 나의 아들을 따르는 제자 너희
들 또한 그러할 것이니, 여기에 내가
무엇을 역사하며 무엇을 이룬다 하겠
느냐?
15 그리하여 많은 예언자요, 선지자요,
대제사장들도, 나를 부르며 내 뜻을
받아 역사했던 그 백성들도 그 훈련과
재앙을 견디지 못했으며,
16 종내에는 다 무너지고 모두를 다 저버
리고 도망가는 그와 같은 형국이 이루
어진 것이 오늘까지 온 믿음이 아니더
냐?
17 또한 그러한 것으로 지금 가고 있는
것이 내가 보는 너희들의 믿음의 한계
이니라.
18 끝까지 지키고 따르는 백성이 없었음
이니라.
19 그러니 내가 너희들에게 그 대명을 이
루고자 한다면 과연 너희들은 내 뜻을
따르겠는가?
20 나는 너희들에게 묻고자 함이니라.
21 나의 아들 예수의 그 제자들도 등을
돌렸으며 그를 팔았으며, 그 수석 제
자도 나의 아들 예수를 배신하고 등을
돌리는 그와 같은 역사를 했음이니,
과연 내가 누구를 믿으며 무엇을 믿고
가겠느냐?
22 그러니 지금 나의 아들을 따르는 제자
너희들에게 묻느니라.
23 나 여호와가 너희들을 믿고 너희들에
게 기대를 걸며, 너희들은 그와 같은
역사를 이루지 아니할 것이라 생각해
서 내가 오늘의 어렵고 힘든 나의 마
음의 고통의 그 모두를 견디고 묻어
두고 참고 인내한다면,
24 너희들은 예수를 따르던 그와 같은 제
자들의 전철을 밟지 아니하며, 어떠한

고통과 어떠한 시련에도 역사하고, 내
가 기대하고 믿고 참고 있는 것에 너
희들은 과연 보답할 수 있겠는가?
25 내가 너희들에게 묻노니, 그 대답은
스스로 너희들이 결정하여 행하도록
그리하라, 사랑하는 나의 아들딸들아!

8,830 번째 하나님 말씀

2003년 12월 19일 12시 03분

1 사랑하는 나의 아들아!
2 "네, 아버님! 말씀하옵소서."
3 너희들이 지금까지 온 그 믿음은 오로
지 영적인 믿음, 그 한 길만 역사하는
것이라 그리 종교 집단이요, 지도자들
이 울부짖고 가르치고 있음이니, 여기
서 무너지는 것을 보는 나 여호와의
마음이 그리 아프니라.
4 진실한 믿음은 두 길로 양대 산맥으로
이루어지는 것처럼 그리 이루어지느
니라.
5 너희들이 두 눈이 있음이니, 한 눈으
로 보는 것보다는 두 눈으로 보는 것
이 더 정확할 것이며, 너희들이 한 쪽
으로 냄새를 맡는 것보다는 두 쪽으로
맡는 것이요, 한 곳으로 듣는 것보다
두 곳에서 듣는 것이 정확한 판단을
할 수 있으며,
6 너희들은 한 손만 가지고 있는 것이
아니요, 오른손과 왼손이 있음으로써
너희들이 활동하고 역사하기에 편한
그와 같은 이치처럼,
7 너희들의 그 믿음은 양대 산맥으로 되
어 있음을 알라.
8 보이는 육의 믿음 생활이 있는가 하
면, 보이지 않는 내면에 너희들의 마
음속의 생각을 다스리는 그 믿음이 있
음이니라.
9 그러니 너희들이 나에게 오르고자 한
다면, 내면의 보이지 않는 그 믿음과
육으로써 보이는 외면의 믿음, 그 모
두를 다 잘 다스리고 조화를 이루었을
때, 너희들이 나에게 올 수 있으며 구
원의 길에 들어설 수 있다는 것을 절
대 잊지 말아야 될 것이니 그리 알라.
10 '설마' 하는 그와 같은 생각을 하는 자,
하늘에 오르는 빛을 볼 수 없음이니라.
11 그러나 지금의 믿음의 길을 가는 백성
들이 과연 어찌하는가?
12 외면의 믿음은 관계없으며, 내면의 영
적인 믿음만 바로 서며 그와 같이 굳
건히 가면 구원을 받고 나에게 오른다
하여, 너희들이 육의 믿음의 삶을 소
홀히 하며 그를 무너트리려 함이니,
13 너희들의 육은 죄를 짓고 육은 무너지
면서, 영적인 것만 바로 살면 된다 부
르짖는 것이니, 이것이 얼마나 잘못
가르치는 것인가?
14 이 무서움으로 인하여 오늘의 모든 백
성이 잘못됨이니, 이것이 너희들의 믿
음이요, 오늘의 신앙생활이라는 것을
알라.
15 그러니 이 어리석은 백성을 깨우쳐 주
고자 내가 부른 것이 너희들이요, 그
모두의 교본이 되는 것이 나의 법전이
니라.
16 그러니 너희들이 이를 읽고 정독하고
깨우쳐, 그를 바로잡고 바로 다스리지
아니하면 아니 됨을 알라.
17 너희들의 내면이 굳건히 흔들리지 않

는 믿음과, 외면의 흔들리던 그 믿음
이 바로 섰을 때, 너희들이 나에게 올
수 있는 길을 볼 수 있으며 나에게 달
려올 수 있다는 것을, 모든 백성에게
나의 뜻을 전하도록 그리하며,
18 그들을 어리석음에서 깨우쳐 주도록
그리하라, 사랑하는 나의 아들딸들아!
19 내가 그들을 얼마나 사랑하며 나의 아
들딸을 얼마나 사랑하면, 내가 나의
아들을 통하여 지치고 힘든 그에게
160권의 법전을 만들며, 너희들에게
오늘같이 힘들고 어려운 그 길을 가라
하겠느냐?
20 힘들고 어려운 그 길이 하늘에 오르는
길이라는 뜻을 알면, 너희들이 오늘의
힘들고 어려움을 주저하지 말라.
21 너희들이 세상의 대변화요, 개혁을 이
룸이니라.
22 시작은 작으나 그 창대함은 너희들이
상상할 수 없을 것이니, 그날을 위하
여 오늘의 모두를 참고 인내하는 길을
가라, 사랑하는 나의 아들딸들아!
23 너희들의 마음이 변하지 아니할 것을
나는 믿으며, 등 돌리는 자가 없기를
바라며 무너지는 자가 없기를 바라나
니,
24 너희들이 내 품에 올 수 있다고 기대
하고 있는 그 마음에 너희들이 보답하
는 그 길을 갈 것이라 나는 믿고 있느
니라.

8,831 번째 하나님 말씀

2003년 12월 20일 06시 23분

1 사랑하는 나의 아들아!
2 "네, 아버님! 말씀하옵소서."
3 모든 미물이요, 모든 동물, 그 지혜가
낮은 것들도 반복 훈련하면서 무엇인
가를 배워 가며 터득하고 깨우치느니
라.
4 그리고 너희들이 관리하고 기르는 그
동물들 또한 반복 훈련을 함으로 인해
서 그를 지키고 따라가며 행하는 것이
그들이 아니던가?
5 그러나 이 세상에서 내가 가장 아름답
고 가장 지혜가 높게 만든 나의 사랑
하는 백성 너희들은 평생 동안 하나를
고치기 위하여, 그를 고쳐야 된다 고
쳐야 된다 하며, 바로잡아야 한다 바
로잡아야 한다 하면서, 그걸 잡지 못
하고 고치지 못하는 것이 너희들이니,
6 반복 반복을 하면서도 그걸 바로 지키
지 못하는 것이 너희들이니, 이를 어
찌해야 된단 말이던가?
7 가장 높은 지혜요, 가장 높은 생각을
할 수 있는 모두를 내가 주었거늘, 그
악습을 버리고 바로잡으며 바른길을
가는 것을, 그리 반복하고 또 훈련해
도 그를 지키지 못하는 것이 너희들이
니라.
8 그러니 너희들이 어떤 것을 배우고 공
부를 하며 또 너희들이 선배요, 또 부
모로부터 가르침을 받는다 해도,
9 그것을 일순간에 지워 버리고 그저 흘
려버리며, 환경에 따라서 너희들이 편
한 대로 적용하고 그를 이용하고 살아
감이니,
10 이것이 바로 충성스러운 믿음을 갖지
못하는 너희들이니라.
11 그러니 그 믿음 또한 어떠하던가?

12 너희들이 나로부터 은혜를 받으며 축
복을 받는다 말하나, 너희들이 어렵고
힘들 때는 나 자체를 부인하고 부정하
며 인정하지 않는 그와 같은 마음으로
살아가는 것이 나의 백성들이니,
13 그 마음이 바로 너희들의 믿음의 뿌리
이니라.
14 그러니 정녕 너희들이 그와 같은 것을
버리고 충성스러운 믿음으로 갈 때,
거기에서 얻지 못하는 것이 없으며 이
루지 못하는 것이 없는 것이 너희들이
거늘,
15 내가 가장 큰 축복이요, 영광을 줄 수
있는 것만큼 모두를 다 누릴 수 있는
것이 이 세상에 너희들뿐이거늘,
16 어찌하여 너희들은 그를 거둬들이며
그를 받아들이며 그것을 너희들 것으
로 만들지 못하고, 내리고자 하는 나
여호와 또한 너희들에게 내려 주지 못
하는 이와 같은 관계를 만드는가?
17 이제 나의 아들을 따르는 제자 너희들
은 알아야 될 것이니라.
18 가장 지혜가 높고 가장 깨달음이 높은
너희들이 한 번 들어서 하지 말아야
될 것, 한 번 들어서 버려야 할 악습,
이와 같은 것을 그 순간에 잘라 버리
고 다 버리는 것,
19 그리하여 두 번 다시 돌아다보지 않고
두 번 다시 그와 같은 행위를 하지 않
는 것,
20 이것이 너희들이 나로부터 받은 은혜
에 보답하는 길임을 너희들은 알아야
될 것이니라.
21 인간 세상에 너희들이 죄를 다스리는
것도 너희들이 모르면서 한 것과 알면
서 한 것과, 그리고 두 번째 하는 것과
세 번째 하는 것과, 그리고 상습적으
로 하는 그 죄의 죄질이 점점 더 무섭
지 아니한가?
22 그와 마찬가지이니, 인간 세상에서 너
희들이 살다가 나에게 심판을 받는 것
도 그러하니라.
23 너희들이 나를 욕되게 하는 것도 너희
들이 계속 반복 반복할 때, 그리고 버
려야 되는 악습을 나에게 버리겠다고
약속하고 또 약속하나 또 행하는 그와
같은 죄질이 너희들이 나로부터 받는
대가가 얼마나 무섭고 두려운가 너희
들이 모름이니,
24 그와 같은 죄목을 너희들이 벗어나고
그 대가를 치르지 아니하려거든, 너희
들이 위로는 나를 속이고 아래로는 모
든 백성이요, 형제를 속이고, 또한 저
자신을 속이는 그와 같은 약속을 하지
말라.

8,832 번째 하나님 말씀

2003년 12월 20일 06시 29분

1 사랑는 나의 아들아!
2 "네, 아버님! 말씀하옵소서."
3 내가 너희들에게 일찍이 깨우쳐 주었
음이니라.
4 너희들이 지은 죄는 너희들에게서 떠
나지 아니하며 네 몸에 붙어 있음이니,
5 너희들이 선하고 아름답게 살아가면
그것이 너희들의 심장부에서 물러나
있다가 너희들이 나에게 와 심판을 받
을 때 그 무게로써 나에게 오르고 못
오른다 하였음이니,

6 과연 너희들은 사랑하며 베풀며 선한
행위를 하는 것 또한 무엇인 줄 알겠
느냐?
7 너희들이 사랑을 실천하며 살아가는
그와 같은 것도 너희들에게서 떠남이
없음이니라.
8 사랑하고 베풀고 아름답게 사는 것도
너희들의 몸에서 떠나지 아니하여 그
것도 너희들 몸에 붙어 있음이니라.
9 그러니 악한 것과 선한 것이 너희들의
몸에 있음이니, 그를 가지고 너희들이
나에게 왔을 때 당연히 그 무게에 따
라서 너희들이 나에게 오르고 못 오른
다는 그 의미를 알아야 될 것이니라.
10 그러니 이제 나의 아들을 따르는 제자
들이요, 선택된 백성 너희들이 가야
할 길이며 너희들이 행해야 할 것이
무엇인가 알아야 될 것이니라.
11 선과 악의 그 두 줄기에서 그 모두가
너희들 몸에서 떠나지 아니하며 흘러
가지 아니하며 그대로 너희들 몸에 있
다가 너희들이 나에게 와 심판을 받을
때, 어떤 것이 더 많이 너희들의 몸에
있느냐에 따라 그 무게로써 너희들이
구원을 받고 못 받는다 하였음이니,
이를 너희들은 알아야 될 것이니라.
12 그러니 이것만이 심판의 기준이니라.
13 그러니 나의 백성들이 육의 행함이요,
육이 역사하는 것은 너희들이 구원을
받고 못 받는 것에 아무런 관계가 없
다 말하는 그것이 얼마나 무섭고, 함
부로 해서는 아니 되는 소리를 하는
것인가?
14 그러니 나의 아들을 따르는 제자들이
요, 나의 법전을 읽고 깨우친 백성 너
희들은 선하고 아름다운 행동을 하나
했을 때 선함의 그 무게가 너희들에게
있음이니라.
15 그러니 너희들이 나에게 선함을 많이
달고 와, 그 무게가 악한 것보다 무거
울 때, 곧 그것이 너희들이 나에게 오
르는 길이라는 것을 명심하고 또 명심
해야 될 것이며, 이를 저버려서는 아
니 될 것이니라.
16 너희들이 세상사에 살아가면서 백사
장의 모래알보다 더 많이 지은 죄, 그
리고 씻을 수 없는 그 많은 죄를 인간
이기에 씻을 수 없다 그리 말하나,
17 선하고 아름다운 것 또한 이 세상에
모래알보다도 더 많은 것들이 네 주변
에 있으며, 그저 너희들이 행하고 잡
기만 하면 너희들은 선하고 아름다운
행위를 할 수 있는 것이니,
18 이와 같은 이치를 알며 이와 같은 하
늘의 뜻을 안다면, 너희들은 정녕 악
은 하기 쉬우나 선은 하기 힘들다는
소리를 하지 말라.
19 그리고 악보다는 선이 이 세상에 더
많이 존재하며, 너희들이 악한 일보다
는 선한 일을 할 수 있는 것이 몇 배
더 많이 이 세상에 널려 있음이니, 그
중에서 너희들이 선택하는 것이 간단
하지 않더냐?
20 선은 수없이 많이 있으며 악은 얼마
되지 아니하거늘, 어찌하여 너희들은
선을 찾아 행하지 아니하고, 보이지
않고 숨어 있는 숫자가 적은 그 악을
찾아 행하며 그를 찾는 것인지 그 자
체 또한 나 여호와가 너희들의 심성을
알 수 없다 말함이니라.

21 그러나 그 모두는 너희들의 욕심이며, 너희들이 남보다 더 앞에 가고자, 더 이루고자, 더 명예롭고자 하는 그 욕심이니라.
22 양보하는 마음이 없으며 양보하는 미덕이 없는 그와 같은 백성이 잘못됨을 행하며 잘못되게 살아,
23 너희들이 거듭나며 영원히 사는 나의 나라에 오는 큰 것을 잃는 것이 너희들이라는 걸 절대 잊지 말라, 사랑하는 나의 아들딸들아!

8,833 번째 하나님 말씀

2003년 12월 20일 09시 10분

1 사랑하는 나의 아들아!
2 이 세상 너희들이 살아가면서 천 가지 만 가지 그 모두를 다 덮을 수 있는 것은 오로지 나 여호와의 뜻인 사랑을 베풀며 사는 것이라 하였음이니라.
3 그러니 너희들은 살아가면서 작고 큰 그 모두를 사랑으로써 바라보며 사랑으로써 행한다면 모두를 다 덮고 용서하며 넘어갈 수 있는 것이니라.
4 그러니 너희들이 사랑을 놓고 생각하는 것은 모두가 아름다운 것이요, 사랑으로 보지 아니하고 사랑의 마음이 없이 세상을 볼 때, 너희들은 남이 시시비비하는 것, 남의 추한 모습, 그리고 남의 장단점을 보고 너희들이 그리 평가하느니라.
5 그러나 그것도 또한 잘못됨을 너희들은 알고 있지 않으냐?
6 사람의 속이요, 그 사람의 본심을 모르면서 너희들이 어찌 그를 평가하고 말할 수 있겠느냐?
7 너희들은 옛말에 들은 말이 있지 않으냐?
8 진주 목걸이를 하나의 미물인 거위가 먹었는데 선비라는 사람이 도둑으로 몰림이니, 그 선비는 포박당하여 자기가 목숨을 잃는 그 순간까지도 버티고 지탱하며, 그 진범이 누구인지 말하지 아니하고 기다렸다는 것을 너희들은 알고 있지 않으냐?
9 그것이 무엇이더냐, 바로 사랑인 것이니라.
10 그 하나의 생명을 살리기 위해 그와 같이 역사할 수 있는 것이니, 그와 같이 인자함을 보일 수 있는 것은 그 선비의 사랑하는 마음이 그득히 충만했기 때문이니라.
11 그 구슬을 먹은 것이 거위라면 주인은 그것을 증명하기 위하여 그 거위를 당장 거기서 잡을 것이니, 그러니 하나의 생명을 잃는 것이 아니더냐?
12 그러나 제가 고통을 겪으며 도둑의 누명을 쓴다 해도 그 거위가 그걸 토해 낼 때까지 기다려 줄 수 있는 것은 선비의 마음이니,
13 그 선비가 하나의 생명을 건졌으며, 또 하나의 삶을 가르쳐 주었으며, 그리고 인간 세상의 삶의 정이 무엇인지를 그 주인에게 가르친 것이 더 크지 않더냐?
14 그것뿐이더냐, 하나의 거위의 생명을 살리는 것보다도 오늘까지 그와 같은 이야기가 전해지며 그와 같은 역사가 있었다는 것을 나의 사랑하는 백성 너희들이 듣고 또 들음이니, 거기서 보

고 깨우치는 그 교훈이야말로 얼마나
위대하던가?
15 그러니 그게 사랑이니라.
16 사랑으로써 모두를 보면 생명을 구원
할 수 있는 것이요, 사랑으로 보지 아
니하면 생명을 저버릴 수 있는 것이
너희들의 사랑이니라.
17 그리하여 내가 작고 큰 그 모두를 다
너희들이 사랑이라는 것으로, 사랑하
는 마음으로 보라 하였음이니라.
18 사랑을 가지고 있는 자는 희생을 할
수 있음이니라.
19 사랑이 없는 자는 희생을 할 수가 없
음이니라.
20 네가 어떠한 희생을 당한다 해도 남을
위하여 그가 바로 갈 수 있다면 그를
양보하고 이해하고 인내하는 것이 바
로 무엇이더냐, 사랑이니라.
21 인간은 다 누구나 다 욕심이 있느니라.
22 아름다운 것을 보면 갖고 싶으며, 제
몸에 지니고 싶으며, 좋은 것을 보면
갖고 싶으며, 그리고 자기가 높은 자
리에 앉고 싶은 것은 당연한 것이 아
니더냐?
23 그러나 그 모두를 다스리고 양보하고,
저 자신을 파악하여 제가 앉을 자리와
제가 취할 것을 구분하는 것은 그 모
두가 다 무엇인 줄 알겠느냐?
24 사랑이라는 그 마음이 있기 때문이니
라.
25 사랑이라는 것은 모두를 살리는 것이
니라.
26 그러니 사랑이라는 것이 얼마나 위대
한 것인가?
27 그러니 내가 사랑 하나를 가지면 너희
들이 이 세상을 다 지키고 통제할 수
있도록 너희들에게 그와 같은 것을 주
었음이니 그리 알라, 사랑하는 나의
아들딸들아!
28 이제 나의 아들을 따르는 제자 너희들
만이라도 사랑으로써 모두를 다스리
고 사랑으로써 모두를 넘고 갈 수 있
는 진실하고 진정한 사랑으로써 살아
가도록 그리하는 것이 너희들이 나에
게 올 수 있는 길이라는 걸 내가 나의
아들을 통하여 너희들에게 간곡히 전
함이니,
29 너희들은 사랑이라는 것을 가슴에 심
고, 모두를 사랑으로 다스려 나가며,
사랑으로 보도록 그리하라.
30 그러면 세상이 다 너희들 것이며 아름
다운 것만이 존재함이니라.

8,834 번째 하나님 말씀

2003년 12월 20일 09시 13분

1 사랑하는 나의 아들아!
2 "네 아버님! 말씀하옵소서."
3 이제 너의 제자들은 '사랑'이라는 그
단어에 너희들의 모두를 바치고 또 행
하고 실천할 때가 되었음이니, 그리하
여 내가 사랑이라는 것을 강조하며 내
뜻을 너희들에게 전함이니라.
4 너희들은 알아야 될 것이니라, 이 세
상에 존재하는 너희들이 믿든 믿지 않
든 어쨌든 나로부터 생명을 받아 가지
고 나간 만백성, 너희들이 아무리 위
대한 역사를 이루었으며 아무리 남이
도저히 할 수 없는 큰 공을 이루었다
해도, 그리고 만백성을 위하여 너희들

이 어떠한 것을 이루었다 해도,
5 너희들이 사랑을 행하지 아니하며 사
랑을 실천하지 아니하는 백성을 나는
안다고 말하지 아니할 것이며, 나는
너희들을 모른다 그리 말할 것이니 그
리 알라 전하라.
6 어떠한 시대의 변화를 이루었든지, 어
떠한 기적의 역사를 이루었든지, 그
모두가 사랑으로써 이루어지지 아니
하며 사랑을 실천하지 아니하는 자라
면 나는 정녕 그를 모른다 말할 것이
니라.
7 이제 너희들은 육적인 사랑의 삶이요,
영적인 사랑의 삶이요, 그 모두를 가
지고 나에게 와 심판을 받을 때 가장
그것이 중요함이니,
8 너희들은 어떻게 사랑을 했고 어찌 사
랑을 한 번 실천했으며 어찌 행하고
살아왔느냐가 너희들이 나에게 왔을
때 가장 중요하다는 것을 알아야 될
것이며, 잠시도 잊어서는 아니 될 것
이니 그리 알라.
9 모든 만백성에게 전하라.
10 너희들이 나의 아들 예수를 구세주라
부르며, 나를 하나님이라 부르며, 창
조주요, 전지전능한 분이라 말하느니
라.
11 그리하여 나의 순리대로 나의 뜻대로
살았다 하는 자들, 그리고 생명을 내
놓고라도 믿음의 삶을 살아왔다 말하
는 자, 그와 같은 백성이라도 해도, 너
희들이 아무리 굳건하고 강한 믿음으
로 믿었다 해도, 사랑이라는 것이 없
는 자를 나는 모름이니라.
12 사랑을 행하지 아니하고 너희들이 아
무리 굳은 믿음으로 믿었으며 생명을
다 바쳐서라도 지키겠다는 그와 같은
믿음을 가지고 온 자라 해도,
13 사랑이 없는 삶을 산 자는 '나는 너를
모른다.' 할 것이니, 이를 만백성에게
전하라.
14 또한 너의 제자들도 그러하니라.
15 너희들의 오늘의 삶에 나의 법전을 가
슴에 안고 정독하고 정독하여 깨우침
이 아무리 높다 해도, 너희들의 행함
에 사랑이 없으면 아니 될 것이니라.
16 사랑이라는 것은 모두를 다 덮을 수
있으며, 한 생명을 구제할 수도 있으
며 한 생명을 잃게 할 수도 있는 것이
라 내가 예를 들어 너희들에게 깨우쳐
주고 전해 주지 아니하였더냐?
17 그러니 너희들은 그 사랑을 위하여 행
하는 제자로서, 사랑을 행하는 백성으
로서 거듭나라.
18 그것만이 너희들이 모두를 다 얻을 수
있는 길이라는 걸 잊지 말라, 사랑하
는 나의 아들딸들아!

8,835 번째 하나님 말씀

2003년 12월 20일 09시 27분

1 사랑하는 나의 아들아!
2 "네, 아버님! 말씀하옵소서."
3 나 여호와가 사랑하는 나의 아들을 통
하여 160권의 새로운 성경을 내려보
냄은 '사랑의 시대'를 역사하고자 하
는 것임을 너희들은 알아야 될 것이니
라.
4 그러니 내가 지금까지 역사했던 그 모
두는 사랑의 시대를 역사하고자 하였

음이니, 너희들은 그를 알아야 될 것
이니라.
5 너희들은 나의 이름과 예수의 이름을
찾으며 귀신을 쫓아내고 기적의 권능
과 어떠한 영적인 능력을 행사한다 해
도, 그 모두는 다 나 여호와의 뜻이 아
니라, 사탄의 행위며 사탄의 뜻이라는
것을 알아야 될 것이니라.
6 이제 사랑의 실천함이 없으며 사랑이
없이 너희들이 아무리 나의 아들 예수
를 찾으며 나 여호와를 찾고 울고불고
그리한다 해도, 기적을 이루며 너희들
이 치료의 권능을 이루며 귀신을 쫓아
내고 아무리 영적인 능력이라 하여 그
리 행사하며 인간이 감당할 수 없는
그 무엇을 이룬다 해도, 그 모두는 다
사탄의 행위임을 너희들은 알아야 될
것이니라.
7 이제 나의 법전에 기록되어 있는 그와
같은 사랑의 실천을 하지 아니하고 모
두가 역사하는 것은 다 사탄의 길이니
라.
8 그리하여 나 여호와가 제3의 시대를
열고자 하는 것이 바로 무엇인 줄 알
겠느냐?
9 사랑을 실천하는 시대를 열 것이며,
사랑을 실천하고 따르는 그 백성들만
이 존재하는 천국과 같은 시대를 열고
자 하는 것이 나 여호와의 뜻이니라.
10 그러니 지금 사랑을 행하지 아니하는
자가 기적을 이루며 귀신을 쫓으며 모
든 권능을 잠깐은 비추고 이루나, 그
리고 영적인 능력이 있는 것같이 그리
행사하나,
11 그 모두는 다 내가 제3의 시대에 사랑
을 역사하는 나의 법전을 세상에 보내
며 그 시대를 열지 못하도록 방해하는
자들이며, 이를 막는 자들이 사탄의
행위라는 것을, 나의 아들을 따르는
제자 너희들은 여기서 알고 가야 될
것이니라.
12 오늘의 나의 뜻이요, 나의 모두는 사
랑의 실천함이니, 새로운 시대요, 새
로운 역사를 이루고자 하는 것이 바로
곧 나의 뜻이니라.
13 그러니 나의 법전을 읽고 깨우치면 사
랑을 행할 수 있으며, 이를 거역하고
이를 보지 않는 자는 사랑을 실천하지
못함이니라.
14 그러니 이를 역사하지 못하게 하는 것
이 너희들이라는 것을 알라.
15 그리하여 지금 기적을 이루는 것처럼,
병 고치는 은사를 받은 것처럼, 나의
은혜를 받은 것처럼, 귀신을 쫓아내는
그와 같은 기적이요, 권능을 너희들이
아무리 행사한다 해도,
16 너희들은 오늘의 나의 법전이 나오는
것을 막으려 하는 자들이기에, 내가
이를 대비하여 미리 성경에 나의 아들
을 통하여 기록하여 전한 대목이 있음
을 너희들은 알라.
17 나의 아들 예수가 너희들에게 전했느
니라.
18 너희들이 '주여! 주여! 우리가 주의
이름으로 선지자의 노릇을 했으며 주
의 이름으로 귀신을 쫓아냈으며 주의
이름으로 많은 권능을 행치 아니하였
나이까?' 그리 물을 때가 있을 것이라
했느니라,
19 그러나 그때가 되어 나의 아들 예수가

너희들에게 무어라 말한다 한 줄 알겠
느냐?
20 '내가 저희에게 밝히 말하되', 나의 아
들 예수가 그들에게 바로 심판하며 말
을 전하니, '내가 너희들을 도무지 알
지 못하니, 불법을 행한 자들아, 내게
서 떠나라!' 나의 아들 예수는 그리 대
답할 것이라 미리 기록하여 전한 대목
을 너희들은 알라.
21 그러니 너희들이 사랑을 행하지 아니
하며, 사랑의 근본이요, 실천인 나의
법전을 읽고 행하지 않는 자,
22 어떠한 역사의 기적을 이루고 어떠한
부분적인 능력을 행사한다 해도, 그것
은 바로 나 여호와의 참진리인 나의
사랑을 실천하는 것을 막기 위한 사탄
이요, 사악한 자들의 장난이요, 그리
하여 나의 백성을 현혹게 하여 나의
법전을 읽지 못하게 하는 자들이니라.
23 그리하여 나의 아들 예수가 너희들이
그와 같은 많은 권능과 모두를 행하며
나의 아들 예수의 뜻대로 살았다며 너
희들이 와서 그를 속이려 해도,
24 나의 아들 예수는 정녕 너희들을 모른
다 그리 말할 것이며, '불법을 행한 자
들아, 나에게서 떠나라.' 그리 말한다
기록하여 전했음이니,
25 감히 너희들이 나에게 오를 수 있다
는 것은 상상도 하지 말도록 그리 전
하라.

부 록

【하나님께서 가르쳐 주신 운동】

천재지변이 일어날 때, 동물이나 미물들은 미리 알고 대피하지만, 인간은 알지 못하고 큰 화를 당합니다. 하나님께서 인간에게 가장 높은 지혜를 주시고 완벽하게 창조해 주셨기에 동물들보다 더 잘 알 수 있지만, 욕심으로 마음이 혼탁해져서 한 치 앞을 보지 못하는 것입니다.

마찬가지로, 인간은 누구나 스스로 필요한 운동을 해서 건강을 지킬 수 있도록 하나님께서 만들어 주셨습니다. 우리의 머리에서 우리 몸에 필요한 동작을 해 달라고 끊임없이 신호를 보내지만, 인간이 혼탁하게 살아서 그 신호를 알아채지 못합니다. 그러니 자연스럽게 자기 몸이 원하는 그 신호를 따라서 운동하는 것이 하나님께서 가르쳐 주신 운동 방법입니다. 바로, 우리의 영이 육을 이끄는 운동입니다.

▶ 하나님 운동법

1. 눈을 감고, 발을 어깨너비로 벌리고 바르게 선다.
2. 몸에 힘을 풀고, 허리를 숙이면서 손과 머리를 아래로 내린다.
3. 허리를 펴고 싶을 때, 천천히 펴면서 하고 싶은 동작을 하면 운동이 시작된다. (사람마다 다르다.)
4. 멈추지 말고, 어떤 동작이든지 자기 몸의 느낌대로 계속 이어서 한다.

▶ 참고 사항

① 눈을 감은 상태로 아무 생각 하지 않고, 자기 몸의 느낌대로 움직입니다.

② 마음을 비우고, 욕심을 버리고, 지난날의 잘못을 반성하면서 몇 차례 시도하다 보면, 자기도 모르게 하고 싶은 동작이 끊임없이 생깁니다.

③ 운동 장소는 방 안이든 운동장이든 관계없으며, 걷거나 달리고 싶을 때는 눈을 떠도 됩니다.

④ 매일 40분 이상, 주 4회 이상, 3개월 이상 하면 음식 조절에 들어갑니다.
- 음식으로 생긴 병은 음식으로 치료하게 되며, 어떤 음식을 먹어야 하는지 스스로 알게 됩니다.
(자기 몸에 필요한 음식만 먹고 싶어집니다.)

⑤ 사랑하는 사람과 함께 운동하면 서로 치료해 주기도 합니다.

⑥ 운동을 하다가 몸의 어느 한 부분을 계속 손으로 자극한다면 그쪽에 이상이 있는 것이니, 의사에게 상담을 받고 적절한 치료를 받으면 됩니다.

⑦ 다이어트 및 기타 건강관리에 효과적입니다.

⑧ 꾸준히 운동하여 영이 맑아지면, 자신의 과거와 미래를 스스로 보게 됩니다.

누구나 스스로 하실 수 있습니다.

간 행 사

《새로운 성경》은:

· 새로운 성경은, 하나님께서 선량하고 선한 자를 선택하여 십계명을 암송하도록 하시고, 십계명을 암송한 다음에 음성으로써 들려주시는 말씀을 듣고 그대로 카세트테이프에 녹음해서 받아쓴 책입니다.

· 90분짜리 녹음테이프 700여 개에 달하는 말씀으로, 1999년 8월부터 2004년 7월까지 총 160권(권당 288쪽)을 완성하였으며, 그 이후에도 현재까지 계속 말씀을 내려 주고 계십니다.

· 새로운 성경은 "하늘을 두루마리 삼고 바닷물을 먹물 삼아 쓰고 써도 다 못 쓴다"는, 끝없이 방대한 하나님의 말씀이 두루마리로 직접 내려오는 것입니다. 이러한 새로운 성경은 구약과 신약을 폐하려는 것이 아니라 "인봉된 성서의 비유의 뜻"을 상세히 설명하여 완성하고자 하나님께서 직접 내려 주신 말씀입니다.

《새로운 성경》의 구성:

· 제 목: 2013년, 160권 모음집을 발간하면서, 본 도서의 제목을 "하나님! 말씀하옵소서"에서 《새로운 성경》으로 명해 주셨습니다.

· 단행본: 각 권당 288쪽(신국판) 책이 160권까지 시리즈로 출판됩니다.
(모음집은 단행본을 16권씩 묶어서, 총 10부로 구성됩니다.)

《새로운 성경》의 성경적 근거:

· 신약 성경 [요한복음] 16장 13절에 "진리의 성령이 오시면 그가 너희를 모든 진리 가운데로 인도하시리니 그가 자의로 말하지 않고, 오직 듣는 것만을 말하며" 하신 말씀처럼 하나님의 음성을 들은 것만 기록하였으며,

· "장래 일을 너희에게 알리시리라" 하신 말씀과 같이 개인, 나라, 인류의 "장래"일을 하나님께서 알려 주시는 것만 기록하여 책으로 만들었습니다.

《새로운 성경》의 기록 방법:

· 1999년 8월부터 하나님께서 저에게 들려주시는 음성을 기록하였습니다. 처음에는 제가 들은 말씀을 불러 주면 저의 아내가 기록하여, 2000년 1월 29일에 1권 초판이 세상에 나왔습니다. 2000년 4월부터는 주시는 말씀을 받아 녹음기에 기록하기 시작하였습니다.

· 녹음을 시작하면서 하나님의 말씀을 받는 데 가속도가 붙었고, 2001년 5월 3일에 1부(1~16권까지)를 인쇄하여 출판하였으며, 2004년 7월까지 총 160권 분량의 말씀을 받아 기록하였습니다.

하나님께서 저에게 주신 것은:

· 첫째, 만백성을 상대로 내려 주시는 "기도", 둘째, 수시로 내려 주시는 "묵상", 셋째, 개인의 과거, 현재, 미래를 알려 주시는 "개인 기도", 넷째, 개인의 건강을 위해서 내려 주시는 "음식 처방", 다섯째, 하나님께서 가르쳐 주신 "운동"등이 있습니다. 이 중에 첫 번째, "기도"를 책으로 편찬하였습니다. 사람의 생사, 개인의 미래에 관한 천기는 수록하지 말라 하셨습니다.

강론 안내:

· 하나님께서는 지금도 매일 저에게 새로운 하늘의 비밀의 말씀을 내려 주고 계십니다. 수시로 내려 주시는 말씀을 정리해서 제자를 육성하라는 말씀에 따라 매주 강론을 하고 있습니다. 누구나 무료로 들으실 수 있습니다. (book160.com)

《새로운 성경》을 읽는 분들에게 드리는 선물:

· 개인 기도: 개인의 과거, 현재, 미래에 관하여 말씀을 내려 주십니다.

· 음식 처방: 사람은 음식을 먹고살다가 건강을 잃으니, 음식과 운동으로 건강을 되찾는 방법을 알려 드립니다. 단, 하나님이 계심을 믿고, 십계명을 지키겠다고 진실로 서약하는 분들께 알려드립니다.

《새로운 성경》의 은혜와 기적:

· 새로운 성경 전160권은 16권씩 묶어서 총 10부의 모음집으로 구성됩니다. 모음집 한 부를 읽고 깨우치는 자에게 하나님께서 다음과 같은 기적이 있다고 하셨습니다.

· "첫째, 그가 죽어 하늘에 갔을 때 그의 죄를 묻지 아니하며, 구원을 받는 위대한 은혜가 있으며, 둘째, 그의 소원과 소망이 이루어지고, 셋째, 죽은 자(부모, 형제, 자식, 사랑하고 은혜 입은 분)의 이름으로 구입한 책을 읽고 누군가 한 사람이 깨우칠 때, 그 죽은 자가 지옥에서 천국으로 구원을 받게 되며, 넷째, 유산, 중절 수술 등으로 태어나지 못한 아이를 위하여 구입한 책을 보고 한 명이 깨우쳤을 때, 그 아이가 사람으로 다시 한 번 태어나는 은혜를 받는다."

· "새로운 성경"을 3회 이상 정성을 다해 정독하는 자, 성서의 비밀을 알게 되고, 세상의 이치를 알게 되며, 세상을 지배하고 통제할 수 있는 지혜를 다 얻게 된다고 하셨습니다. 이 책은 만백성이 정독하고 이웃에게 전하여, 평생 가슴에 묻은 슬픔과 고통의 짐을 벗고 미래를 위한 힘찬 삶을 살아가도록 하는 책입니다.

끝으로

· 하나님께서는 흰 눈이 세상을 덮듯이 새로운 성경을 온 세상에 전하라고 하셨습니다. 《새로운 성경》을 각국어로 번역해서 온 인류에게 구원의 길을 깨우쳐 주고, 그 수익으로 가난하고 어려운 백성을 구제하여, 만백성의 영과 육을 함께 구원하는 선지자의 임무를 수행하라고 저에게 명하셨습니다.

· 하늘에서 내려 주신 말씀의 보화를 만백성에게 나누어 주는 것이 선지자의 임무라고 하셨습니다. 새로운 성경을 통해서 얻는 재물을 사용할 곳도 하나님께서 일일이 명해 주십니다. 모든 재물은 저의 자의로 쓸 수 없고, 하나님께서 명하시는 대로만 쓰여집니다.

· 어떤 명분으로든 십일조나 각종 헌금을 거두어들이지 말라 하셨으며, 국내뿐 아니라 각국에 성전과 단독 서점을 운영하며, 한국의 많은 젊은이들을 전 세계에 지도자로 내보내라고 하셨습니다.

· 우리는 세계적으로 새로운 성경을 보급하며 어려운 이들을 돕는 역사를 해 나갈 것입니다. 지금까지 비록 몇 명 안 되는 제자들과 함께 이러한 일을 역사했지만, 앞으로도 계속 하나님께서 기뻐하시는 일들을 해 나갈 것입니다. 부족한 저희에게 여러분들의 지혜와 성원을 보내 주시기를 바랍니다. 많은 분들의 참여와 도움을 간절히 기다립니다. 감사합니다.

한국어로 내려온 《새로운 성경》 단행본을 출간하며
2016년 4월 10일

발행인 **김 용 철**

한국어로 내려온

새로운 **성 경** · 8부 · 제119권

지은이 하나님 말씀
대역자 김용철

초판인쇄 1쇄 2017년 4월 3일

펴낸 곳 도서출판 하얀마음
등록번호 제 10-2107호 (2001년 2월 14일)
주소 서울시 노원구 덕릉로86길 5, 2층
전화번호 02) 313-1114
팩스 02) 393-5554
전자우편 book160@hanmail.net
편집위원 조나영 김미향 이석교
제작지원 조형구 백영숙 이석교 이수희

도서상담 1600-7527
ISBN 978-89-5875-219-6 (04230)
978-89-5875-100-7 (세 트)

값 10,000원
잘못된 책은 구입하신 곳에서 바꾸어 드립니다.

※이 책은 10부로 제작되며, 각 부 16권씩 총160권으로 구성됩니다.※

1부	2부	3부	4부	5부	6부	7부	**8부**	9부	10부
1권	17권	33권	49권	65권	81권	97권	113권	129권	145권
2권	18권	34권	50권	66권	82권	98권	114권	130권	146권
3권	19권	35권	51권	67권	83권	99권	115권	131권	147권
4권	20권	36권	52권	68권	84권	100권	116권	132권	148권
5권	21권	37권	53권	69권	85권	101권	117권	133권	149권
6권	22권	38권	54권	70권	86권	102권	118권	134권	150권
7권	23권	39권	55권	71권	87권	103권	119권	135권	151권
8권	24권	40권	56권	72권	88권	104권	120권	136권	152권
9권	25권	41권	57권	73권	89권	105권	121권	137권	153권
10권	26권	42권	58권	74권	90권	106권	122권	138권	154권
11권	27권	43권	59권	75권	91권	107권	123권	139권	155권
12권	28권	44권	60권	76권	92권	108권	124권	140권	156권
13권	29권	45권	61권	77권	93권	109권	125권	141권	157권
14권	30권	46권	62권	78권	94권	110권	126권	142권	158권
15권	31권	47권	63권	79권	95권	111권	127권	143권	159권
16권	32권	48권	64권	80권	96권	112권	128권	144권	160권